高职高专财经类专业规划教材

会计基本技能

KUAIJI JIBEN JINENG

主　编　王　伟
副主编　吴翠翠　徐海玲
刘梦扬

中国财经出版传媒集团
中国财政经济出版社

图书在版编目（CIP）数据

会计基本技能/王伟主编．—北京：中国财政经济出版社，2016.7
高职高专财经类专业规划教材
ISBN 978－7－5095－6832－3

Ⅰ.①会…　Ⅱ.①王…　Ⅲ.①会计学－高等职业教育－教材　Ⅳ.①F230

中国版本图书馆CIP数据核字（2016）第151931号

责任编辑：蔡　宾　田明晖　　　　责任校对：杨瑞琦
封面设计：华乐功　　　　　　　　版式设计：兰　波

中国财政经济出版社 出版
URL：http：//www.cfeph.cn
E－mail：cfeph@cfeph.cn

社址：北京市海淀区阜成路甲28号　邮政编码：100142
营销中心电话：88191537　北京财经书店电话：64033436　84041336
北京富生印刷厂印刷　各地新华书店经销
787×1092毫米　16开　14.75印张　340 000字
2016年9月第1版　2021年7月北京第4次印刷
定价：29.00元
ISBN 978－7－5095－6832－3/F・5496
（图书出现印装问题，本社负责调换）
本社质量投诉电话：010－88190744

前　言

为了满足教学需要，我们组织了部分财经院校的资深教师和有关行业的专家能手，编写《会计基本技能》一书，作为会计等财经类专业的专业基础课教材。本书对会计书写技能、珠算技能（包括珠算加、减、乘、除法）、点钞与验钞技能、数字小键盘输入和会计档案的整理与保管五大技能进行全面介绍。教材内容以会计工作岗位日常基本技能要求进行设计，彰显“以能力为本位，以学生为中心”的现代职业教育思想。我们从现实会计和财经岗位群的工作技能要求出发，力求全面提高学生的职业技能，为将来走向工作岗位夯实专业技能基础。

本书有以下特点：

第一，教学与资格考证相结合。会计上岗证是会计专业学生从事会计岗位工作的基本要求，而珠算技能是会计上岗证考试科目之一，本教材珠算技能部分的编写注重与会计从业资格考试大纲衔接。

第二，教学与行业标准相结合。点钞技能、翻打传票技能、计算器应用技能根据金融行业标准要求掌握的技能编写。

第三，教学与技能实训相结合。编写内容做到少理论、多操作，少文字、多图片，通过大量实际操作图片将会计基本技能动作加以分解，非常直观地对会计基本技能加以实操性讲解，增强学生的岗位适应能力。

第四，教学与课程体系相结合。该教材加入的错账更正和会计档案整理两部分内容，为基础会计和会计综合实训等后续课程的学习做好了知识储备，更好地服务于会计专业的整个学习过程。

第五，各技能项目的训练具有较强的实用性，既可作为高职会计教程，也可作为会计人员岗位培训辅导用书。

本教材由山东农业工程学院王伟担任主编，吴翠翠、徐海玲、刘梦扬担任副主编。参加本教材编写的人员还有山东商业职业技术学院焦利、建行人寿徐冲、山东济南商贸学校刘淑静、山东农业工程学院宋蔚、崔冉、杜亚彬、王宁、王菲菲、高姗。

本教材在编写过程中参考、吸收和借鉴了一些出版著作的成果以及互联网上的一些材料，得到了山东省珠算协会、中国农业银行济南分行、山东商业职业技术学院和东营职业学院诸多领导、同仁的大力支持，在此表示衷心的感谢。

欢迎使用教材的专家和读者提出宝贵的意见与建议，我们将认真听取，并及时调整、完善和修订。作者联系方式：ww5198@qq.com。本教材提供配套的电子课件，请到中国财政经济出版社教育分社网站下载使用：edu.cfeph.cn。

编　者

2016 年 6 月

目 录

1 项目一 会计数字的书写技能

教学目标

1. 理解会计数字书写的基本要求；

2. 熟练掌握阿拉伯数字和中文大写数字的书写规范和技能；

3. 能熟练运用会计数字的书写知识进行会计凭证的填制、会计账簿的登记及财务报告的编报。

教学要求

知识要点	能力要求
阿拉伯数字的书写技能	（1）了解阿拉伯数字的产生和运用； （2）掌握阿拉伯数字的书写要求； （3）掌握小写金额书写规范； （4）掌握阿拉伯数字书写错误更正。
中文大写数字的书写技能	（1）掌握中文大写数字的书写要求； （2）理解并掌握中文大写数字的书写规范； （3）掌握中文大写票据日期的书写规范； （4）掌握中文大写数字书写错误更正。

任务一 阿拉伯数字的书写

一、阿拉伯数字的产生和运用

阿拉伯数字是国际上通用的数码，最早起源于古印度。早在公元前 3 000 年，古代印度人发明了包括“零”在内的 10 个数字符号，即 1、2、3、4、5、6、7、8、9、0，我们称为阿拉伯数字。后来随着印度数字传到阿拉伯帝国，得到阿拉伯数学家的广泛应用和改善，后又由阿拉伯人将这 10 个数字符号传播到欧洲。由于阿拉伯数字采用十进位法，加上本身笔画简单，写起来方便，看起来清楚，所以逐渐在各国流行。大约是 13 到 14 世纪，阿拉伯数字传入我国。现在阿拉伯数字已成为人们学习、生活和交往中最常用的数字。

虽然现在已经进入会计电算化时代，但是仍有部分单位的财务工作如填写票据、凭证、账簿及报表时，要进行数字书写，所以对于阿拉伯数字的正确书写既是对一名会计人员的基本要求，也是会计人员基本素质的体现。熟练掌握规范的数字书写，既能提高会计人员的工作质量和效率，又能够使信息使用者快速、全面、清晰的了解会计内容。

二、阿拉伯数字书写要求

规范的阿拉伯数字的书写会给生活和工作带来很多方便，避免产生不必要的麻烦和纠纷。因此必须按照要求规范书写，以达到数字书写清晰、准确、整洁。具体要求如下：

（1）书写时要求字迹工整，笔画清晰，流畅自然，一个一个写，不要连笔，各数字自成体型，大小均匀，一目了然。要合乎手工书写习惯，保持自己独有的字体，防止模仿。对于易于混淆或笔顺相近的字，尽可能按标准字体，区分笔顺，防止涂改。

（2）数字排列整齐有序，有一定的倾斜度，各个数字倾斜度要一致，一般数字以上端向右倾斜 60 度为准。

（3）书写数字时应自上而下、先左后右，数字之间应保留等距的间隙。数字上下、左右对齐，数字间不能留空格（以不能穿插数字为准）。在书写没有印刷数字格时，同一行相邻数字之间应空出半个数字的位置。

（4）阿拉伯数字在账表和单据上书写时，数字格上面的数字上不能顶格，上方高度要占表格的 1/3 到 1/2，这样既美观又便于改错，如图 1 – 1 所示：

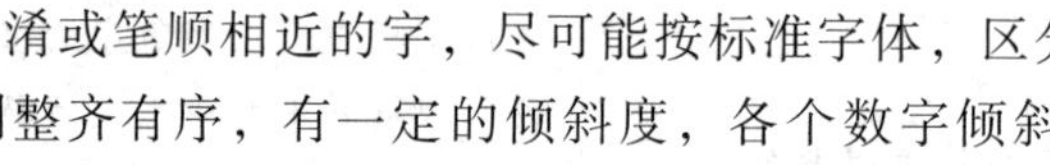

图 1 – 1 阿拉伯数字写法

（5）除数字“4”、“5”以外，其他数字必须一笔完成，不可人为的增加笔划。

（6）“7”和“9”的下端应伸至次行半格的下 1/4 处。

（7）“6”、“8”、“9”、“0”的圆必须封口。

（8）“1”不能写得过短，要保持倾斜度，将格子占满，以防止涂改为“4”、“6”、“7”、“9”。

（9）“4”的顶部不封口，左竖要占数字格左下边 1/3 处，中竖高度占 1/2 且明显比“1”短，“4”的两竖要平行，以避免涂改“1”为“4”。

（10）“6”要比其他数字高一些，上竖在表格右上方半格 1/4 处，书写要顶满格子，下圆要明显，以防止“6”改写为“8”。

（11）“8”的左上端要略出格外，书写时“8”的上半部分要稍小，下半部分稍大，起笔和终笔处成棱角，以防“3”改为“8”。

（12）“9”不能开口和留尾巴。

（13）“0”要写饱满，不能写太小或写成扁长形的；在连写几个“0”时，不能加连接线。

（14）对于一组数字，其整数部分，一般会计上按照三位一节来记数，由个位算起，从右到左，每隔三位，用分位点“,”隔开；也可以不用分节号，用空格来表示，每隔三位空半格，例如：有分节号的数字金额 6,183,527；无分节号的数字金额 6 183 527。

三、小写金额书写规范举例

一般来讲，货币金额用阿拉伯数字来表示，即称为小写金额。如图 1－2 所示：

亿	千	百	十	万	千	百	十	元	角	分
						¥	8	7	5	4

¥87.54

图 1－2　小写金额书写

（1）在书写小写金额时，阿拉伯数字的前面应添加货币币种、货币简称或货币符号，如“¥”代表人民币，“£”代表英镑。货币符号和数字之间不能留空隙，防止中间添加或涂改数字金额。数字前有货币符号的，数字金额后面不再写货币单位。在中文记账中，人民币用“¥”表示。“¥”是“yuan”第一个字母缩写变形，它既代表了人民币的币制，又表示人民币“元”的单位。小写金额前填写人民币符号“¥”以后，数字后面可不写单位“元”字。注意，在填写票证（如发票、支票、存单等）和编制记账凭证时必须添加人民币符号（“¥”），但在登记账簿、编制报表时，一般数字前不再使用人民币符号（“¥”）。在没有位数分隔线的凭证、账簿、报表上，表示金额的阿拉伯数字，一律要写到角分；无角分的，角位和分位数字可划一横线（“—”），或可写“00”；有角无分的，分位应当写“0”，不能以符号“—”代替，例如：¥205.00 或 ¥205.—；而 ¥8.30 却不能写成 ¥8.3—。

（2）对于印有数位分隔线的凭证、账簿、报表，由于他们有固定的格式，必须按照相对应固定的位数填写，不需要加小数点和分节号，更不能错位。要从最高位写起，而且后面的数字必须填写完整，不能留有空格，不能采用划线等方法代替。写法见表1－1：

表1－1

	亿	千	百	十	万	千	百	十	元	角	分
正确						7	5	0	0	0	0
错误						7	5	0	0	————	

任务二 中文大写数字的书写

一、中文大写数字书写要求

在经济活动中，需要填写各种财务票据、结算凭证、发票等会计资料，这些资料是办理支付结算和现金收付的重要依据，直接关系到支付结算的准确、及时和安全，同时又是银行、单位和个人据以记载账务的会计原始凭证，是记载经济业务和明确经济责任的一种书面证明。由于阿拉伯数字和中文简体字（一、二、三、四、五、六、七、八、九）的笔划简单容易涂改，所以在填写票据和凭证等会计资料时，必须书写阿拉伯数字和中文大写数字，二者缺一不可，这样就增强财产资金的准确性与安全性。同时在书写时需做到标准化、规范化，二者相对应，应要素齐全、数字正确、字迹清晰、不错漏、不潦草，防止涂改。阿拉伯数字0～9的中文大小写数字对照表见表1－2：

表1－2　中文大小写数字对照表

阿拉伯数字	中文小写数字	中文大写数字
0	零（〇）	零
1	一	壹
2	二	贰
3	三	叁
4	四	肆
5	五	伍
6	六	陆
7	七	柒

续表

阿拉伯数字	中文小写数字	中文大写数字
8	八	捌
9	九	玖

二、中文大写数字书写规范举例

中文大写金额有19个，分别是：壹、贰、叁、肆、伍、陆、柒、捌、玖、零、拾、佰、仟、万、亿、元、角、分、整。前10个大写数字表示数量，其对应的阿拉伯数字为1、2、3、4、5、6、7、8、9、0，这10个数字单独存在能够代表一定的意义；后9个大写数字表示数位，这9个数字单独存在不能全面准确地代表一定的意义。在书写中文大写数字时，其具体要求如下：

（1）书写中文大写数字时一定要正规，不能使用大写数字一、二、三、四、五、六、七、八、九等简化字代替，不能随意简写。

（2）书写中文大写数字时要用正楷或行书，要求标准规范、清晰可辨认。

（3）中文大写数字前面要标明“人民币”字样。对于各种银行票据和结算凭证，如支票、本票、汇票、汇款单、存取款单等，在其大写金额栏中，并未印有固定的大写金额数位的，大写金额数字要紧接着“金额（大写）人民币”的字样填写，中间不能留空白或冒号，数字之间更不能留空白，写数与读数顺序要求一致。对于大写金额数字前未印有货币名称“人民币”字样的，应加填“人民币”三字。例如在书写金额￥620.00时，中文大写应为：人民币陆佰贰拾元整，而不能写成：人民币　陆佰贰拾元整；人民币：陆佰贰拾元整。

（4）为了防止大写数字金额被添加涂改，表示数位的文字（拾、佰、仟、万、亿）前必须有数字。大写数字“拾”前面要有表示数量的数字，必须加写“壹”字。例如书写金额￥15.60时，中文大写应为：人民币壹拾伍元陆角整；不能写成：人民币拾伍元陆角整。书写金额￥1 310.00时，中文大写应写为：人民币壹仟叁佰壹拾元整。

（5）中文大写数字到“元”或“角”为止的，“元”或“角”后面必须写“整”字或“正”字；所写金额中有“分”的，不能写“整”字。例如数字金额￥10.00，应写为：人民币壹拾元整；数字金额￥35.20，应写为：人民币叁拾伍元贰角整或者人民币叁拾伍元贰角；数字金额￥781.25，应写为：人民币柒佰捌拾壹元贰角伍分。

（6）在阿拉伯数字金额中间有一个零时，空位要补零。例如数字金额￥603.00，应写为：人民币陆佰零叁元整。对于阿拉伯数字金额中间有连续几个零时，可只补写一个零字。例如数字金额￥10 002.00，应写为：人民币壹万零贰元整。

如果阿拉伯数字金额中元位或者万位为零，或者元位是零并且与其相连几位数都是零，角位不是零，可补写一个零或不写零。例如数字金额￥570.50，应写为：人民币伍佰柒拾元零伍角整；或者写为：人民币伍佰柒拾元伍角整。数字金额￥300 500.78，应写为：人民币叁拾万零伍佰柒角捌分；或者写为：人民币叁拾万伍佰零柒角捌分。

阿拉伯数字金额无角、无分或有角、无分，书写中文大写数字时，不需用“零”

表示，直接用整结尾。例如数字金额￥58.00，应写成：人民币伍拾捌元整。数字金额￥9 258.30，应写成：人民币玖仟贰佰伍拾捌元叁角整。

（7）收据、发票等凭证的上面，一般印有“人民币（大写）”字样和固定的大写金额数位，在填写时只用填入表示数量的大写数字即可。如果阿拉伯数字金额中有零时，在其对应的数位填“零”，大写金额栏前面未用数位用符号“⊗”注销，见表1－3。

表1－3 收 款 收 据

日期：2009年12月3日 0000078576

交款单位或交款人	上海造纸厂			收款方式	电汇
项目名称	数量	标准	金额	备注	
货款			30 500.04	预收款	
合计			￥30 500.04		
人民币（大写）	⊗佰⊗拾叁万零仟伍佰零拾零角肆分				

（8）票据的出票日期必须使用中文大写。在我国票据包括支票、汇票和本票等。票据和结算凭证是银行、单位和个人凭以记载账务的会计凭证，是记载经济业务和明确经济责任的一种书面证明。为防止变造票据的出票日期，出票日期的书写必须使用中文大写。票据出票日期月为壹月、贰月和拾月的，日为壹日至玖日、壹拾日、贰拾日和叁拾日的，应在其前加“零”；日为拾壹日至拾玖日的，应在其前加“壹”。例如出票日期为2009年1月9日，应写成二零零玖年零壹月零玖日。再如出票日期为2010年10月5日，应写成贰零壹零年零壹拾月零伍日。如果票据出票日期使用小写填写的，大写日期未按要求规范填写的，银行不予受理。票据上的大、小写金额、日期和收款人如果填写有误，必须作废重新填制，不能直接修改。票据上的签发人签章必须使用银行预留的印鉴，一般预留单位的财务专用章和单位法人名章，票据上的收款人必须填写单位全称或个人姓名，不能用简称。如图1－3所示：

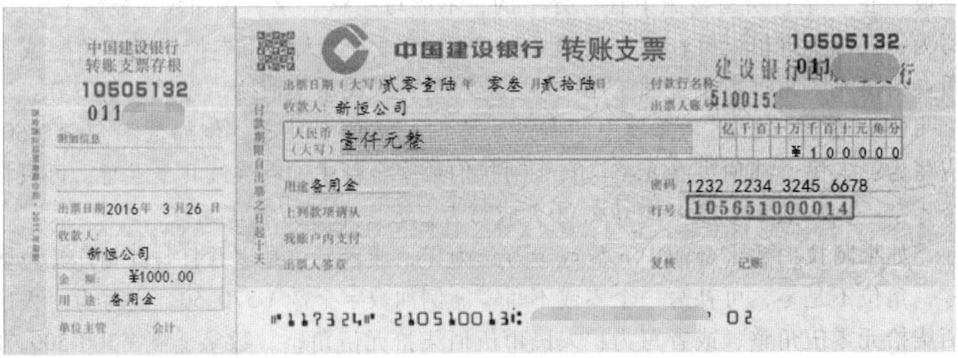

图1－3 票据样式

任务三 错账的更正

一、阿拉伯数字的错误更正

在实际工作中，会计人员会书写大量的数字，由于多种因素的存在，在书写凭证、账簿、报表等财务数据时会发生一些错误，如：写错数字、错行、错列或者错位。如果出现错误，应使用规范正确的方法予以更正，绝不允许任意涂改、刀刮、粘贴或使用化学物质等手段更改。正确的更正方法是：应该把错误的阿拉伯数字全部划一道红线，表示注销，再重新把正确的阿拉伯数字写在错误数字的上方，而不应该在单个错误数字上面改错，被画线的全部错误数字的字迹必须清晰且仍可辨认，这种更正方法又叫做划线更正法。更正后，要在错误数字（已划线处）的左端加盖会计修改人员及会计部门负责人印鉴，以示负责。

（1）发现错误的阿拉伯数字，应用红笔在错误数字上划一条横线，即使一笔阿拉伯数字只写错其中的一个或几个数字，也不能只更改单个或几个错误数字，而应将这笔数字全部注销，即划红线要贯穿这笔数字的全部，以示全部注销。再把正确阿拉伯数字写在错误数字的上方。例如：在书写阿拉伯数字 63 462. 18 时错写成 64 362. 18。见表 1 –4：

表 1 –4

	亿	千	百	十	万	千	百	十	元	角	分
正确					6 ~~6~~	3 ~~4~~	4 ~~3~~	6 ~~6~~	2 ~~2~~	1 ~~1~~	8 ~~8~~
错误					 6	3 ~~4~~	4 ~~3~~	6 6	2 2	1 1	8 8

（2）如果一笔阿拉伯数字还未写完就发现错误时，也要一定写完或在未写完的数字后面用“0”补齐，不能留空格，最后再用红线划线更正法予以更正。例如：在书写阿拉伯数字 513. 26 时，应在百位上书写数字 5，却在万位上书写了数字 5，发现后应将数字后面的账格用“0”补齐，再用画线更正法予以更正。见表 1 –5：

二、中文大写数字书写的错误更正

对于中文大写数字金额如果发现错误，不论是一个还是几个错误，都要重新填制一张新的凭证，而不能在原来的错误数字上直接更改。除非有特殊的原因不能重新填制凭证的，可在原错误数字上面填写正确的数字且需填写全部的正确数字，不能只更改个别错误数字，同时把错误数字全部用红线划掉，以示注销，即使用划线更正法。经办人员和会计机构负责人必须在更正处的右端加盖个人印鉴，以示负责。例如：大写金额：人民币叁仟陆佰伍拾元整，错写为人民币叁仟伍佰陆拾元整。

表 1－5

	亿	千	百	十	万	千	百	十	元	角	分
正确					~~5~~	~~1~~	5 ~~3~~	1 ~~2~~	3 ~~6~~	2 ~~0~~	6 ~~0~~
错误					~~5~~	~~1~~	5 ~~3~~	1 ~~2~~	3 ~~6~~	2	6
错误					~~5~~	~~1~~	5	1	3	2	6

正确：（1）另外填制一张；

（2）人民币叁仟陆佰伍拾元整

~~人民币叁仟伍佰陆拾元整~~ （加盖印鉴）

错误：陆 伍

人民币叁仟~~伍~~佰~~陆~~拾元整 （未加盖印鉴）

本章小结

会计数字的书写技能主要涉及阿拉伯数字的书写技能和中文大写数字的书写技能两部分内容。在会计核算工作中，阿拉伯数字的书写技能是根本，而配合中文大写数字的书写，能有效防止实际工作中因阿拉伯数字的人为涂改给相关当事人造成不必要的麻烦和经济损失，在一定程度上可以预防经济犯罪。

操作训练

一、数字大小写转换

1. 请将下列中文数字转换为阿拉伯数字

（1）叁仟陆佰玖拾伍万贰仟陆佰叁拾柒

（2）贰仟壹佰叁拾陆

（3）伍万陆仟捌佰玖拾贰

（4）柒拾陆万玖仟肆佰贰拾捌

（5）陆仟捌佰万

2. 请将下列阿拉伯数字转换为中文数字

（1）93.56

（2）4 567.99

（3）345 789. 78

（4）870 000. 00

（5）778 000. 13

二、人民币大小写转换

1. 请将下列中文数字转换为阿拉伯数字

（1）人民币叁拾柒元贰角陆分

（2）人民币玖仟贰佰伍拾肆元叁角整

（3）人民币贰佰零捌万肆仟叁佰陆拾叁万叁角三分

（4）人民币玖仟叁佰万元整

（5）人民币壹仟贰佰万零贰佰捌拾贰元叁角整

2. 请将下列阿拉伯数字转换为中文数字

（1）￥19. 12

（2）￥9 000 000. 34

（3）￥567 890. 00

（4）￥7 200 890. 03

（5）￥65 900. 30

三、写出下列日期的大写形式

2016 年 1 月 20 日

2020 年 4 月 3 日

2017 年 5 月 25 日

2026 年 10 月 3 日

2018 年 12 月 1 日

四、填制会计凭证金额

（1）经理李艳去上海参加商品展销会，借款 5 000 元（见表 1－6）

表 1－6

借　款　单　　　NO. 20001001

年　月　日　　　第　号

借 款 人		部门	
借款金额			
借款事由			
审批人意见： 年　月　日			

主管　　会计　　复核　　出纳

（2）2016 年 3 月 10 日职工张大伟交来出售废品款 125.08 元（见表 1－7）。

表 1－7

收 款 收 据

交款人： 年 月 日

项 目	金额						
	万	千	百	十	元	角	分
合计 人民币 （大写）万 仟 佰 拾 元 角 分							

第二联 收据

湘潭市东风机械股份有限公司 财务专用章

制单 收款单位（章）

（3）2016 年 6 月 10 日，出纳刘文文填制现金支票一张提现金 2 万元备用（见表 1－8）。

表 1－8

东海市商业银行
现金支票存根
X Ⅵ00342556

科 目＿＿＿＿＿＿

对方科目＿＿＿＿＿＿

出票日期 年 月 日

收款人：
金额：
用途：

单位主管 会计

东海市商业银行 现金支票（鲁） **X Ⅵ00342556**

出票日期（大写） 年 月 日 付款人名称：

收款人： 出票人账号：

人民币（大写）		千	百	十	万	千	百	十	元	角	分

用途＿＿＿＿＿＿ 科目（借）＿＿＿＿＿＿

上述款项请从 对方科目（贷）＿＿＿＿＿＿

我账户内支付 付讫日期 年 月 日

出票人签章 出纳 复核 记账

贴对号单处 X Ⅵ00342556

（4）2016 年 8 月 10 日，出纳刘文文填制银行汇票申请书一份，有关信息见表 1－9、表 1－10。

表 1－9

申请人	收款人
黄河有限责任公司	上海长江有限责任公司
账号：180100112200088	账号：02010056000268
开户银行：南海市工商银行	
申请金额：368 000.00	
资金用途：材料款	

表 1－10　　南海市工商银行汇票申请书（存根）　1　第 0025 号

申请日期　　年　月　日

申请人		收款人										
账　号 或住址		账　号 或住址										
用途		代　理 付款行										
汇款金额	人民币 （大写）		千	百	十	万	千	百	十	元	角	分

备注

8.5×17.5 公分（白纸黑油墨）

科　　目

对方科目

财务主管　　　复核　　　经办

（5）黄河有限责任公司 2016 年 3 月 15 日将家电组销货款送存银行。请你填制现金交款单，将收到的现金送存开户银行。其中，面值 100 元，510 张；面值 50 元，206 张；面值 10 元，102 张；面值 5 元，365 张；面值 2 元，20 张；面值 1 元，196 张；面值 0.5 元，162 张；面值 0.2 元，213 张；面值 0.1 元，6 张。

开户行：济南市工商银行历城区支行；账 号：1410204508900818（见表 1－11）。

表 1－11　　中国工商银行现金交款单（回单）　①

年　月　日

收款单位	全称				款项来源	
	账号		开户银行		缴款单位	

人民币（大写）	十	万	千	百	十	元	角	分

面　值	壹佰元	伍拾元	贰拾元	拾元	伍元	贰元	壹元	伍角	贰角	壹角	伍分	贰分	壹分	合计金额	银行盖章 收款 复核 年　月　日
把（百张）数															
零张数															
合计金额															

（6）黄河有限公司收到上海长江有限责任公司金额￥376 500.12 转账支票一张需于 2016 年 3 月 16 日送存银行，请你填写进账单。见表 1－12。

上海长江有限责任公司 开户银行：建行济南历下支行，账号：

37001610090909090909；黄河有限公司 开户银行：建行济南历城支行，账号：37001610808080808080。

表 1-12 中国建设银行 进账单（回单） 1

年 月 日

<table>
<tr><td rowspan="3">出票人</td><td>全　称</td><td></td><td rowspan="3">收款人</td><td>全　称</td><td></td></tr>
<tr><td>账　号</td><td></td><td>账　号</td><td></td></tr>
<tr><td>开户银行</td><td></td><td>开户银行</td><td></td></tr>
<tr><td rowspan="2">金额</td><td rowspan="2">人民币
（大写）</td><td rowspan="2" colspan="2"></td><td colspan="2">亿 千 百 十 万 千 百 十 元 角 分</td></tr>
<tr><td colspan="2"></td></tr>
<tr><td colspan="2">票据种类</td><td></td><td>票据张数</td><td colspan="2" rowspan="3">开户银行签章</td></tr>
<tr><td colspan="2">票据号码</td><td colspan="2"></td></tr>
<tr><td colspan="3">复核</td><td>记账</td></tr>
</table>

五、将下列业务金额记入现金日记账

（一）资料

ABC 股份有限公司库存现金限额核定为 1 万元，2016 年 6 月 1 日现金日记账期初余额 5 000.00 元。

（二）本月发生以下经济业务

（1）2 日，签发现金支票一张，从银行提现金 9 644.00 元补足库存现金限额。

（2）3 日，职工王芳出差，借支差旅费 1 500.00 元。

（3）5 日，购买办公用品 2 000.00 元，直接交付行政管理部门使用。

（4）6 日，销售产品收到现金 5 000.00 元。

（5）6 日，填制现金交款单，将本日收到的现金 5 000.00 元存入开户银行。

（6）8 日，支付与 EGF 公司签订的购货合同定金 1 000.00 元。

（7）10 日，收到职工李××交来的违纪罚款单 50.00 元。

（8）15 日，从银行提现金 15 万元，准备发放工资。

（9）15 日，以现金 15 万元发放职工工资。

（10）15 日，现金盘点，溢余 50.00 元，原因不明。

（11）20 日，收到 ASD 公司交来的包装物押金 200.00 元。

（12）23 日，现金清点，短缺 10.00 元，原因不明。

（13）25 日，职工王芳出差归来，报销差旅费 1 800.00 元，不付现金 300.00 元。结清原借款。

（14）26 日，出售废旧报纸收到现金 20.00 元。

（15）28 日，职工张平报销医药费 150.00 元。

（16）30 日，退回 ASD 公司包装物押金 200.00 元。

（三）要求

填制现金日记账，见表 1－13。

表 1－13

现　金　日　记　账　　　　第 3 页

2016 年		凭证		票据号数	摘要	借方									贷方									余额									核对
月	日	种类	号数			百	十	万	千	百	十	元	角	分	百	十	万	千	百	十	元	角	分	百	十	万	千	百	十	元	角	分	
06	*01*				承前页			*1*	*3*	*2*	*0*	*0*	*0*	*0*			*1*	*2*	*0*	*9*	*8*	*0*	*0*				*5*	*0*	*0*	*0*	*0*	*0*	□
																																	□
																																	□
																																	□
																																	□
																																	□
																																	□
																																	□
																																	□
																																	□
																																	□
																																	□
																																	□
																																	□
																																	□
																																	□
																																	□
																																	□
																																	□

六、每日一练

阿拉伯数字练习表1（见表1－14）。

表1－14

千	百	十	万	千	百	十	元	角	分	千	百	十	万	千	百	十	元	角	分	千	百	十	万	千	百	十	元	角	分

阿拉伯数字练习表2（见表1-15）。

表1-15

千	百	十	万	千	百	十	元	角	分	千	百	十	万	千	百	十	元	角	分	千	百	十	万	千	百	十	元	角	分

阿拉伯数字练习表3（见表1－16）。

表1－16

千	百	十	万	千	百	十	元	角	分	千	百	十	万	千	百	十	元	角	分	千	百	十	万	千	百	十	元	角	分

达标检测（见表 1－17）。

表 1－17

班级：　　　　　　姓名：　　　　　　考核时间：　10 分钟　　　　　　成绩：

常用大写数字														

小写阿拉伯数字																													
千	百	十	万	千	百	十	元	角	分	千	百	十	万	千	百	十	元	角	分	千	百	十	万	千	百	十	元	角	分

项目二 珠算的基本知识

教学目标

1. 了解算盘的种类；掌握学习珠算的方法；
2. 理解珠算正确拨珠指法在珠算中的重要性；
3. 熟知算盘的构造及各部分在算盘上的作用；
4. 掌握拨珠前的各项要求，熟练掌握正确的拨珠指法以及正确的握笔、记数、看数等拨打算盘的基本功。

教学要求

知识要点	能力要求
学习珠算的方法	（1）理解学习珠算技术的重要性； （2）掌握学习珠算的基本方法和要求。
算盘的结构	（1）熟知算盘构造及算盘的种类； （2）掌握操盘的姿势及握笔方法； （3）掌握记数、看数方法。
拨珠方法	（1）理解正确拨珠指法在珠算中的重要性； （2）掌握拨珠前的各项要求； （3）熟练掌握常用算盘所必备的拨珠指法。

任务一 学习珠算的方法

一、正确认识学习珠算技术的重要性

珠算是中华民族的优秀文化瑰宝，是我国一项卓越的科学技术遗产。学习和应用珠算，研究和弘扬珠算，是继承和发扬中华民族科技文化的重要方面。

珠算作为一项计算技术有其独特之处。算盘结构简单，操作方便，稍有算术知识，即可学会应用。加减法运算速度快，具有广泛的使用性。

现代珠算的学习研究和发展的实践证明，珠算不仅具有计算功能，同时还具有重要的教育功能和启智功能。在青少年中提倡学习和运用珠算，是智力开发、进行素质教育的有效工具和简捷途径之一。

二、学习珠算的基本方法和要求

（一）苦练基本功，打好学习基础

拨珠法是学习珠算技术的基本功，拨珠的巧拙及是否科学，直接影响到计算速度和准确性。初学者必须认真学习和熟练掌握科学的拨珠法。掌握正确的拨珠动作，养成良好的拨珠习惯，运算才能更加准确迅速。

在打算盘的过程中，眼、脑、手要有机配合，协调动作。先用眼睛看数，这个数一定要看得准，力争看一遍就能记住，同时要动手拨珠，对多位数要分节看数，随即分节拨珠。计算完毕后，写数也很重要，尤其是小数点要点准，避免因为书写错误而导致前功尽弃。

在日常的学习中，要勤学苦练。拨珠指法的敏捷灵巧，看数过目不忘，算法随题巧变，都离不开勤学苦练的过程。珠算学习要持之以恒，循序渐进，不断总结学习中存在的问题，找出差错的原因和影响速度的症结，才能迅速提高珠算的技术水平。

（二）抓重点，先易后难安排学习

珠算加减法是珠算技术的学习重点。在实际工作中，经常使用到的是珠算加减计算。学好加减法又是学习珠算乘除法的基础。因此，必须狠下功夫抓好珠算加减法的学习，熟练掌握珠算加减法技术。先练加减法，再练乘除法；先练基本算法，再练简捷算法和珠心算结合算法。

（三）准确定位，掌握差错查找方法

珠算上的定位通常是指在算盘上决定小数点的位置或乘积、除商的个位档。定位是很重要的一个学习环节，应认真学习各种定位方法，明确其各自的适用范围。

珠算差错的原因通常有看数错误、听数错误、写数错误、运算错误、定位错误、重

算错误、漏算错误、正负数错误、数字颠倒错误、大小数错误、混珠带珠错误等。查找差错的方法可根据出现差错的类型，分别采用还原验算法、九除法、十除法、二除法、九余法等进行改正。

(四) 以珠算为基础，密切结合心算

提高珠算计算速度的方法有两种：一是加快拨珠速度，二是减少拨珠次数。减少拨珠次数的有效措施就是把珠算和心算结合起来。例如，在算盘上分别加入5，6，7，可以先心算出三数的结果18，直接在算盘上加入18。

(五) 培养健康心理，逐步做到稳、准、快

衡量计算技能水平的高低是以稳、准、快为前提的。稳就是忙而不乱，一次算对；准就是看数、计算、写数都准确无误；快就是拨珠敏捷灵活，运算神速，时间短，效率高。要正确处理三者之间的关系，在稳和准的基础上求快。

任务二 珠算的结构与拨珠方法

一、认识算盘

(一) 算盘的结构

算盘的发明历史悠久，它是我国古代人民在劳动实践中创造的一种计算工具，随着经济的发展和科学技术的进步，算盘也不断得到改进和革新。

算盘尽管在不同时期大小不同，但大都是呈长方形，按照一定规格构成的算珠系统，由框、梁、档和算珠四个基本部分组成，改进后的算盘又增加了清盘器、计位点和垫脚等装置，如图2－1所示。

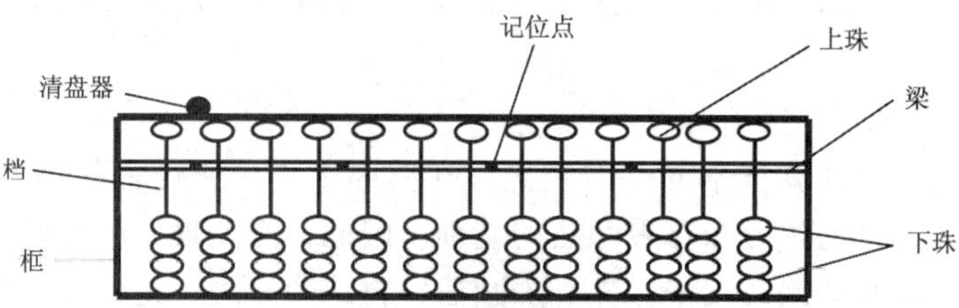

图2－1　算盘的结构

(1) 框：是算盘四周的边框，也叫“边”。用以固定算盘的梁、档、珠各部分，决定了算盘的大小及形状。分为：上框（上边）、下框（下边）、左框（左边）、右框（右边）。

(2) 梁：是连接左右两框（或两边）的横木，它将盘面分为上、下两部分。

（3）档：是穿过横梁并连接上下两边的细杆（或铁、铜棍），用以穿连算珠并表示数位。

（4）珠：又称算珠或算盘子。分为上珠和下珠，上珠是指梁上部分的算珠，下珠是指梁下部分的算珠。靠梁的算珠又叫内珠或梁珠，靠边的算珠又叫外珠或边珠。七珠算盘最上面的一颗叫顶珠，最下面的一颗叫底珠。

（5）清盘器：是安装在横梁下面用以使算珠离梁的装置，其操作按钮装置在算盘上边的左端。清盘器主要用于提高清盘的速度与质量。

（6）垫脚：是安装在算盘下面左右两边的支撑装置，通常设有三个（左二右一）或四个（框下四角），其作用为：一是稳固算盘，因避免不平的桌面带来盘珠的晃动；二是使算盘底面离开桌面，当推（拉）算盘下面的计算资料时，防止带动算珠。

（7）记位点：是在梁上做出的计位标识，每隔三档设一点，每点设在两档之间，主要作用是便于计数与看数。

（二）算盘的种类

目前的算盘大致分为三类。

1. 圆形七珠大算盘

它是我国的传统算盘，算珠上二下五，又分为九至十五档等几种。这种算盘手指拨动算珠幅度大，声音响，处于被淘汰的趋势，如图 2－2 所示。

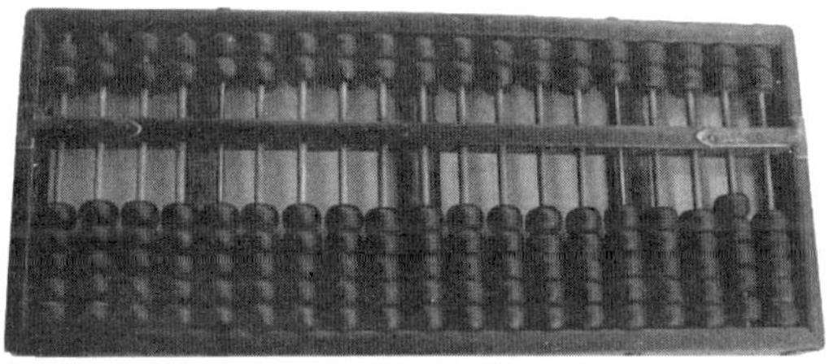

图 2－2 圆形七珠大算盘

2. 菱珠或圆珠的中型算盘

它是在七珠大算盘的基础上改进而来的。算珠上一下四，缩短了档距，减少了算珠，增加了档位，装有清盘器和垫脚，克服了七珠大算盘的缺点，是我国目前使用最广泛的一种算盘，如图 2－3 所示。

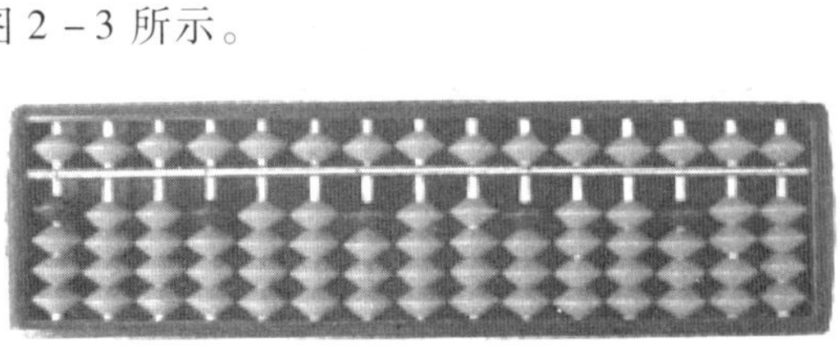

图 2－3 菱珠或圆珠中型算盘

3. 菱形小算盘

这是一种上一、下四珠条形菱珠算盘，一般档位较多，便于手握移动；档距短，利于提高速度。这种算盘目前正在被大力推广，尤其是在小学、幼儿园珠算教学中广泛使用，如图 2－4 所示。

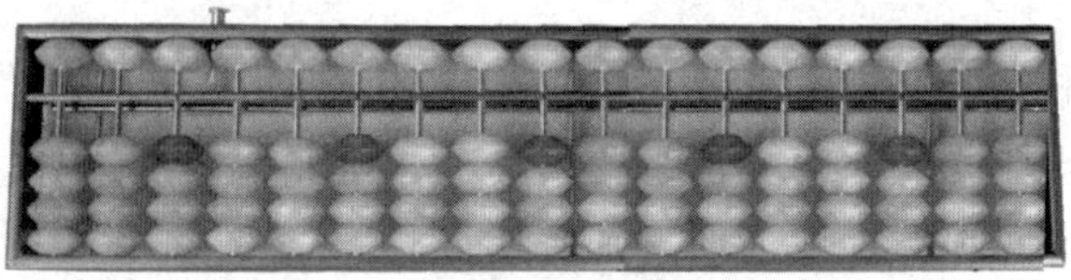

图 2－4　菱形小算盘

二、操盘的姿势

打算盘的姿势正确与否直接影响运算的准确程度。打算盘时，身要正，腰要直，脚平稳，头稍低，眼向下，要求视线落在算盘下边与练习题交界处，运算时靠翻动眼皮看数拨珠，不要摇头。打算盘时肘部摆动的幅度不要过大，精力要高度集中。上身与桌沿的距离约 10cm，算盘放在离桌沿 10～15cm 的位置，并与桌边基本平行。算盘的中央部分基本上要与身体中心一致。

计算资料的摆放位置根据使用算盘的不同而有所差别。使用圆形七珠大算盘，一般是将资料放在算盘的左方偏上位置。使用菱珠中型或小型算盘，可将资料放在算盘下面，边打边在算盘底下向前推进，以防止错看、漏看数字或重看、串行看数，借以加快运算速度，提高运算质量。

三、握笔的方法

为了减少在运算过程中拿笔和放笔的时间，提高运算效率，珠算运算时需要握笔拨珠运算。握笔方法主要有以下几种：

（1）是用无名指和小指握住笔尖部分，笔身横在拇指和食指之间，使拇指、食指和中指能够灵活拨珠，如图 2－5 所示。

（2）是将笔夹在无名指和小指之间，笔尖在小指方向，笔身横在右手拇指与食指间，如图 2－6 所示。

（3）是菱珠小算盘握笔法，将笔横在右手拇指与食指间，笔头上端伸出虎口，笔尖露在食指与中指之间，如图 2－7 所示。

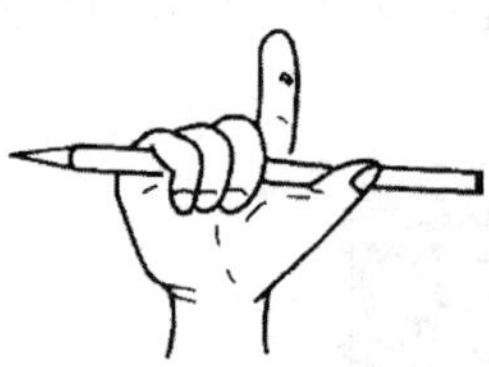

图 2－5

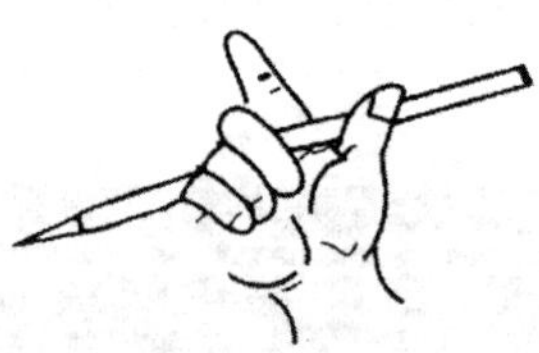

图 2－6

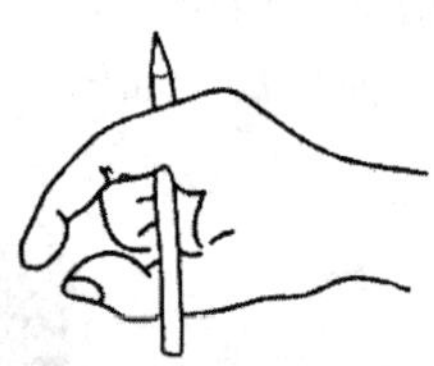

图 2－7

四、记数与看数

（一）记数

算盘以算珠表示数码，靠梁的算珠表示数字，离梁的算珠表示零。上珠一颗表示五，下珠一颗表示一。以档表示数位，计算中各档表示的数位不同，高位在左，低位在右，每隔一档相差十倍，选定个位档后，向左分别为十位档、百位档、千位档……向右分别为十分位档、百分位档……。某档下珠满五，需换用上珠表示，称为“五升”；某档算珠满十，需换用左档一颗算珠表示，称为“十进”。这种上下珠记数和进位方法被称为“五升十进制”。做加减计算时，一经选定档位，不得反复变化。乘除运算由于计算结果会使原档位发生变化，另有定位规定。算盘的记位，采用国际上通用的三分位节制，用横梁上的记位点表示。为了读写方便，可记住记位口诀：

梁上记位点，三位分节段；

一节前千位，二节前百万；

三节前十亿，四节万亿前。

例如：12345678.09 应写成 12 345 678.09，读作一千二百三十四万五千六百七十八点零九，如图 2 - 8 所示。

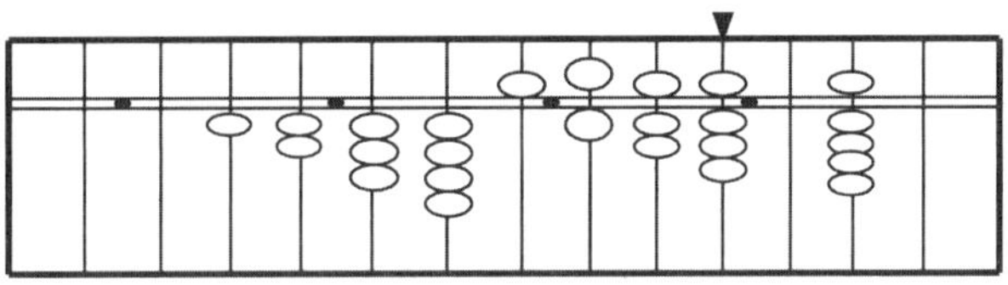

图 2 - 8 记数

（二）看数

将数置入空盘或将算盘上的数字记录下来，都需要看数。要练习一眼能看几位数字，开始时分节看数，从左向右，三位一节，熟练之后能边看边打。不要看一个数码拨一次算珠，或看完一个数后再拨珠。将算题放在算盘的下面，右手拨珠，左手推（拉）算题，边看边拨边推（拉），始终使算题与算盘保持最近距离；看数与拨珠时要防止口中读出声音，看数时只默记数码，不读出数位，最终达到“看数反应快、记数牢又准”的要求；运算完毕，眼看算珠，盲写答数，并同时点上分节号和小数点。

五、拨珠方法

珠算是靠手指拨动算珠进行运算的，手指的拨珠方法直接关系到计算速度和准确程度。学习珠算时，既要有正确的坐姿和先进的拨珠方法，又要掌握规范的握笔方式和熟练的清盘动作，以充分提高运算的效率。珠算拨珠法又称指法，是手指与手指之间既分工又协作拨动算盘上算珠的方法。拨珠方法有“三指拨珠法”和“两指拨珠法”，另外还有“双手拨珠法”，各手指的分工见表 2 - 1。

表 2－1

指法名称	手指分工		
	拇指	食指	中指
二指拨珠法	管下珠靠梁，有时管下珠离梁	管上珠靠梁，管上珠离梁，管下珠离梁	
三指拨珠法	管下珠靠梁	管下珠离梁	管上珠靠梁和离梁

（一）三指拨珠法（适用于大、中型算盘）

三指拨珠法是用拇指、食指、中指三个手指拨珠，无名指和小指屈向掌心。拨珠时手指稍倾斜，指尖触珠，用力恰当，不要用指甲或指腹拨珠。

1. 单指拨珠

为了使拨珠迅速而准确，拇指、食指和中指应有一定的分工。

（1）拇指：主要管下珠靠梁，如 0＋2（图 2－9）。

（2）食指：专管下珠离梁，如 3－3（图 2－10）。

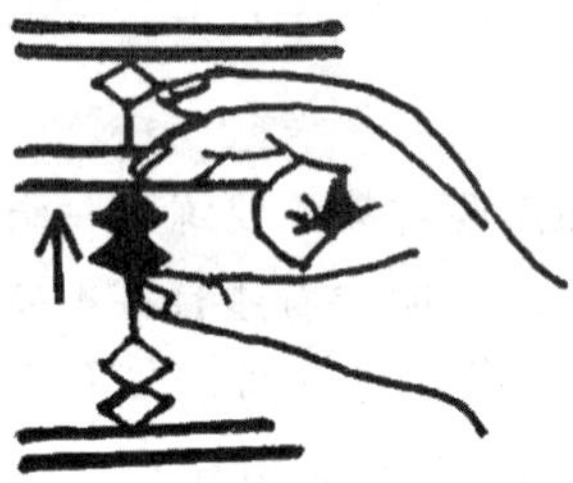

图 2－9

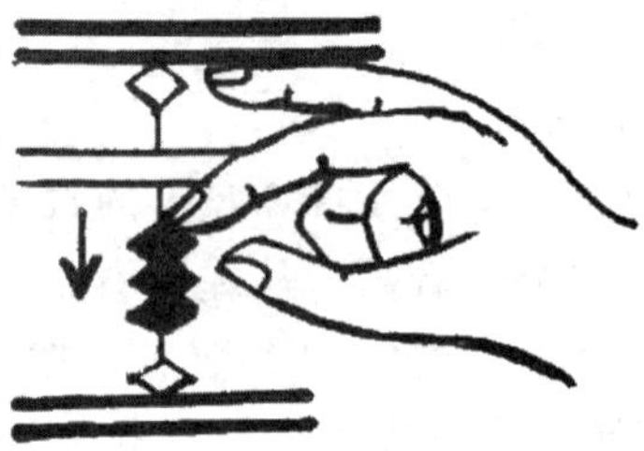

图 2－10

（3）中指：专管上珠靠梁和离梁，如 0＋5（图 2－11）和 5－5（图 2－12）。

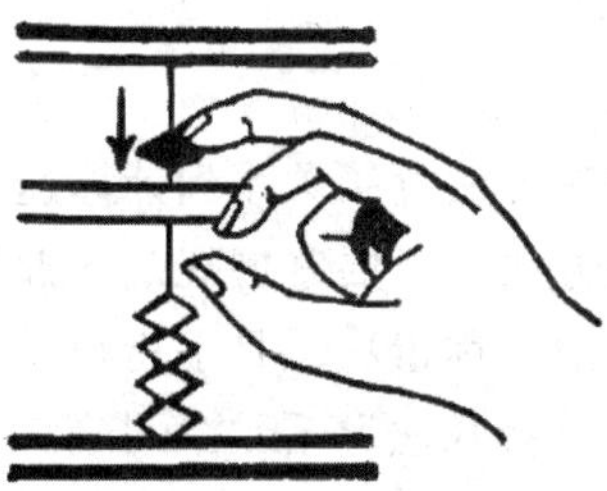

图 2－11

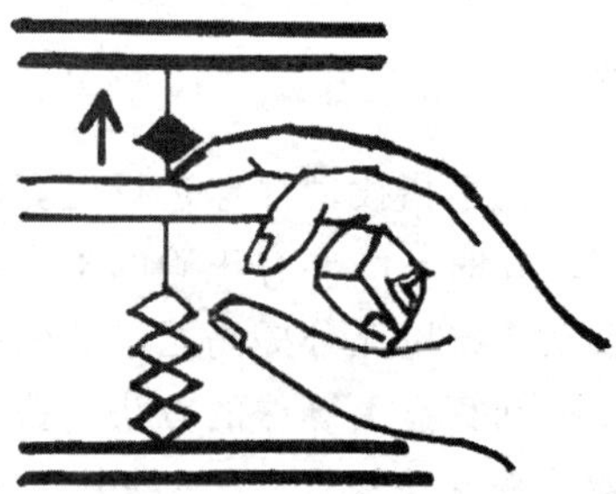

图 2－12

2. 两指联拨

两指联拨是在熟练掌握单指独拨的基础上，为了减少拨珠次数，提高运算速度，在同一时间内，用两个手指同时拨珠的方法。

（1）拇指、中指联拨。

① 齐合：拨上、下珠同时靠梁。

同档齐合：同档上、下珠同时靠梁，即在拇指拨下珠靠梁的同时，用中指拨同档上珠靠梁。如 0 +6（图 2 -13）。

邻档齐合：左档下珠和右档上珠同时靠梁，即在拇指拨左档下珠靠梁的同时，用中指拨右档上珠靠梁，如 0 +16（图 2 -14）。

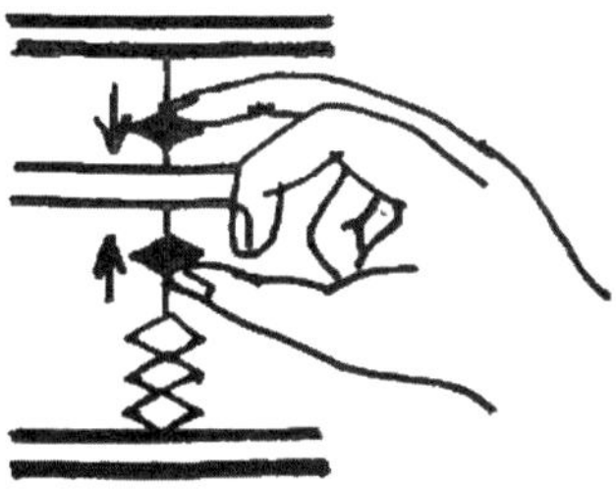

图 2 -13

图 2 -14

②齐分：拨上、下珠同时离梁。

同档齐分：部分下珠和同档上珠同时离梁，即在拇指拨部分下珠离梁的同时，用中指拨同档上珠离梁，如 8 -7（图 2 -15）。

邻档齐分：左档部分下珠和右档上珠同时离梁，即在拇指拨左档部分下珠离梁的同时，用中指拨右档上珠离梁，如 35 -25（图 2 -16）。指法熟练者，可在中指拨左档上珠离梁的同时，用拇指拨右档部分下珠离梁。

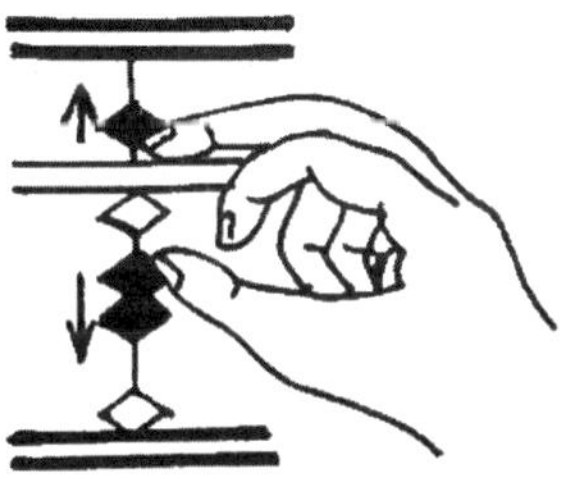

图 2 -15

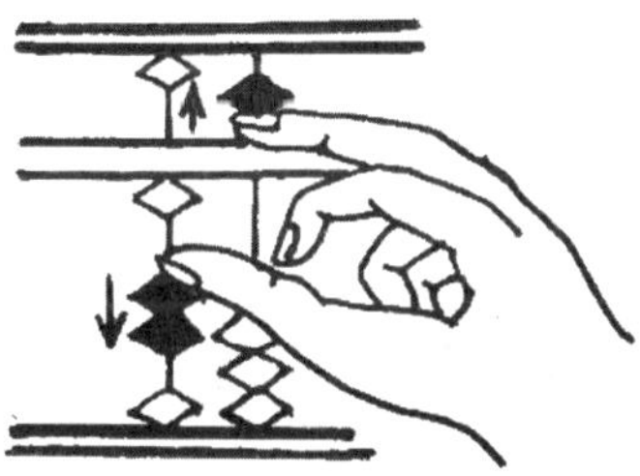

图 2 -16

③齐上：同时拨下珠靠梁和上珠离梁。

同档齐上：同档下珠靠梁和上珠离梁，即在拇指拨下珠靠梁的同时，用中指拨同档上珠离梁，如 5 -3（图 2 -17）。

邻档齐上：左档下珠靠梁和右档上珠同时离梁，即在拇指拨左档下珠靠梁的同时，用中指拨右档上珠离梁，如 5 +25（图 2 -18）。

④齐下：部分下珠离梁和上珠靠梁

同档齐下：部分下珠离梁和同档上珠同时靠梁，即在拇指拨部分下珠离梁的同时，用中指拨同档上珠靠梁，如 3 +3（图 2 -19）。

邻档齐下：左档部分下珠离梁和右档上珠同时靠梁，即在拇指拨左档部分下珠离梁的同时，用中指拨右档上珠靠梁，如 30 -15（图 2 -20）。

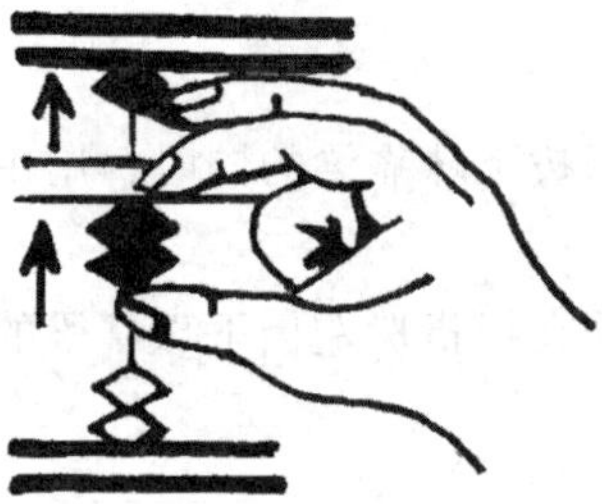

图 2－17

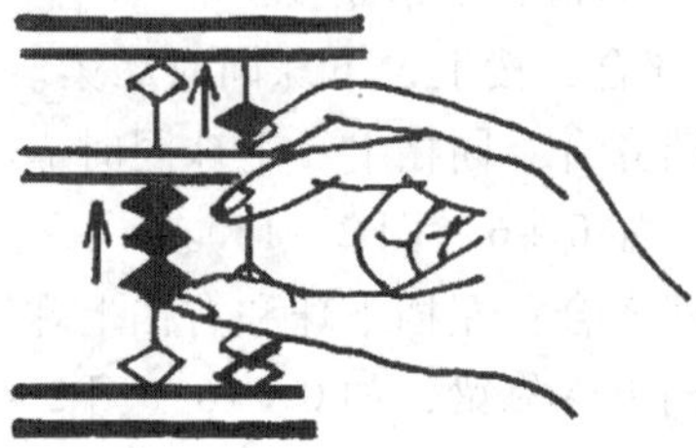

图 2－18

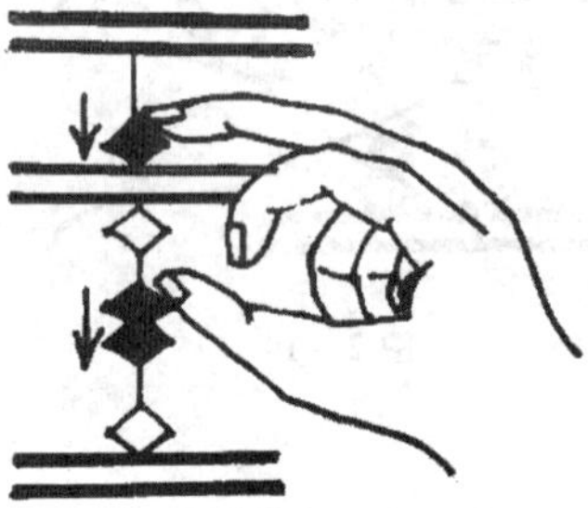

图 2－19

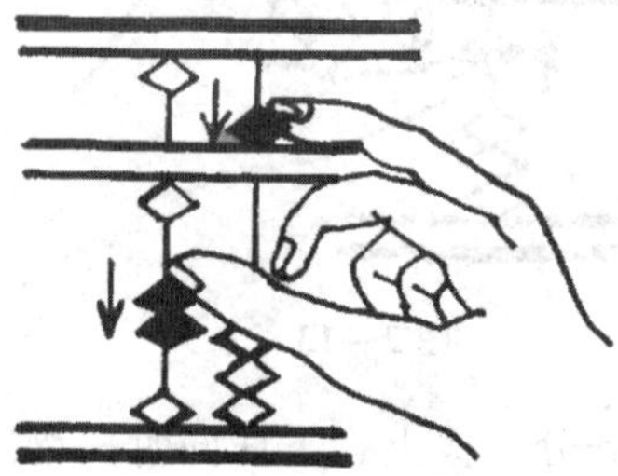

图 2－20

（2）食指、中指联拨。

①齐分：上珠、下珠同时离梁。

同档齐分：下珠和同档上珠同时离梁，即在食指拨下珠离梁的同时，用中指拨上珠离梁。如 7－7（图 2－21）。

邻档齐分：左档下珠和右档上珠同时离梁，即在食指拨左档下珠离梁的同时，用中指拨右档上珠离梁，如 35－35（图 2－22）。指法熟练者可在中指拨左档上珠离梁的同时，用食指拨右档下珠全部离梁。

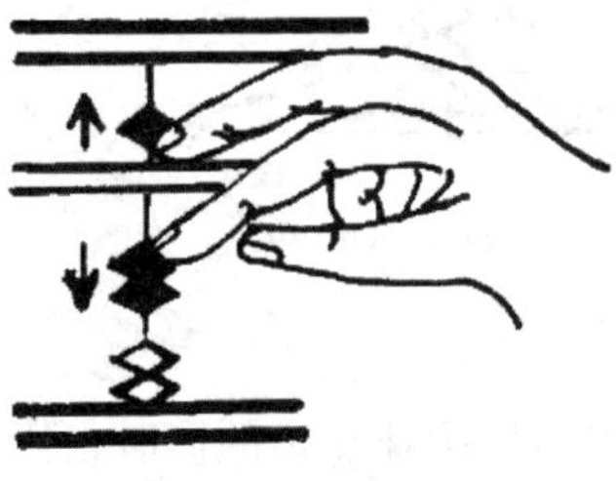

图 2－21

图 2－22

②齐下：下珠离梁和上珠靠梁。

同档齐下：下珠离梁和同档上珠同时靠梁，即在食指拨下珠离梁的同时，用中指拨上珠靠梁，如 3＋2（图 2－23）。

邻档齐下：左档下珠离梁和右档上珠同时靠梁，即在食指拨左档全部下珠离梁的同时，用中指拨右档上珠靠梁。如 30－25（图 2－24）。

（3）拇指和食指联拨。

图 2－23

图 2－24

①扭进：右档下珠离梁，左档下珠同时靠梁。即用食指拨右档下珠离梁的同时，用拇指拨左档下珠靠梁，如 1＋9（图 2－25）。

②扭退：左档下珠离梁，右档下珠同时靠梁，即用食指拨左档下珠离梁的同时，用拇指拨右档下珠靠梁，如 10－9（图 2－26）。

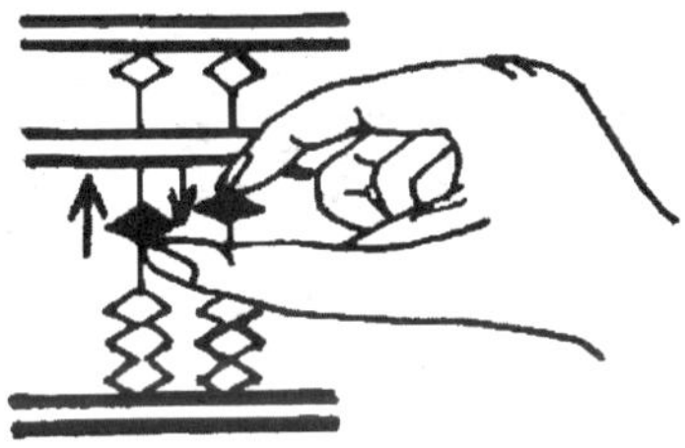

图 2－25

图 2－26

3. 三指联拨

三指联拨难度最大，协调性最强，要求用拇指、中指、食指同时拨珠，共同完成比较复杂的拨珠动作。

（1）进位的三指联拨：右档上、下珠同时离梁，左档下珠靠梁。用食指和中指拨右档上、下珠离梁，同时用拇指拨左档下珠靠梁。如 6＋4（图 2－27）。

（2）退位的三指联拨：左档下珠离梁，右档上、下珠同时靠梁。用食指拨左档下珠离梁，用拇指和中指同时拨右档上、下珠靠梁。如 10－4（图 2－28）。

图 2－27

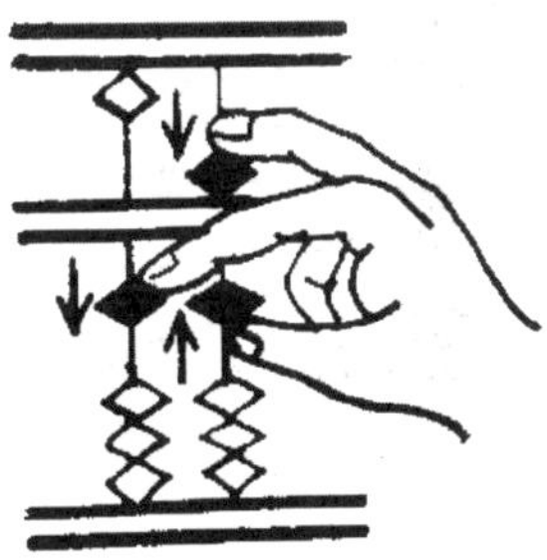

图 2－28

（二）两指拨珠法（适用于小算盘）

两指拨珠法是指拇指与食指拨珠，其余三指微屈向掌心。该法适用于菱珠小算盘。

1. 单指拨珠法

（1）拇指：主管下珠靠梁，兼管部分下珠离梁。如 0 + 35（图 2 - 30、图 2 - 32）。

（2）食指：管下珠离梁、上珠靠梁与离梁。如 0 + 6（图 2 - 30、图 2 - 32）。

2. 两指联拨

拇指与食指配合拨珠，有以下六种拨珠方法。

（1）齐合：在拇指拨下珠靠梁的同时，食指拨上珠靠梁。

同档齐合：同档上、下珠同时靠梁。如 0 + 6（图 2 - 29）。

邻档齐合：左档下珠和右档上珠同时靠梁。如 0 + 35（图 2 - 30）。

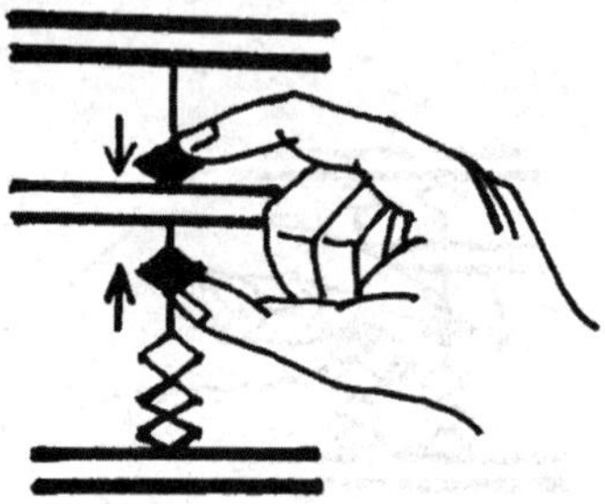

图 2 - 29

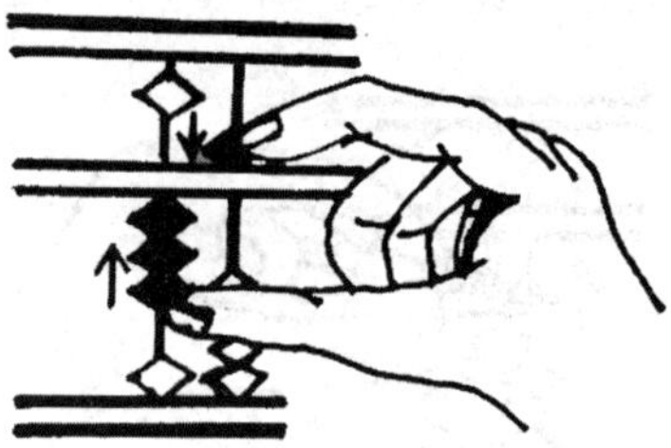

图 2 - 30

（2）齐分：在拇指拨下珠离梁的同时，食指拨上珠离梁。

同档齐分：一是同档上珠与全部下珠同时离梁。如 7 - 7，6 - 6 等。二是同档上珠与部分下珠离梁。如 8 - 7（图 2 - 31）。

邻档齐分：一是左档全部下珠与右档上珠同时离梁。如 15 - 15，25 - 25，35 - 35，45 - 45 等。

二是左档部分下珠和右档上珠同时离梁。如 45 - 25（图 2 - 32）。

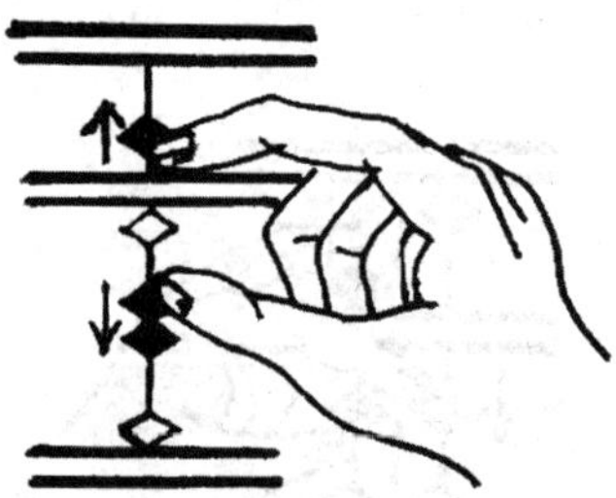

图 2 - 31

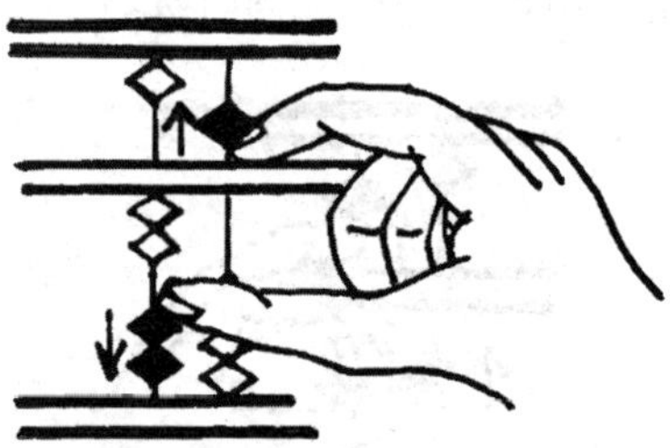

图 2 - 32

（3）齐上：在拇指拨下珠靠梁的同时，食指拨上珠离梁。

同档齐上：同档下珠靠梁，上珠同时离梁。如 5 - 3（图 2 - 33）。

邻档齐上：左档下珠靠梁，右档上珠同时离梁。如 5 + 25（图 2 - 34）。

（4）齐下：在食指拨上珠靠梁的同时，拇指拨下珠离梁。

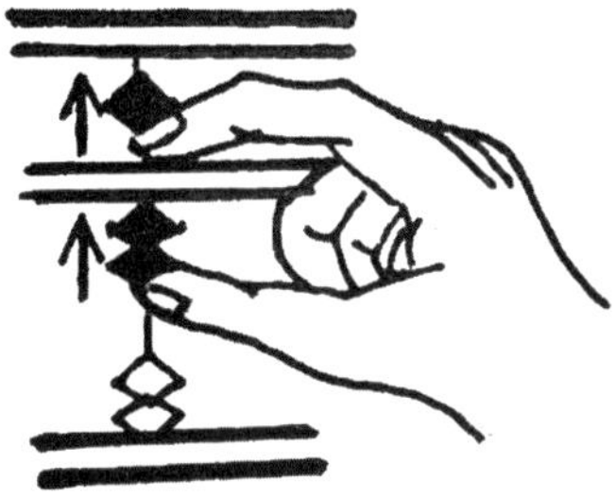

图 2－33

图 2－34

同档齐下：一是同档上珠靠梁，全部下珠同时离梁。如 3＋2（图 2－35）。二是同档上珠靠梁，部分下珠同时离梁。如 2＋4，3＋4，4＋4 等。

邻档齐下：一是左档全部下珠离梁，右档上珠同时靠梁。如：10－5，20－15，30－25 等。二是左档部分下珠离梁，右档上珠同时靠梁。如 30－15（图 2－36）。

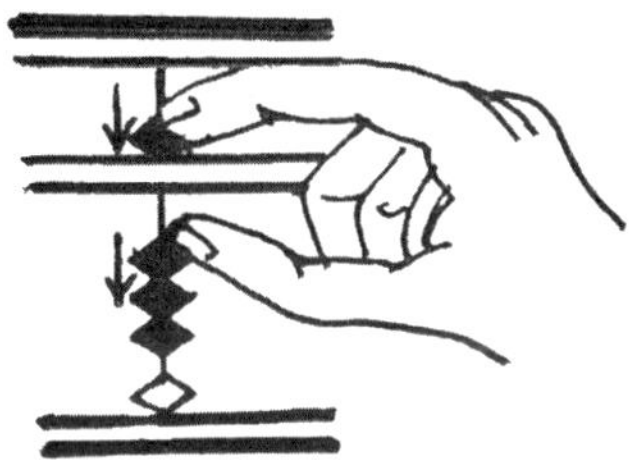

图 2－35

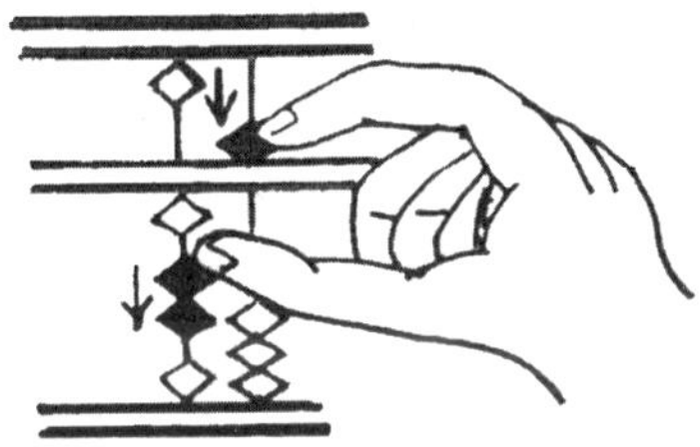

图 2－36

（5）扭进法：在食指拨右档下珠离梁的同时，拇指拨左档下珠靠梁。如 1＋9（图 2－25）。

（6）扭退法：在食指拨左档下珠离梁的同时，拇指拨右档下珠靠梁。如 10－9（图 2－26）。

（三）双手拨珠法

双手拨珠法是在熟练掌握三指拨珠法或两指拨珠法的基础上，为了进一步加快拨珠速度，提高计算效率，运用双手同时拨珠的方法。以右手拨珠为主，左手辅助右手同时完成某一拨珠动作。

1. 左手协助进位

左手协助进位是指右手在右档完成某一拨珠动作的同时，左手在左档完成进位动作，主要适用于加法和乘法加积。

（1）左手单指拨珠，如 3＋8，右手食指在拨二颗下珠离梁的同时，用左手拇指在其前档上拨一颗下珠靠梁。

（2）左手两指联拨。如 46＋6，右手中指拨上珠离梁，拇指拨下珠靠梁的同时，用左手的中指、食指在其左档上拨一颗上珠靠梁和四颗下珠离梁。

2. 左手协助退位

左手协助退位是指右手在右档完成某一拨珠动作的同时，左手在左档完成退位动作，主要适用于减法和除法减积。

（1）左手单指拨珠。如40－3，左手食指在拨一颗下珠离梁的同时，右手中指、拇指在右档上分别拨一颗上珠和两颗下珠靠梁。

（2）左手两指联拨。如53－7，在左手拇指、中指拨四颗下珠靠梁和上珠离梁的同时，用右手的中指、拇指在右档上拨上珠靠梁和两颗下珠离梁。

本章小结

珠算，是以算珠为载体，以算盘为工具，以其独有的计算原理和数学原理为基础计算数值的一项计算技术。古时候，人们用小木棍进行计算，这些小木棍叫“算筹”，用算筹作为工具进行的计算叫“筹算”。随着生产的发展，用小木棍进行计算受到了限制，于是人们又发明了更先进的计算器——算盘。

作为国家级非物质文化遗产，珠算凭借其计算、教育、启智等功能优势，在我国仍发挥着重要作用。算盘大致分为三类，圆形七珠大算盘，中型算盘和菱珠小算盘，目前中型算盘和菱珠小算盘使用较多。算盘的拨珠指法有三指拨珠法和两指拨珠法，指法不同，其手指的分工也有所不同。

操作训练

一、拨珠、置数和清盘的练习

（1）在盘上按指法拨下列各数（拨完数即核对，无误后清盘，然后再置下一个数）。

76.54　89.72　56.78　32.16　49.58　9 792　8 735　9 621　7 451　9 892　3 927　1 057　3 239　5 281　7 409　3 295　4 247　3 991　5 879　6 543　13 569　24 687　38 745　46 928　90 875　73 521　54 929　68 834　83 284　74 934　68 752　29 543　16 875　27 754　29 899　797 954　695 448　746 231　928 983　872 546　9 291.31　216.58　468.97　7 459.37　4 093.08　192 996　272 874　383 925　465 731　674 525

（2）在盘上“拨上”77 777 777进行“双合”指法练习，然后“拨去”66 666 666进行“双分”指法练习。在盘上“拨上”22 222 222进行“上推”指法练习；“拨上”55 555 555进行“下拨”指法练习；加上55 555 555进行“双上”的练习……。

二、拨珠指法练习

（一）三指拨珠法

1. 单指拨珠

（1）拇指拨珠。

①1 213＋2 131　　②32 401＋12 043

③24 012＋20 312　　④401 013＋12 431

⑤40 432 +402 002　⑥232 401 +212 042
⑦210 031 +12 401 +20 012　⑧23 021 +210 120 +101 102

（2）食指拨珠。

①43 434 -32 011　②34 143 -12 021
③43 243 -22 102　④242 342 -121 021
⑤342 213 -231 012　⑥443 334 -121 123
⑦423 432 -102 101 -20 110　⑧420 332 -100 201 -210 031

（3）中指拨珠。

①55 055 -5 055　②55 550 -55 050
③555 555 -5 555　④505 555 -5 555
⑤550 505 -550 505　⑥12 132 +55 555
⑦55 555 -50 555　⑧505 055 -505 050 +505 050

2. 两指联拨

（1）拇指、中指联拨。

A. 齐合

①709 706 +90 060　②809 080 +90 709
③211 303 +687 696　④221 123 +607 076
⑤151 515 +25 151　⑥254 535 +25 250
⑦701 204 +253 525　⑧232 041 +251 550

B. 齐分

①898 098 -676 076　②999 709 -888 607
③909 809 -606 707　④988 889 -677 776
⑤253 545 -151 525　⑥452 535 -251 515
⑦864 737 -253 525　⑧793 745 -251 515

C. 齐上

①555 555 -124 312　②586 765 -142 341
③657 565 -324 142　④856 758 -412 344
⑤255 555 +55 555　⑥280 719 +153 525
⑦180 927 +253 515　⑧192 637 +151 505

D. 齐下

①434 342 +234 344　②423 334 +443 442
③623 142 +243 744　④542 364 +244 312
⑤403 020 -151 505　⑥438 291 -251 535
⑦914 230 -251 505　⑧829 374 -152 505

（2）食指、中指联拨。

A. 齐分

①966 777 -966 777　②609 767 -609 767
③786 897 -786 897　④497 467 -497 467
⑤853 595 -353 545　⑥693 726 -153 525

⑦867 879 - 352 525
⑧854 736 - 354 535

B. 齐下

①242 424 + 313 131
②234 244 + 321 311
③747 319 + 110 240
④511 321 + 344 234
⑤403 020 - 352 515
⑥423 120 - 352 515
⑦644 231 - 535 525
⑧917 432 - 351 525

(3) 拇指、食指联拨。

A. 扭进法

①123 432 + 987 678
②342 432 + 879 789
③324 187 + 797 998
④436 786 + 789 979
⑤347 678 + 868 987
⑥324 187 + 797 998
⑦434 343 + 988 889 + 787 987
⑧342 894 + 878 987 + 889 779

B. 扭退法

①232 132 - 98 798
②267 356 - 79 967
③1726 125 - 887 886
④304 060 - 70 786
⑤326 571 - 89 987
⑥162 765 - 78 976
⑦102 030 - 80 706
⑧3650 257 - 867 879

3. 三指联拨

①67 968 + 43 243
②89 796 + 21 334
③986 867 + 134 244
④102 030 - 30 403
⑤35 441 - 35 221 + 25 552
⑥52 344 - 50 232 + 55 220
⑦55 252 + 23 042 - 53 112
⑧102 213 - 23 434
⑨202 020 - 20 202
⑩101 010 - 10 101

(二) 两指拨珠法

1. 拇指拨珠

①1 320 421 + 2314 032
②1 210 312 + 2132 131
③3 140 112 + 1304 221
④3 403 310 + 1041 134
⑤2 143 004 + 2 201 320
⑥12 343 + 10 123

2. 食指拨珠

①4 322 423 - 4 322 423
②23 434 134 - 12 313 021
③25 345 521 - 25 135 521
④54 453 254 - 53 252 153
⑤35 545 534 - 25 535 523
⑥54 321 + 45 123

3. 两指联拨

①70 809 060 + 8 090 708
②666 789 - 666 789
③678 676 - 434 232
④434 243 + 343 434
⑤342 134 + 768 976
⑥232 132 - 98 798

3 项目三 珠算加减法

教学目标

1. 熟悉珠算基本加减法中口诀加减法的运算方法，熟练掌握珠算基本加减法中无决加减法的运算方法及指法要求；

2. 熟练掌握进行珠算连加、连减以及加减混合运算，熟悉珠算加减法的简捷算法，重点掌握简捷加减法中一目三行加减法；

3. 熟悉传票算、账表算的运算程序和方法；

4. 熟悉珠算加减法差错查找方法。

教学要求

知识要点	能力要求
基本加减法	(1) 熟悉口诀加减法的含义和特点； (2) 熟练掌握无决加减法的运算。
简捷加减法	(1) 掌握补数加减法的运算方法； (2) 熟悉穿梭加减法的运算方法； (3) 掌握一目多行加减法； (4) 熟悉借减法的基本运算方法。
传票算与账表算	(1) 熟悉传票算的运算程序和方法； (2) 了解账表算的题型构成； (3) 熟悉账表算的运算程序和方法。
加减法差错查找	(1) 了解加减法出现差错的原因； (2) 掌握查找差错的步骤； (3) 熟练掌握验证与查找差错的方法。

珠算加减法在日常实际工作中应用比较广泛。它是珠算乘除法运算的基础，加减法运算的熟练程度直接决定珠算乘法以及其他运算技能的高低。珠算加减法易学难精，学习时需要有恒心，坚持天天练习。我国珠算加减法的核心是五升十进制，在加法运算中伴随有减法运算，而在减法运算中，又贯穿着加法运算，加中有减，减中有加。

任务一 珠算基本加法

一、运算规则

珠算加法是将两个或两个以上的数合并在一起，计算出它们的和数的一种方法。算式中第一个数为被加数，其余的数为加数，合并成的数叫做“和数”。珠算加法的每一个算式都包括一个被加数和一个或几个加数。其算式如下：

被加数 + 加数 = 和数

珠算加法运算应按照以下规则进行：

（一）固定个位

珠算加减法和笔算加减法不同，笔算从低位到高位运算，而珠算对于初学者来说则是从高位开始依次向低位运算。在进行加减运算前，必须先确定个位档的位置，以防错位。确定个位档时，最好在个位档的右边留出两档作为小数的位置。通常选择算盘梁上右边第一个记位点的左一档作为个位档，如图 3－1 所示。这样有利于缩短算数与算盘的距离，便于看数，找准位数。

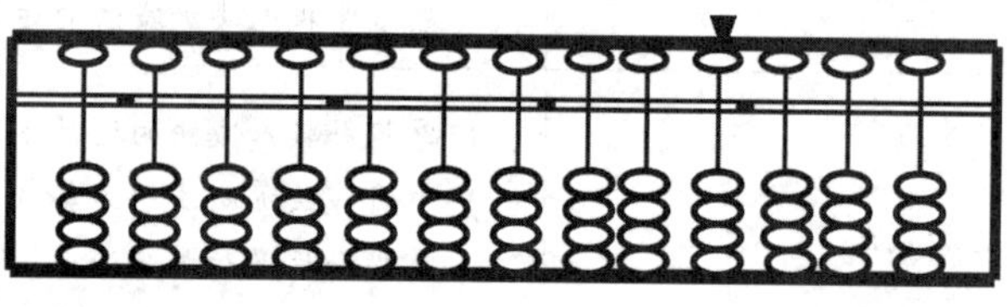

图 3－1　固定个位

（二）数位对齐

每个数字与算盘上的档位对齐，个位数对个位数，十位数对十位数，百位数对百位数。

（三）从高到低

珠算加法的运算顺序，一般以自左至右即从高位到低位运算较多，例如：1 234 + 5 621 = 6 895，这与自高位到低位的读数习惯相吻合，容易识数。当然，在加法运算熟练后，运算顺序既可以自左至右也可以自右至左计算。

（四）同位相加

被加数和加数按同位对齐后，按同位数与同位数相加，得出它们的和数。

二、运算方法

珠算加法基本运算方法主要有：口诀加法和无诀加法。

口诀加法是一种传统的珠算加法，它是运用一套完整的珠算口诀来指导拨珠运算。运算时，必须熟记口诀。为避免背诵口诀，充分发挥珠算的启智功能，依据“五的凑数，十的补数”原理，形成凑五补十加法，又称无诀加法。其优点是，在理解了运算原理的基础上，较短的时间里就能掌握加法的基本运算。目前，学习珠算加法多采用无诀加法。

（一）有关概念

（1）凑数，两个数加起来等于5，那么这两个数就互为凑数。如：1和4、2和3。

（2）补数，两个数加起来等于10，那么这两个数就互为补数。如：1和9、2和8、3和7、4和6，5和5。

（3）空档：某一档的上、下珠都离梁的时候，叫做空档。空档表示这一档没有记数，或者表示0。

（4）空盘：算盘的各档都是空档，表示全盘没有记数。

（5）清盘：拨去各档靠梁的算珠，使全盘成为空盘。

（6）本档：正要拨珠记数的这一档。

（7）梁珠：靠梁的算珠，也称内珠、实珠，表示正数。

（8）框珠：靠框的算珠，也称外珠、虚珠，表示负数。

（9）二元示数：是指算珠靠梁为加、离梁为减，即梁珠和框珠分别表示的数。

（10）拨上：是指将下珠拨靠梁。

（11）拨下：是指将上珠拨靠梁。

（12）拨去：是指将上珠或下珠拨离梁。

（13）前档：是指本档的前一档，也叫左一档（位）。

（14）后档：是指本挡的后一档，也叫右一档（位）。

（15）错档：算珠未拨入应拨入的本档中。

（16）挨位：本档的左边第一档或右边第一档。

（17）隔位：本档的左边第二档或右边第二档。

（18）五升制：五升制是指满五时，用同位的一颗上珠。

（19）十进制：十进制是指满十时，向前档进一位。

（20）进位：本档满十向前档进一位。

（21）退位：本档不够减时，前一档退一位，也称借位。

（22）首位：一个数的最高位非零数字，也称首位数、首数或最高位。

（23）尾数：一个数的最低位数，包括含零的位数。

（24）记位点：是指四位以上的整数，从后往前数每隔三位加一个分节号“，”，也称分节点。如24963，写成24，963。

（25）漂珠：是指拨珠时用力过轻，不靠梁不着框，浮漂在档中间的算珠。

（26）带珠：是指拨珠时，把本档或邻档不应拨入或拨去的算珠带入或带出。

（27）置数：也叫布数，按照计算的要求，把数字拨入算盘，为计算作准备。

（二）口诀加法

加法口诀是根据各个数字在相加时的不同情况编写成的，是用来指导拨珠动作的要诀。珠算加法口诀共两大类，四种情况，分别为直接的加、凑五的加、进十的加和破五进十的加，共26句。具体情况见表3－1：

表3－1　珠算加法口诀表

类型 / 加数	不进位加		进位加	
	直接的加	凑五的加	进十的加	破五进十的加
1	一上一	一下五去四	一去九进一	
2	二上二	二下五去三	二去八进一	
3	三上三	三下五去二	三去七进一	
4	四上四	四下五去一	四去六进一	
5	五上五		五去五进一	
6	六上六		六去四进一	六上一去五进一
7	七上七		七去三进一	七上二去五进一
8	八上八		八去二进一	八上三去五进一
9	九上九		九去一进一	九上四去五进一

口诀中第一个字表示加数，后面的字表示拨珠的动作。口诀中有关术语的含义：

上：指拨下珠靠梁　　　　下：指拨上珠靠梁

去：指拨上、下珠离梁　　进：向前档（左档）拨入一颗下珠。

例如：6＋3＝9　口诀：三上三　　4＋2＝6　口诀：二下五去三

3＋9＝12　口诀：九去一进一　　7＋6＝12　口诀：六上一去五进一

（三）无诀加法

1. 直接的加

直接加是指同档上，在被加数上直接将加数加上。在本档拨入被加数后加上一个加数时，只需拨珠靠梁，并不改变被加数原来的位置。运算方法：“加看外珠，够加直加”。直接的加是珠算加法运算中最简单的一种。在这里应重点强调正确的拨珠方法。

【例3－1】 13＋21＝34

（1）定好个位档，将被加数 13 拨在算盘上，如图 3 –2 所示。

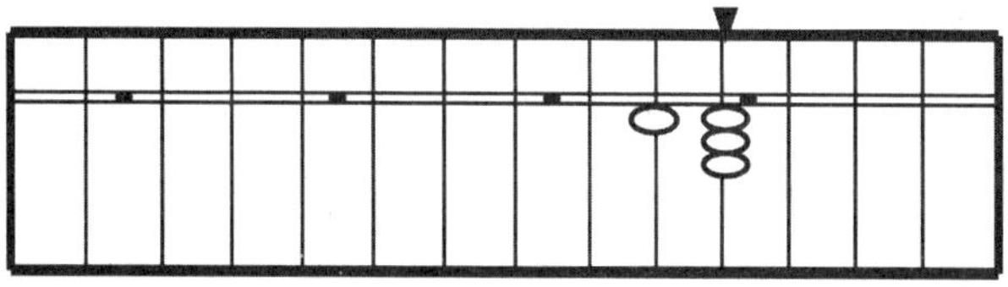

图 3 –2

（2）十位上加 2，个位上加 1，得和为 34，如图 3 –3 所示。

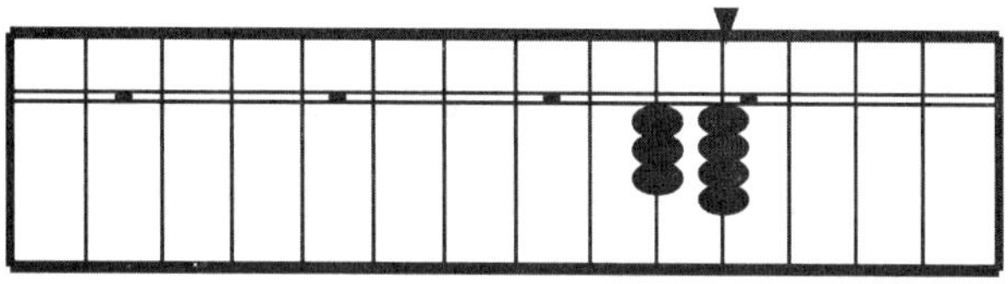

图 3 –3

【例 3 –2】768 +231 =999

（1）定好个位档，先从高位到低位拨被加数 768。

（2）在百位上直加 2，在十位上直加 3，在个位上直加 1，结果为 999。

2. 凑五的加

凑五的加是指本档两数相加，其和数大于等于 5 且小于 10，下珠不够用时用上珠，并将多加的数从下珠中拨去。运算方法："下珠不够，加五减凑"。如：3 +4，不适用直接的加，属于凑五加的加法，即 3 +4 =3 +5 –1。在凑五的加中，需要通过凑数的组成与分解进行上下珠的转换。凑五的加有 4 种情况，见表 3 –2：

表 3 –2　凑　五　的　加

被加数	加数	操作	运算口诀
4	+1	+5 –4	一下五去四
3、4	+2	+5 –3	二下五去三
2、3、4	+3	+5 –2	三下五去二
1、2、3、4	+4	+5 –1	四下五去一

【例 3 –3】2 +3 =5

（1）定好个位档，将被加数 2 拨在算盘上，如图 3 –4 所示。

（2）个位无法直接拨入 3，采取拨下上珠，同时拨去 2 颗下珠，即" +5 –2"，如图 3 –5 所示。

【例 3 –4】4 342 +2 314 =6 656

（1）定好个位档，将被加数 4 342 拨在算盘上。

（2）在千位上加 2，下珠不够加，则加 5 减 3，即拨上珠靠梁，同时拨去 3 颗下珠，即" +2 = +5 –3"。

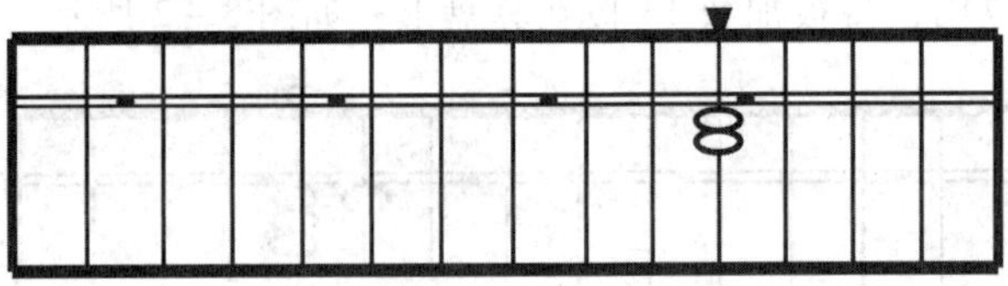

图 3-4

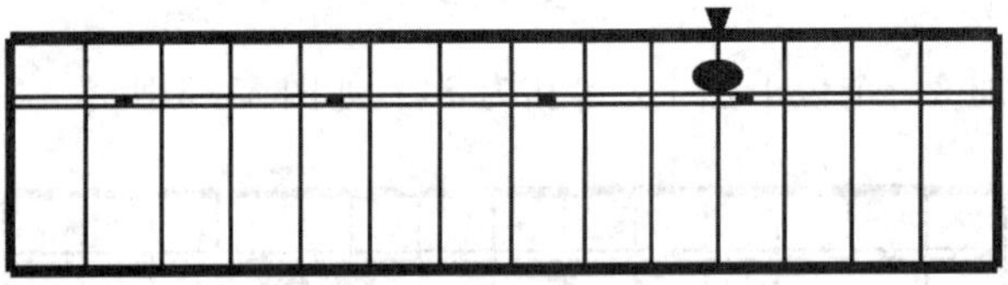

图 3-5

（3）在百位上加 3，下珠不够加，则加 5 减 2，即拨上珠靠梁，同时拨去 2 颗下珠，即“+3 = +5 -2”。

（4）在十位上加 1，下珠不够加，则加 5 减 4，即拨上珠靠梁，同时拨去 4 颗下珠，即“+1 = +5 -4”。

（5）在个位上加 4，下珠不够加，则加 5 减 1，即拨上珠靠梁，同时拨 1 颗下珠，即“+4 = +5 -1”，结果是 6 656。

3. 进十的加

进十的加是指本档两数相加，其和数大于或等于 10，直接从本档拨去加数的补数，再向左档进一的加法。运算方法：“本档满十，减补进一”。本档满十是指两数相加，本档超 9（满十）。减补进一是指先减去与加数相对应的“10 的补数”，即减补，再向左一档进一。如 4 +8，个位满十，减 2 进 1，减 2 是因为 2 是加数 8 的“10 的补数”（+8 = -2 +10）。所以，减补是重点，也是计算中容易弄错的数。进十的加有 9 种情况，见表 3-3：

表 3-3　　进　十　的　加

被加数	加数	操作	运算口诀
9	+1	-9 +10	一去九进一
8、9	+2	-8 +10	二去八进一
7、8、9	+3	-7 +10	三去七进一
6、7、8、9	+4	-6 +10	四去六进一
5、6、7、8、9	+5	-5 +10	五去五进一
4、9	+6	-4 +10	六去四进一
3、4、8、9	+7	-3 +10	七去三进一
2、3、4、7、8、9	+8	-2 +10	八去二进一
1、2、3、4、5、6、7、8、9	+9	-1 +10	九去一进一

【例 3－5】3＋8＝11

（1）定好个位档，将被加数 3 拨在算盘上，如图 3－6 所示。

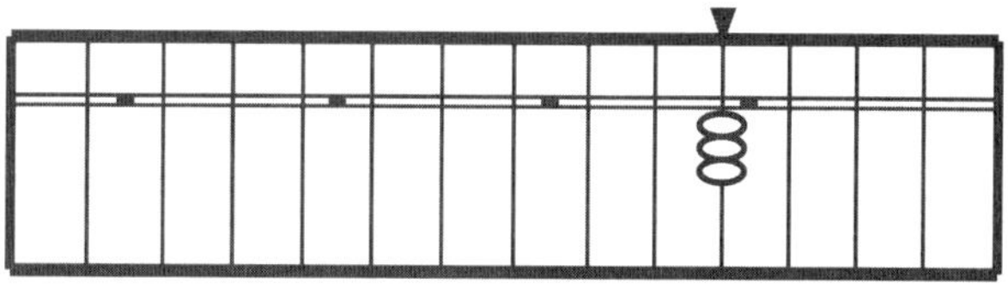

图 3－6

（2）个位档无法直接拨入 8，应向十位进 1，同时从个位拨去 2 颗下珠，即“－2＋10＝8”。如图 3－7 所示。

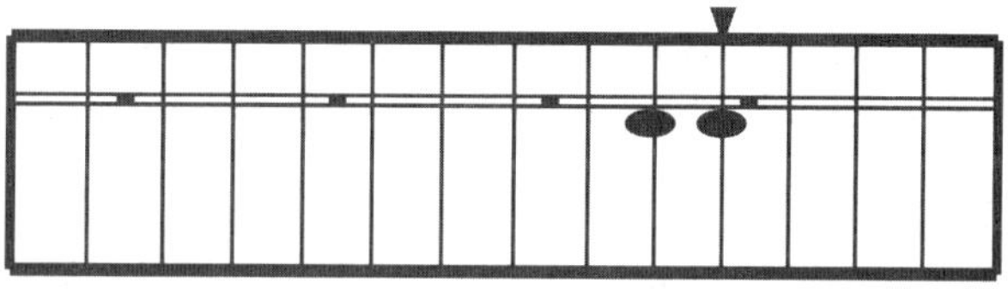

图 3－7

【例 3－6】874＋248＝1 122

（1）定好个位档，将被加数 874 拨在算盘上。

（2）在百位上加 2，本档超十，拨去 3 颗下珠和 1 颗上珠（减 8），同时向左档进 1，即“＋2＝－8＋10”。

（3）在十位上加 4，本档超十，拨去 1 颗下珠和 1 颗上珠（减 6），同时向左档进 1，即“＋4＝－6＋10”。

（4）在个位上加 8，本档超十，拨去 2 颗下珠，同时向左档进 1，即“＋3＝－7＋10”。结果为 1 122。

4. 破五进十的加

破五进十的加是指当两数相加的和超过 10，在进位时，本档下珠不够减，则采取拨去上珠，加添下珠，同时向左进一。在“进十的加”的方法中，当加数为 6、7、8、9 四个数时，本应拨去（减去）4、3、2、1，但遇到本档无下珠或下珠不够减时，应采用“破五进十加法”的方法。运算方法：“本档满十，加齐去五进一”。“加齐去五进一”是指向左一档进一，同时减去上珠 5，再在下珠加上加数补数的凑数（即加齐，加数在算盘下珠对应的数，如果加数是 9，对应的数是 4，8 对应的数是 3，7 对应的数是 2，6 对应的数是 1）。

如：6＋6＝6＋（＋1－5＋10）

分析：加 6 的操作是加齐去五进一，由于 6 的补数是 4 而 4 的凑数是 1，所以加 1 去 5 进一。也可以理解为：加数是 6，可将 6 的上珠和下珠分别加，加上珠 5 则是“去五进一”，再加下珠“1”。

破五进十加有 4 种情况，见表 3－4：

表 3－4 破五进十的加方法

被加数	加数	操作	运算口诀
5，6，7，8	+6	+1－5+10	六上一去五进一
5，6，7	+7	+2－5+10	七上二去五进一
5，6	+8	+3－5+10	八上三去五进一
5	+9	+4－5+10	九上四去五进一

【例 3－7】5+9=14

（1）定好个位档，将被加数 5 拨在算盘上，如图 3－8 所示。

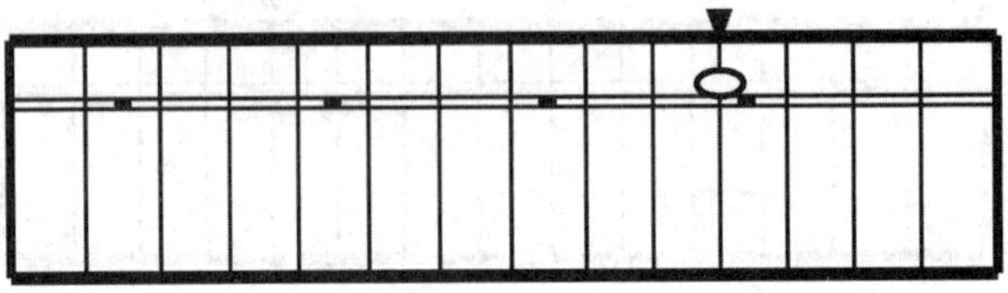

图 3－8

（2）加 9 时，应减去 1，但无靠梁的下珠，采取拇指拨 4 颗下珠靠梁，同时用中指拨去上珠，再向左档进 1 即 5+9=5+（+4－5+10），结果为 14，如图 3－9 所示。

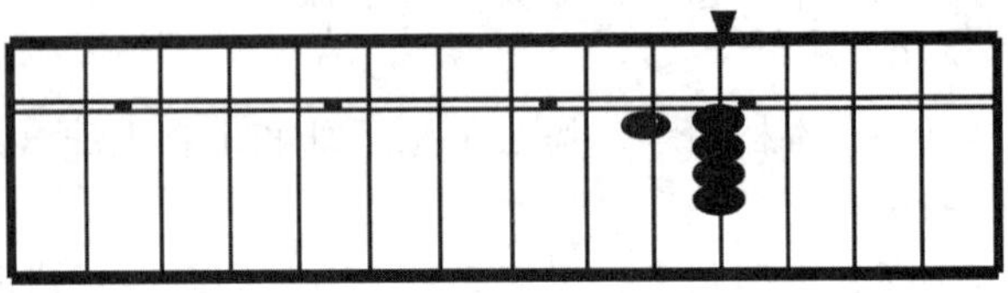

图 3－9

【例 3－8】565+879=1 444

（1）定好个位档，将被加数 565 拨在算盘上。

（2）在百位档加 8 时，本档超十，加 3 减 5 前档进 1。

（3）在十位档加 7 时，本档超十，加 2 减 5 前档进 1。

（4）在个位档加 9 时，本档超十，加 4 减 5 前档进 1，结果是 1 444。

任务二 珠算基本减法

一、运算规则

珠算减法是从一个数里减去另一个数的计算方法。珠算减法的每一个算式都包括一个被减数和一个或几个减数。它是加法的逆运算。其算式如下：

被减数 - 减数 = 差数

珠算减法运算应按照以下规则进行：

（一）固定个位

在进行减法运算时，首先选定好个位档，然后将被减数拨入。

（二）数位对齐

每个数字在算盘上的档位对齐，个位数对个位数，十位数对十位数，百位数对百位数。

（三）从高到低

应从高位到低位逐位依次相减。在运算过程中，本档不够减时，要向左档借 1 来减（借一当十）。

（四）同位相减

减数的位数必须对齐被减数的位数。计算小数减法时，应把小数点对齐，然后相减。

二、运算方法

珠算减法基本运算方法主要有：口诀减法和无诀减法。

（一）口诀减法

口诀减法是一种传统的珠算减法。珠算减法包括直接的减、破五的减、退十的减和退十补五的减，共 26 句。

表 3－5　　珠算减法口诀表

类型 / 减数	不退位减		退位减	
	直接的减	破五的减	退十的减	退十还五的减
1	一去一	一上四去五	一退十还九	六退十还五去一
2	二去二	二上三去五	二退十还八	七退十还五去二
3	三去三	三上二去五	三退十还七	八退十还五去三
4	四去四	四上一去五	四退十还六	九退十还五去四
5	五去五		五退十还五	
6	六去六		六退十还四	
7	七去七		七退十还三	

续表

减数 \ 类型	不退位减		退位减	
	直接的减	破五的减	退十的减	退十还五的减
8	八去八		八退十还二	
9	九去九		九退十还一	

口诀中第一个字表示减数，后面的字表示拨珠的动作。有关术语的含义：

上：指拨下珠靠梁　　去：指拨珠离梁

退十：从左档拨去 1 颗下珠　　还：退去左档的数后应在本档加上

例如：8 - 6 = 2　口诀：六去六　　6 - 2 = 4　口诀：二上三去五

13 - 9 = 4　口诀：九退十还一　　12 - 6 = 6　口诀：六退十还五去一

（二）无诀减法

1. 直接的减

直接的减是指同一档上，被减数能够直接减去减数的减法，即可以直接拨珠离梁。运算方法："减看内珠，够减直减"。

【例 3 - 9】69 - 13 = 56

（1）定好个位档，从高位到低位拨上被减数 69，如图 3 - 10 所示。

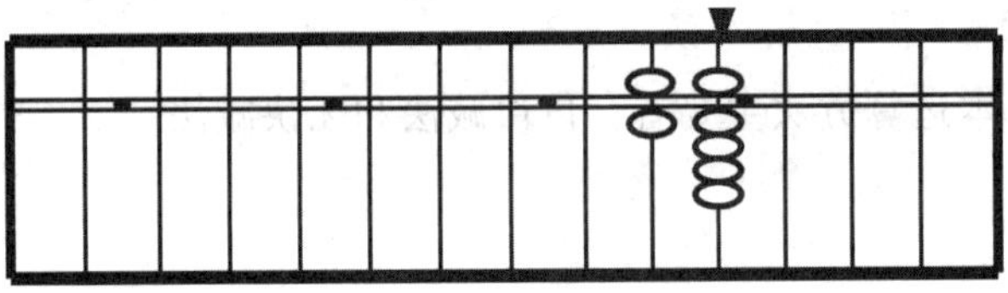

图 3 - 10

（2）十位拨去 1 颗下珠，个位拨 3 颗下珠，差数为 56，如图 3 - 11 所示。

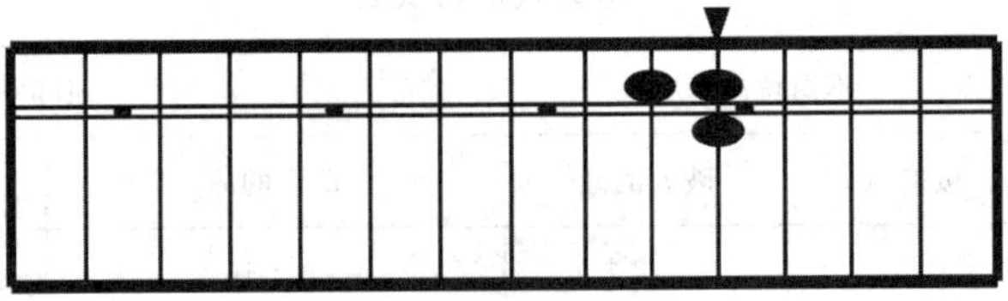

图 3 - 11

【例 3 - 10】849 - 624 = 225

（1）定好个位档，将被减数 849 拨在算盘上。

（2）在百位上减去 6，拨去 1 颗上珠和 1 颗下珠。

（3）在十位上减去 2，拨去 2 颗下珠。

（4）在个位上减去 4，拨去 4 颗下珠，结果是 225。

2. 破五的减

破五的减是指被减数在本档占用上珠，减去一个小于5的数，下珠不够减，需要拨去上珠，同时把多减的数用下珠加上。运算方法："下珠不够，减五加凑"。属于破五的减有4种情况：

表3－6 **破五的减方法**

被减数	减数	操作	运算口诀
5	－1	－5＋4	一上四去五
5、6	－2	－5＋3	二上三去五
5、6、7	－3	－5＋2	三上二去五
5、6、7、8	－4	－5＋1	四上一去五

【例3－11】 46－12＝34

（1）定好个位档，将被减数46拨在算盘上，如图3－12所示。

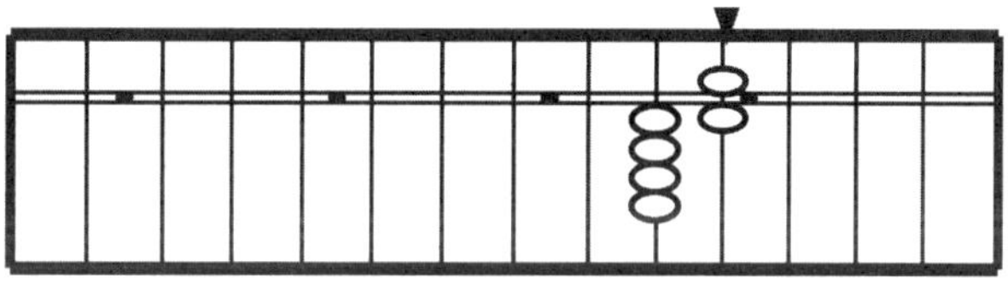

图3－12

（2）十位上减1，直接拨去1颗下珠；个位上减2，下珠不够减，则减5加3，即拨上3颗下珠，同时拨去上珠，即－2＝＋3－5，如图3－13所示。

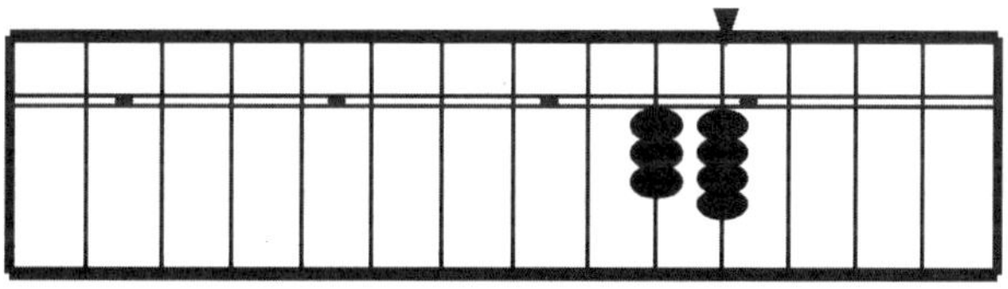

图3－13

【例3－12】 876－432＝444

（1）定好个位档，将被减数876拨在算盘上。

（2）在千位上减4，下珠不够减，则减5加1，即拨上1颗下珠，同时拨去上珠，即－4＝＋1－5。

（3）在百位上减3，下珠不够减，则减5加2，即拨上2颗下珠，同时拨去上珠，即－3＝＋2－5。

（4）在十位上减2，下珠不够减，则减5加3，即拨上3颗下珠，同时拨去上珠，即－2＝＋3－5。

结果是444。

3. 退十的减

退十的减是指两数相减，本档不够减时，向左档借一当十相减后，将减数与 10 相减的差数直接加在本档上。运算方法是："本档不够，退一加补"。退十的减有 9 种情况：

表 3－7　　退十的减方法

被减数	减数	操作	运算口诀
0	－1	－10＋9	一退十还九
0、1	－2	－10＋8	二退十还八
0、1、2	－3	－10＋7	三退十还七
0、1、2、3	－4	－10＋6	四退十还六
0、1、2、3、4	－5	－10＋5	五退十还五
0、5	－6	－10＋4	六退十还四
0、1、5、6	－7	－10＋3	七退十还三
0、1、2、5、6、7	－8	－10＋2	八退十还二
0、1、2、3、5、6、7、8	－9	－10＋1	九退十还一

【例 3－13】72－68＝4

（1）定好个位档，将被减数 72 拨在算盘上，如图 3－14 所示。

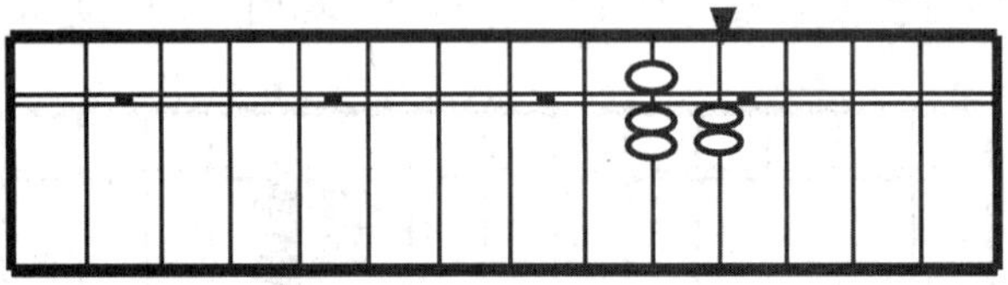

图 3－14

（2）十位上减 6，拨去 1 颗下珠和 1 颗上珠；个位上减 8，不够减，则从十位退一，同时从个位加上 8 的补数 2，即拨上 2 颗下珠，如图 3－15 所示。

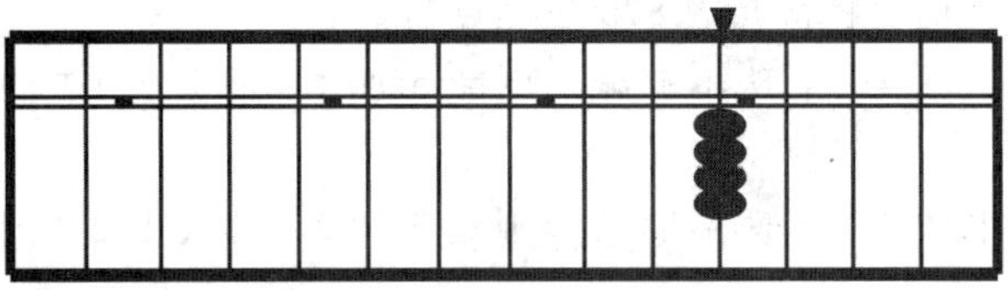

图 3－15

【例 3－14】735－96＝639

（1）定好个位档，将被减数 735 拨在算盘上。

（2）十位上不够减，则从百位退一，再从十位加上 9 的补数 1。

（3）个位上不够减，则从十位退一，再从个位加上6的补数4，结果是639。

4. 退十补五的减

退十补五的减是指在退位减法中，要用"退十的减"进行运算，但有时退十后多减的数又不能在本档内直接加上，还要与"凑五的加"联系起来。运算方法是："本档不够，退一加5减凑"。退一加五减凑是指先向左一档退一，接着加上珠5，再在下珠减去减数补数的凑数（即减数在算盘下珠对应的数，如减数是9，对应的数是4，8对应的数是3，7对应的数是2，6对应的数是1）。

如：12－6＝12－10＋5－1

分析：减6的操作是退一加5减凑，由于6的补数是4而4的凑数是1，所以退一加5减1。也可理解为：减数是6，可将6的上珠和下珠分别减，减上珠5则是"退一加5"，再减下珠"1"。退十补五的减有4种情况：

表3－8　　退十补五的减方法

被减数	减数	操作	运算口诀
1、2、3、4	－6	－10＋5－1	六退十还五去一
2、3、4	－7	－10＋5－2	七退十还五去二
3、4	－8	－10＋5－3	八退十还五去三
4	－9	－10＋5－4	九退十还五去四

【例3－15】 14－8＝6

（1）定好个位档，将被减数14拨在算盘上，如图3－16所示。

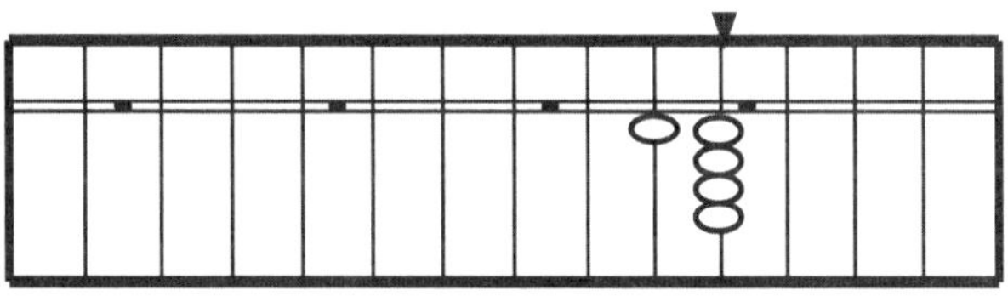

图3－16

（2）个位不够减，则从十位退一，再从个位加5减3，即拨上珠靠梁，同时拨去3颗下珠，即－8＝－10＋5－3，如图3－17所示。

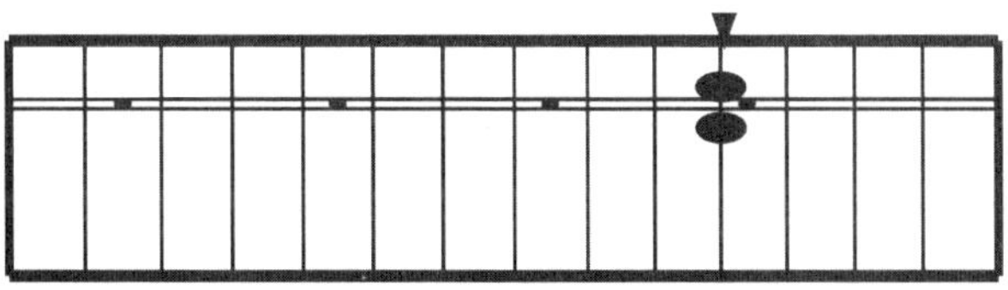

图3－17

【例3－16】 134－79＝55

（1）定好个位档，将被减数134拨在算盘上。

（2）十位上减 7（－10＋5－2），即拨上珠靠梁，同时拨去 2 颗下珠。

（3）个位减到 9（－10＋5－4），即拨上珠靠梁，同时拨去 4 颗下珠，结果是 55。

在珠算减法中，本档不够减，需从前一档退 1，但如前一档或前几档连续为 0，应采用隔档借数来减。处理方法：隔几档借数还几个 9，末档加上减数的补数。

【例 3－17】 1 004－8＝996

运算时，个位的 4 减 8，不够减，向前档借 1，但十位档、百位档都是 0，必须向千位档借 1，减去 8 时，在百位档和十位档分别加 9，在个位档加 2（8 的补数），操作是加 5 减 3，结果是 996。

任务三 简捷加减法

一、灵活运用加法运算律

加法的运算遵循交换律和结合律，若干个数相加，交换被加数与加数的位置，或者将其中几个数结合起来相加，其和不变。因此，采用交换律和结合律能够有效减少拨珠的次数，实现简便运算。

【例 3－18】 3＋6＋7＝3＋7＋6＝10＋6＝16

【例 3－19】 3＋4＋1＋6＋9＝3＋（4＋6）＋（1＋9）＝23

二、补数加减法（凑整法）

在加减运算中，当加数或减数接近 10^n 或 $m\times10^n$ 时，就可以先把这个整数加上或减去，同时判定因此而产生的差数是多少，再对这个差数进行调整。调整的方法是：加整减差，减整加差。这种方法减少了计算位数及拨珠动作，简化了运算过程，从而取得既准又快的效果。

【例 3－20】 678＋997＝678＋1 000－3＝1 678－3＝1 675

（1）将被加数 678 拨入盘内。

（2）在被加数的千位上加 1（即 997＋3 的和），然后在个位上减去 997 的补数 3，结果是1 675。

【例 3－21】 8 136＋2 989＝8 136＋3 000－11＝11 136－11＝11 125

（1）将被加数 8 136 拨入盘内。

（2）在被加数的千位上加 3（即 2 989＋11 的和），然后在十位及个位上减去差数 11（即加整减差），结果是 11 125。

【例 3－22】 8 751－991＝8 751－1 000＋9＝7 760

（1）将被减数 8 751 拨入盘内。

（2）在被减数的千位上减去 1（即 991＋9 的和），然后在其个位上加上 9（即 991

的补数），结果是 7 760。

三、穿梭法（来回加减法）

珠算加减法运算一般是从左到右，为了避免始终从高位至低位运算的空手移动及视线空移，在竖行加减法的运算中可以采用穿梭运算，即在打第一笔时从左到右，打第二笔时从右到左，打第三笔时又从左到右……。通过来回拨珠运算，以达到减少手的往返运动，缩短拨珠时间的目的。需要强调的是，低位至高位运算时，要看清楚左边是否有减号，否则减法被当成加法。为了灵活运用这种方法，应多练习倒记数，这样才能有效地提高运算速度。

【例 3-23】

第一笔	759 →
第二笔	+1 029 ←
第三笔	+435 →
第四笔	+216 ←
合　计	2 439

四、一目多行法

传统的加算方法是逐笔逐行相加减，即一目一行，打完第一行后，接着打第二行。一目多行加减法是心算与珠算相结合，将多行数字合成一笔求和（或差）一次拨珠入盘的方法。将多行数分并成一行数，减少了拨珠次数，故能缩短计算时间，提高计算速度。根据每一次运算的行数不同可分为一目双行、一目三行等。一目多行运算有助于心算能力的加强，通过反复的练习，可使计算水平超出单行拨珠的速度。需要说明的是初学者应以一目一行为主，逐笔逐行运算，掌握正确的指法，反复练习看数、拨珠，力争做到拨珠迅速，准确，然后在此基础上提高到一目二行、一目三行的运算。

（一）一目双行（并行连加）

一目双行加减法，计算时和普通加减法的顺序相同，从高位到低位相加减。过程是：一眼看两行，心算出两行数字之和，并一次拨珠上盘，即把双笔数字合为一笔拨入盘上。运用一目两行法的难点在于迅速而准确地把两个数合并成一个数。为了更好地运用一目两行方法，需要十分熟悉 1～9 所构成的每两个数字之和，形成条件反射，从而做到“眼看、心算、口念、手拨”协调一致。

【例 3－24】

算式	得数		万	千	百	十	个	
		两行拨珠→	1	4				
					7			心算
						9		心算
5 678						1	1	心算
+9 123	得数 14 801	→	1	4	8	0	1	
+456		两行拨珠→		1	1			心算
+789					1	3		心算
	得数 16 046					1	5	心算
16 046		→	1	6	0	4	6	

在一目双行使用熟练的情况下，计算的顺序可以从左至右，再从右至左……一来一回的计算下去，这种方法也是可行的，我们称之为“一目双行穿梭法”。

（二）一目三行直加

一目三行直加的原理同一目二行原理是一致的，往往从高位到低位算起，以排列整齐的每三个横行数字为一组，纵列同位数分别相加计算出结果后，按照档次依次拨入算盘。在一组 15 行加减运算下，一目三行只要五次移盘就能算完。这样，在相同频率下，由于拨珠次数少，加快了运算速度。需要注意的是，移盘要形成习惯一次移准。移盘时算题不能离开桌面，而是用左手中指和无名指点在桌面上向上或下平移。眼睛从算盘下框内侧看见三行数为正好，这样平行移动计算时不易串行和串档，能确保看准数，增加计算的准确度。由于三行合并数字增加，合并难度大，因此需要做更多的练习，找二三行数字组合的规律，适应此方法。

【例 3－25】

算式	得数		万	千	百	十	个	
		三行拨珠→	2	1				
7 586				1	2			心算
+5 678					1	7		心算
+9 123						1	7	心算
	得数 22 387	→	2	2	3	8	7	
+456		三行拨珠→		1	3			心算
+256					1	8		心算
+789	得数 23 888					2	1	心算
23 888		→	2	3	8	8	8	

心算是学好一目三行珠算法的基础，心算能力的强弱直接影响计算速度。心算方法常见的有以下几种：

1. 顺序算法

做题时按数字的先后顺序进行计算。

2. 凑十算法

若三个数相加中有两个数相加的和恰好是10，就先心算这两个数之和，然后加上另一个数。

3. 三个相同数的算法

若三个数相同，就用3乘以相同数，即得和数。

4. 两个相同数的算法

若两个数相同，就用2乘以相同数，再加上另一个数，即得和数。

5. 等差数列的算法

在相加的三个数中，如果它们构成等差数列，用3乘以中数（中位数），即得和数。

6. 接近等差数列的算法

在相加的三个数中，如果其中有某一个数比等差数列的对应数多1或者少1，则用3乘以中数，再加1或者减1，即得和数。

（三）一目三行弃九弃十法

一目三行弃九弃十法，是一目多行运算中更简易的一种提前进位的方法。此方法主要适用于加法运算。因为在一目三行加法运算中，同档位三数之和多数大于10，为了减少拨珠次数，在计算时提前进位，再利用补数加齐减补，按照"首位加1，中位弃9，末位弃10，超弃加余，欠弃减差"的原则进行运算。

"首位加1"是指在并行计算时，从高位算起，不满9时直加1，满9或超9时前一档上先进1。

"中位弃9"是指在哪一档进1，就从进1的后一档起直至末位前的所有各档称为中位。中位档三个数之和大于或等9，便弃掉一个9，余几就在算盘上加几，即超弃加余，如某中位三数分别为5、7、4，则本档直加7（$5+7+4-9=7$）；某中位三数之和不满9，即不够弃9时，叫"欠弃"，则减去9与三数和的差，即欠弃减差，如某中位三数分别为4、1、2，则本档减去2（$4+1+2-9=-2$），操作是从前位减1，本位加8。

"末位弃10"是指末位一档弃10（因为只有满10才能进位）。在末位三个数之和大于10时，便弃掉一个10，余几就在算盘上加几，即超弃加余，如末位三数分别为5、7、4，则本档直加6（$5+7+4-10=6$）；某中位三数之和不满10，不够弃10时，也是"欠弃"，则减去10与三个数和的差，即欠弃减差，如末位档三数分别为4、1、2，则本档减去3（$4+1+2-10=-3$），操作是从前位减1，本位加7。

【例 3－26】

		首		中		末
			5	8	6	3
		+	7	1	2	5
			+	6	3	2
首位加 1（需要进位，前位加 1）	① →	1				
中位弃 9（5＋7－9＝3）	→		3			
中位弃 9（8＋1＋6－9＝6）	→			6		
中位弃 9（6＋2＋3－9＝2）	→				2	
末位弃 10（3＋5＋2－10＝0）	→					0
盘上得数	→	1	3	6	2	0

【例 3－27】

				中		末
			1	8	0	3
			5	1	7	5
			+	1	1	1
首位加 1（1＋5＋1＝7）	① →		7			
中位弃 9（8＋1＋1－9＝1）	→			1		
中位弃 9（0＋7＋1－9＝－1）	② →				－1	
末位弃 10（2＋5＋1－10＝－2）	③ →					－2
盘上得数	→		7	0	8	8

注意：

①首位，并行计算，最高位之和不满 9 时直加 1，即最高位为首位，如【例 3－25】；满 9 或超 9 时前一档上先进 1，即最高位的前一档为首位，如【例 3－24】。

②十位中弃 9（0＋7＋1－9＝－1）的操作是百位减 1，十位加 9。

③末位弃 10（2＋5＋1－10＝－2）的操作是十位减 1，个位加 8。

（四）一目三行加减混合算法

一目三行加减混合算法的计算方法是：正负相抵，余几加几，差几减几，即各行同位数的正负数相抵后，如果是正数，在算盘上加上；如果是负数，在算盘上减去。

【例 3－28】 562.43－248.01＋351.29＝665.71

```
  5 6 2.4 3
 -2 4 8.0 1
 +3 5 1.2 9
 ----------
  6························ 抵后余6
    7······················ 抵后余7
     -5 ················ 抵后差5
        6 ············ 抵后余6
        1 1 ········ 抵后余11
 ----------
  6 6 5.7 1
```

五、借减法（倒减法）

借减法又称倒减法，是指在减法运算中，遇到减数大于被减数时，可利用虚借1的方法，加大被减数，继续运算。采用此方法可以按题目的先后顺序进行运算，以免漏算或重复运算。

借减法的运算要领是：前档虚借，够还随还值为正，不够为负看补数；再借时，前档借，借大还小。

（1）前档虚借，即在运算过程中，遇不够减时，向前档虚借1，再继续运算。

（2）够还随还，即在运算中只要够还，应随时还借。

（3）借大还小，即某一档虚借1未还，又不够减需再借1，就在未还虚借1的前档上借，并将前一次虚借的“1”还上，最终调整为只借1。

（4）还清为正，未还为负。即运算完毕后，还掉“1”盘面上的数即为结果；不能还“1”，则此值为负，为盘面数的负补数（外珠加一的负数）。

【例3-29】 293 -479 = -186

（1）把被减数293置到盘上。

（2）百位上2减4不够减，向千位虚借“1”，理解为“1 293 -479”。

（3）十位、个位依次相减。

（4）读数。盘中显示数814，由于是有借无还，所以这个结果是“虚数”。即结果是盘上814的负补数（外珠加1的负数），即-186。

【例3-30】 293 -479 +275 =89

（1）把被减数293置到盘上。

（2）百位上2减4不够减，向千位虚借“1”。

（3）十位、个位依次相减，盘中显示数814。

（4）百位上8加2满10，够还虚借的“1”，应随借随还，十位、个位依次相加

（5）盘中显示数是89，即为结果。

【例3-31】 293 -479 -825 = -1 011

（1）把被减数293置到盘上。

（2）百位上2减4不够减，向千位虚借“1”。

（3）十位、个位依次相减，盘中显示数814。

（4）再减去825，百位上又不够减，再虚借“1”，但不能再在千位档上借，而要在千位的前档位（万位档）上虚借“1”，还上千位档上虚借的“1”，所以千位档上拨九，以下再从百位、十位、个位计算。

（5）盘中显示的数是8 989，是“虚数”。即结果是盘上8 989的负补数（外珠加1的负数），即 -1 011 。

任务四 传票算与账表算

在经济工作中，会涉及会计核算、统计报表、财务分析、计划检查等业务活动，其报表资料的数字来源都是通过会计凭证的计算，汇总而获得。这些会计凭证的汇总即传票运算，其运算速度及其结果准确与否，直接影响到各个业务项目的可靠性及时性；而报表、分析表的汇总过程都需要账表计算，通过这些账表汇总运算，取得有效数字，从而为有关部门制定政策提供数字依据，可见传票算和账表算是日常经济工作中应用较多、要求较高的计算业务，是财经工作者应具备的基本功，同时传票算和账表算也是珠算技术的重要组成部分，是全国珠算技术比赛项目之一，所以学习传票算和账表算有重要意义。

一、传票算

传票，是指记有文字和数字的会计凭证，如发票、支票、收据、记账凭证等。由于这些凭证在有关人员之间传递使用，因而人们习惯称其为传票。对传票进行分类计算，简称为传票算。传票算也可称为凭证汇总算或翻打算，它是对各种单据、发票和记账凭证进行汇总计算的一种方法。

（一）传票算的题型

在实际工作中，传票的种类很多。根据传票是否装订，可分为订本式传票和活页式传票两种。

1. 订本式传票

在传票的左上角装订成册，实际工作中如发票存根、收据存根和各种装订成册的单据等。珠算、计算器计算和计算机小键盘比赛使用的传票为订本式传票，它是模拟实际工作中具体业务的传票设计的。本教材将重点介绍订本式传票。

2. 活页式传票

又称为百张凭条，有100页，不装订成册，每页两侧有一行数字，均为金额单位（反面没有数字），每一侧100页为一题，采用限量不限时的方法。实际工作中如会计凭证、银行支票等。这种传票在银行业使用较多。

在珠算比赛中，使用传票算的说明如下：

（1）比赛使用的传票为订本式，左上角装订，每本共100页，每页长19厘米、宽9厘米，四号手写体字。计算时可以将预先做好的扇形传票本用夹子夹起计算。

（2）每页的右上角印有阿拉伯数字表示页码，每页传票有五行数，每行数前依次印有（一）、（二）、（三）、（四）、（五）的行次标志，各行数下加有横线，其中第（二）、（四）行数下的横线为粗线。

（3）各行数从第1页至第100页均为550字，每笔最高为7位数、最低为4位数，全为金额单位。

（4）每连续20页的同一行数相加为一题，计110字，0～9各数码均衡出现。命题时任意选定起止页数。例如，第一题从第2页至第21页第（一）行，第二题从 第66页至第85页第（三）行等。

（5）比赛时，采用限时不限量的比赛方法，每场规定15分钟，每题分值为15分。传票的样式和比赛题型如图3－18，表3－9所示。

（一）	16 564.89
（二）	206.73
（三）	367.42
（四）	70 926.54
（五）	105.97

图3－18　传票的样式

表3－9　　比　赛　题　型

题号	起止页数	行次	答案
一	12～31	（三）	
二	56～75	（一）	
三	20～39	（四）	
四	35～54	（二）	
五	66～85	（五）	
六	47～66	（一）	
……	……	……	

说明：上表中，“题号一”即为第一题，“起止页数”中的“起”表示从哪一页开始计算，“止”表示运算到哪一页为止。“行次”表示把每页的第几行数字累加起来，如表中“题号一”的起止页码是12～31，行次是（三），表示从第12页起一直运算到第31页，共20页都计算第3行数字。20页计算完毕得出的答数，写在表中相应的答案内，这样就完成了一道题。

（二）传票算的运算方法

传票算具体的运算步骤和方法，主要包括以下几个方面：传票整理、传票的摆放、传票的翻页、找页和记页、传票的计算方法等。

1. 传票整理

进行传票计算之前，应先检查传票是否有缺页、重页、数字不清晰等情况。传票运算，应左手翻页，即一页页地翻打。为了提高运算速度，加快翻页动作，避免翻重页或漏页的现象，运算前还需将传票捻成扇面形状，这样可使每张传票自然松动，不会出现粘在一起的情况，便于翻页，利于计算。捻扇面的方法是：用左手握住传票的左下角，拇指放在封面的上部，其余四指放在传票的背面；右手握住传票的右上角，拇指放在传票封面的上部，其余四指放在传票的背面，轻轻地捻动几下，即成扇面形。扇形幅度不宜过大，只要以传票封面向下突出，背面向上突出，左手食指全部夹住已打开的传票就好。将传票捻成扇面形状后，可用大票夹将传票左上角夹住，保留扇形，如图 3－19，图 3－20 所示。在技能比赛时由于将传票捻成扇面的时间很短，所以平时要多加练习，一般要求右手向胸前转动两三次即成。

图 3－19　传票整理（1）

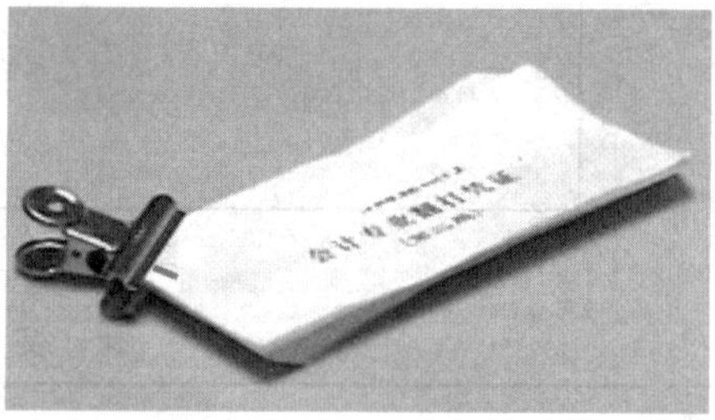

图 3－20　传票整理（2）

2. 传票的摆放

传票的摆放要以方便看数和有利于翻页与拨珠为原则。一般情况下，传票的放置位置有三种：

（1）使用大中型算盘计算，可将传票斜放在算盘的左下方。

（2）使用小算盘计算，可将传票放在算盘的左上方，传票试题答案纸放在算盘的右下方。为便于左手翻页，传票的左底边应离开算盘顶框 2 厘米左右，左手放在传票偏左的位置上，用拇指突出的部位翻动传票。

（3）使用计算器和小键盘计算，传票本应放在左方，答题纸应放在中间。答题纸放在传票本下方，以不影响看题、写数为宜。

3. 传票的翻页、找页和记页

（1）翻页方法。翻页在传票运算中十分重要，翻页速度的快慢，将直接决定传票运算的速度和准确性。传票翻页的方法是：左手的小指、无名指和中指放在传票封面的左方或左下方，食指、拇指放在每题的起始页，然后用拇指翻动传票，把翻过的页码夹在中指与食指的指缝中间以便拇指继续翻页。食指快速放进刚翻起的传票下面，把翻过的传票夹在中指与食指的指缝中间以便拇指继续翻页。同时每翻动一页，应迅速将数拨入盘内，传票不宜翻得过高，角度越小越好，以能看清数据为准。翻页计算时，可采用一次一页打法，也可采用一次两页或三页打法。可以用盲翻的方法进行翻页训练，在整理好扇面后，左手压住传票，不看票面，从第 1 页连续向后翻动传票，直到最后 1 页为止，时间控制在 1 分钟以内。

（2）找页方法。传票运算不是按顺序一页页地翻打完成，而是交叉组合进行的，在运算过程中需要前后找页，找页的过程就是凭左手的感觉，借助眼睛的余光，迅速找到各题的起始页。要做到翻两三次传票就能找到所需计算的页码。例如表 3－8 中第一题第三行第 12 页到第 31 页，当第一题计算完毕，在写数清盘的同时，应借助眼睛余光看第二题起始页数 56 页，然后左手迅速准确找到 56 页。当第一题清盘后即可进行第二题的运算。

找页练习关键是练习手感，即摸传票纸的厚度。如传票 10 页、20 页……100 页厚度，经过一段时间练习，就会做到仅凭手的感觉就可翻到需要的页码上。如果一次未能翻到，再用左手略作调整，迅速翻至要找的页码。总之，找页动作要经过刻苦练习，达到找页准确迅速，而不影响右手拨珠运算的目标。

（3）记页方法。记页是指在传票运算中记住终止页数，传票运算除翻页和找页外，还需要记页。因为传票计算每题由 20 页组成，为了避免在计算过程中发生多打页或少打页的现象，应采取记页的方法。当估计快要运算完该题时，用眼睛的余光扫视传票的页码，以防过页。在计算过程中默记打了多少次。最好每打一页，默念一页。默念到第 20 次时核对该题的起止页，如正确无误，书写答数。如果采用一目两页的打法，每题只数 10 次，即打前两页时默念 1，打次两页时默念 2……默念到 10 时，核对该题的起止页数，迅速书写答案。

记页在边翻页边运算中较难记住，平时应加强训练。在训练中，运算中的数据不要默念，心里只需默记页数，通过反复练习，就能掌握记页方法，准确地进行运算。

4. 传票的计算方法

传票的计算方法有一次二页打法、一次双页打法、一次三页打法。一页多次的打法要在一页一次打法的基础上，运用心算及一目多行法进行快速运算。

（1）一次一页打法。一次一页打法是指进行传票运算时，采用翻一页打一笔数的方法。如表 3－8 中第一题，12～31 页第三行数字，要打出这个合计数，需要翻 20 次传票，进行 20 次珠算。这种计算方法是最基本的方法，但拨珠动作较多，不利于提高计算效率和计算水平，要想提高运算速度，就必须突破的一次一页的打法，选用一次多页的打法。

（2）一次双页打法。一次两页的打法是指进行传票运算时，将传票一次翻起两页，然后将两页同行数字进行心算，将心算的结果一次拨入盘中的方法。这种计算方法会涉及如何一次翻两页的问题。具体方法为：小指、无名指、中指放在传票封面上，食指放在起始页上，当大拇指翻起一页后，食指便迅速抵在掀过页的背面，大拇指在迅速翻起一页，使两页有一定间隙，两页掀起的高度与间隙越小越好，以能同时看到两页的同行数字为宜，然后用心算计算出两页对应的数字之和，一次拨入盘中，当合计数的最后一位即将拨入盘中时，拇指迅速将前两页翻过，用食指夹住，再用拇指顺势翻起传票，以同样的方法继续翻下两页进行计算，直至算完为止。这样一道题只需翻动 10 次即可完成。

一次双页打法较一次一页打法减少了翻页和拨珠次数，提高了计算效率。但是有一定的运算难度，需要在一次一页打法熟练，翻页、找页、看数、拨珠等动作比较衔接的基础上，尝试运用此方法。

（3）一次三页打法。一次三页的打法是指进行传票运算时，将三页传票的同位数心算累加起来一次拨入盘中的方法。一次三页翻页方法是：无名指和小指放在传票封面上，先用中指挑起始页，食指挑起第二页，拇指挑起第三页，使三页之间均有一定间隙，使眼睛能迅速看清楚三页里对应的数字，再用一目三行心算法求出三数之和拨入盘中。

一次三页打法大大减少了翻页和拨珠次数，提高了计算效率。但是此方法翻页和运算难度都较大，要想运用一次三页打法，应具备扎实的基本功，翻页手感要好，前后翻页动作协调好，翻页、看数、拨珠等动作衔接好。

一次双页和一次三页的打法速度快，计算效率高，要想熟练运用有一定的难度，掌握一次双页、一次三页计算方法的关键是翻页和心算要过关。因此需要经过反复练习，打下扎实的基本功，才能灵活的运用此方法。可以进行如下练习方法：

① 熟练掌握加减一目两行和一目三行并数运算方法。

② 用一次两页、一次三页的翻页方法，依次翻动传票各页，心算一目两行、一目三行同位数之和，但不进行拨珠运算。

③ 待翻票和看数熟练后，就将翻票看数与拨珠结合起来练习。用一次两页、一次三页的翻页方法，心算传票第五行数字，因为第五行数字是传票最后一行数字，容易看清，不易错位或错行。然后逐步向上移动，计算传票各页的第四行、第三行直至第一行。

总之，只要多算多练，就能熟练掌握一次两页、一次三页的计算方法。目前参加珠算比赛传票算的选手普遍采用一次两页、一次三页的计算方法。

二、账表算

在经济活动中，会计和统计部门经常要在月末、季末、年末核算汇总各种表格，包括分配表等凭证、账簿、试算平衡表、报表等。这些表格中分列着各种指标，指标填列后要合计、累计、分组算等，而这些都属于账表算。

全国珠算技术比赛项目中的账表算是从实际工作中的各种表格运算中概括出来的一种运算技能项目，是我国珠算技术比赛项目之一。比赛中的账表算是在同一张表格上，分别进行纵横两部分运算，将纵列表算和横行表算的两个合计数相互轧平（即竖、横行两个合计数相等）。账表算的轧平，需要竖列和横行的每一道题都计算正确，否则将无法相等。因此，账表算强调的就是“准”字，要求必须具备熟练的技巧与准确度。本教材将以全国珠算技术比赛项目中的账表算为例说明其运算方法与技巧。

（一）账表算的题型（见表 3－10）

目前，全国标准账表算题一般为：

（1）账表采用 8 开纸印刷。限时 15 分钟，采取定时不定量的方式。要求按顺序算题，前表没打完，后表不计分。

（2）每张表由纵向5个算题，横向20个算题。

（3）账表中各行数字最低为4位数，最高为8位数。

（4）横向每题由4位、5位、6位、7位、8位数各1个组成，每题有30个字码；纵向每题由4位、5位、6位、7位、8位数各4个组成，共20个数，每题共有120个字码。表中各数均为整数。

（5）每张账表中有4个减号，纵向第4、5题中各有两个。账表算不设倒减法。

（6）账表算的计分为：竖式每对一题得14分，合计70分；横式每对一题得4分，合计80分，两项共计150分。如一张账表答数全部正确且轧平，再加50分，即一张账表全对可得200分，学生达到120分为达标。

表3－10 账表算题型

横题 纵题	一	二	三	四	五	合计
一	54 735 189	213 558	8 105	4 735 281	15 043	
二	82 754	58 350 721	93 512	3 526	75 049 126	
三	4 526 197	5 693	7 456 135	508 413	－896 543	
四	3 605	48 167	5 843 172	476 825	18 406 532	
五	735 421	86 405 732	8 124	23 176	5 682 143	
六	82 175 063	5 614 378	408 675	－1 463	64 398	
七	45 371	9 436	94 768 601	14 602 735	1 473	
八	5 487 162	548 703	23 784	－5 861 274	358 417	
九	54 387	465 847	5 697 428	54 736 821	8 925	
十	63 498 126	6 304	173 824	53 268	5 023 147	
十一	347 256	4 081 276	48 316	1 924	68 541 239	
十二	1 547	45 861	50 867 239	5 968 403	876 143	
十三	2 598 603	26 537 014	5 091	456 371	14 267	
十四	3 168 694	32 495 108	7 243	208 561	59 416	
十五	41 602	1 402 375	13 564 239	6 847	425 893	
十六	3 824	593 846	47 248	1 249 736	74 056 128	
十七	605 361	36 521	3 865 174	36 184 952	7 064	
十八	53 826 174	5 109	405 682	62 805	8 763 529	
十九	963 845	6 137 248	60 598 145	84 796	－5 103	
二十	5 483	84 197	762 431	32 481 957	1 974 682	
合计						

（二）账表算的运算方法

1. 纵向题运算方法

账表中的纵向题与珠算等级加减算相似，可以根据自己加减运算的习惯打法进行，一般采用一目多行简捷加减法运算，把账表放在算盘下面左手指数，并随着计算把题单向上推使其计算的行数尽量与盘面的距离接近，以便看数、拨珠、抄写答数能快速进行。

2. 横向题运算方法

横向题计算时，左手指法往往是小拇指指第一组数无名指指第二组数，中指指第三组数，第四第五组数不用手指，直接眼看入盘。把算盘放在该题上方，以便算后抄写答案。可采用传票中的穿梭式打法。首先将第一笔数按从高位向低位的顺序入盘，在拨第二笔数时从低位向高位的顺序入盘，再高位向低位将第三笔数拨入盘……直至该题计算完毕抄写答案。为了使算盘靠近所计算的数据，账表就要随着每行数字的计算完毕向上移动。

在账表算中无论是竖式算题，还是横式算题都要手、眼、脑相结合。由于纵向题与珠算等级练习题相似，一般比较习惯打纵向题，横向题相对缺少练习。但横向题所占比重较大会直接影响运算速度，所以要特别注意练习横向题尤其是经常进行看数练习，只有横向看数熟练了才能做到拨珠顺畅有序、干净利落。

任务五 加减法的差错查找

珠算过程中，有时会出现差误，需要及时找出并予更正，以确保结果正确。常见的错误主要有：（1）用错计算方法；（2）看错数字，如将“1”看成“7”，将“56”看成“65”；（3）错档、错位；（4）拨珠不准；（5）漏记或重记。

掌握合适的珠算差错查找方法，有助于提高计算结果的正确性。在珠算加减法运算中，通常采用以下方法来查找和改正错误。

一、复查法

复查法是指计算完成后，再将原题重新计算一遍或者几遍，直到无误为止的一种错误查找方法。通常采用以下方法来查找和改正错误。

二、还原查法

计算完成后，根据加法与减法互为逆运算的性质，可以用减法还原加法，也可以用加法还原减法。

【例 3－32】 56＋38＝94

94 －38 ＝56

【例 3－33】87 －24 ＝63

63 ＋24 ＝87

由以上两个例题可以看出，根据加法与减法互为逆运算的性质，计算结果能够还原回去，表明原题计算正确。

三、尾数查法

计算完成后，用复查法计算出另外一个结果，发现两个得数中其他数都一致，而只有末位数出现差错时，可以单独对末位数进行复核。用尾数查法，可以减少复查的次数，从而减少查错时间。

【例 3－34】2 471 ＋362 －293 －165 ＋189 ＝2 562

复查：2 471 ＋362 －293 －165 ＋189 ＝2 564

上题中两个得数，前三位数均一致，只是末位数相差 2，因此，得数前三位就不需要复核，只复核末位数。末位数相加（或减）1 ＋2 －3 －5 ＋9 ＝4。复核结果证明得数 2 564 是正确的。

四、除二查法

在计算中，有时会将“＋”号看成“－”号，或者将“－”号看成“＋”号。这样会造成两倍于某数的差数，而这个差数必然是偶数，因此用差数除以 2 便可以找出错数。检查方法是：计算完成后，用复查法计算出另外一个结果，将两个结果相减，其差数如果是算式数据中某个数的二倍，则这个数在计算中记错了方向，用除二查法可以减少复查的次数，减少差错的时间。

【例 3－35】36 ＋48 －7 ＋52 －19 ＝124

复查：36 ＋48 －7 ＋52 －19 ＝110

上题中两个得数相减，差为 14，14 ÷2 ＝7。再查原题，找出将 －7 看成 ＋7，差数正是 14，这样就可以确定 110 是正确的。

五、除九查法

相邻两个数字颠倒，多算一个“0”或者少算一个“0”等差错，均可用除九查找。

（1）相邻两个数字颠倒，其差数一定是“9”的倍数。

计算完成后，用复查法计算出另外一个结果，将两个结果相减，如果差数是 9 的倍数则看算式中是否某个数的相邻两个数字颠倒。

【例 3－36】778 误为 787

查找：①求出两数之差，即 787 －778 ＝9。

②用差数除以 9，即 9 ÷9 ＝1。

③商数是 1 正好与颠倒两数差相同，即为 8 －7 ＝1。

由此判断 78 颠倒为 87。

（2）数字多一个“0”，其两数之差能被 9 整除。

计算完成后，用复查法计算出另外一个结果，将两个结果相减，如果差数是 9 的倍数且商刚好是算式中的某个数（假设为a），则这个数a就是正确的数字。

【例3－37】567误为5 670

查找：①求出两数之差，即5 670－567＝5 103。

②用差数除以9，即5 103÷9＝567。567就是正确数。

（3）数字如果少一个“0”，其两数之差能被9整除，同时商数比原来数少一个“0”。

计算完成后，用复查法计算出另外一个结果，将两个结果相减，如果差数是9的倍数且商刚好比算式中的某个数（假设为a）的末尾数少一个“0”，则这个数a就是正确的数字。

【例3－38】5 670误为567

查找：①求出两数之差，即5 670－567＝5 103。

②用差数除以9，即5 103÷9＝567。

③商数末尾添一个“0”，即为5 670，这就是正确数。

用除九法，可以减少复查的次数，从而减少查错时间。

本章小结

在珠算运算中，珠算加减法是实际工作中用途最广的计算方法。珠算加减法基本运算方法主要有口诀加减法和无诀加减法。目前，学习珠算加减法多采用无诀加减法。为了提高计算速度，学生可根据情况重点练习珠算加减法的简捷算法，特别是一目多行加减法。为了适应实际工作的需要，还应掌握传票算、账表算及珠算加减法的差错查找方法。

操作训练

一、加法运算练习

1. 用直接加法计算下列各题

（1）5 164＋1 735＝	（2）3 267＋1 212＝
（3）2 325＋2 154＝	（4）7 324＋2 675＝
（5）3 452＋6 547＝	（6）6 237＋1 211＝
（7）1 057＋8 542＝	（8）552＋342＝
（9）3 612＋6 237＝	（10）1 256＋3 132＝
（11）6 135＋1 312＝	（12）6 791＋2 106＝
（13）5 806＋4 162＝	（14）1 212＋2 122＝
（15）7 232＋2 561＝	（16）42 152＋2 537＝
（17）8 601＋267＝	（18）765＋6 001＝

2. 用补五加法计算下列各题

(1) 2 341 +3 214 =　　(2) 1 423 +4 234 =
(3) 1 233 +4 442 =　　(4) 3 322 +2 243 =
(5) 4 434 +4 321 =　　(6) 2 314 +3 244 =
(7) 4 231 +4 324 =　　(8) 1 384 +4 304 =
(9) 2 324 +3 243 =　　(10) 2 314 +4 243 =
(11) 1 414 +1 432 =　　(12) 4 123 +2 343 =
(13) 2 143 +3 432 =　　(14) 3 431 +2 124 =
(15) 83 442 +14 324 =　　(16) 24 313 +43 243 =
(17) 32 234 +3 344 =　　(18) 14 324 +2 434 =
(19) 43 344 +413 =　　(20) 24 344 +232 =

3. 用进位加法计算下列各题

(1) 7 413 +8 697 =　　(2) 1 378 +9 953 =
(3) 3 456 +7 859 =　　(4) 3 457 +7 958 =
(5) 9 738 +6 875 =　　(6) 6 783 +5 427
(7) 3 781 +7 879 =　　(8) 6 437 +9 678 =
(9) 8 363 +8 798 =　　(10) 4 892 +8 768 =
(11) 6 974 +9 687 =　　(12) 7 568 +8 597 =
(13) 8 147 +2 988 =　　(14) 8 927 +5 284 =
(15) 43 967 +245 =　　(16) 1 587 +534 =
(17) 25 987 +5 123 =　　(18) 359 +5 762 =
(19) 18 724 +93 468 =　　(20) 942 +678 =

4. 用破五进位法计算下列各题

(1) 5 556 +7 987 =　　(2) 6 655 +776 =
(3) 6 878 +5 656 =　　(4) 5 665 +6 788 =
(5) 7 768 +7 686 =　　(6) 857 +5867 =
(7) 5 565 +9 876 =　　(8) 676 +768 =
(9) 7 654 +9 867 =　　(10) 776 + +668 =
(11) 8 587 +6 967 =　　(12) 7 676 +768 =
(13) 5 666 +9 888 =　　(14) 1 767 +2 676 =
(15) 5 565 +867 =　　(16) 5 675 +769 =
(17) 657 +687 =　　(18) 68 565 +869 =
(19) 555 +987 =　　(20) 1 667 +886 =

5. 计算下列各题

题号	1	2	3	4	5	合计
(1)	5 379	2 068	737	338	8 054	
(2)	1 529	998	3 564	639	374	
(3)	492	5 745	4 546	635	52 937	

续表

题号	1	2	3	4	5	合计
（4）	769	7 629	43 255	7 544	3 076	
（5）	20 276	4 333	5 543	2 769	924	
（6）	838	765	67 969	968	7 376	
合计						

题号	6	7	8	9	10	合计
（7）	6 153	3 604	458	294	9 068	
（8）	472	395	891	517	453	
（9）	318	487	989	459	239	
（10）	8 590	9 653	45 378	1 742	4 187	
（11）	947	526	457	394	103	
（12）	563	261	608	842	394	
合计						

题号	11	12	13	14	15	合计
（13）	8 129	2 754	614	2 586	817	
（14）	575	1 088	4 695	7 931	724	
（15）	1 912	810	3 137	5 893	373	
（16）	3 612	779	22 164	3 260	8 316	
（17）	255	87 630	4 977	9 724	3 954	
（18）	4 797	659	14 146	872	724	
合计						

题号	16	17	18	19	20	合计
（19）	427	2 503	872	1 649	7 496	
（20）	5 694	348	730	263	832	
（21）	879	469	558	772	745	
（22）	532	3 631	8 540	1 214	201	

续表

题号	16	17	18	19	20	合计
(23)	830	345	814	618	659	
(24)	574	297	179	909	975	
合计						

二、基本减法练习

1. 用直接减法计算下列各题

(1) 854 - 653 =　　(2) 782 - 631 =

(3) 966 - 656 =　　(4) 876 - 321 =

(5) 697 - 546 =　　(6) 827 - 216 =

(7) 798 - 537 =　　(8) 975 - 665 =

(9) 378 - 227 =　　(10) 886 - 276 =

(11) 6 847 - 5 632 =　　(12) 6 734 - 5 623 =

(13) 7 965 - 6 915 =　　(14) 5 427 - 5 126 =

(15) 9 732 - 7 621 =　　(16) 8 643 - 7 531 =

(17) 6 745 - 6 625 =　　(18) 5 396 - 5 185 =

(19) 5 938 - 827 =　　(20) 3 891 - 2 761 =

2. 用凑五减法计算下列各题

(1) 876 - 434 =　　(2) 586 - 342 =

(3) 786 - 442 =　　(4) 865 - 423 =

(5) 567 - 334 =　　(6) 5 876 - 3 432 =

(7) 6 758 - 2 344 =　　(8) 7 686 - 4 243 =

(9) 8 675 - 4 343 =　　(10) 8 755 - 4 322 =

(11) 8 765 - 4 424 =　　(12) 65 565 - 3 421 =

(13) 5 756 - 2 312 =　　(14) 56 575 - 2 342 =

(15) 7 787 - 3 443 =　　(16) 76 566 - 4 123 =

(17) 7 568 - 3 124 =　　(18) 85 675 - 43 241 =

(19) 8 877 - 4 434 =　　(20) 65 765 - 23 432 =

3. 用退位减法计算下列各题

(1) 368 - 89 =　　(2) 937 - 98 =

(3) 863 - 76 =　　(4) 657 - 68 =

(5) 263 - 79 =　　(6) 1 718 - 949 =

(7) 3 156 - 768 =　　(8) 4 232 - 493 =

(9) 682 - 99 =　　(10) 2 613 - 734 =

(11) 4 786 - 897 =　　(12) 5 623 - 789 =

(13) 7 557 - 689 =　　(14) 8 667 - 788 =

(15) 9 566 - 879 =
(16) 23 654 - 9 875 =
(17) 30 251 - 7 563 =
(18) 61 432 - 2 549 =
(19) 82 031 - 4 193 =
(20) 16 435 - 4 598 =

4. 用退位补五法计算下列各题

(1) 4 312 - 67 =
(2) 8 932 - 76 =
(3) 1 433 - 87 =
(4) 2 542 - 77 =
(5) 3 621 - 66 =
(6) 1 134 - 678 =
(7) 7 312 - 866 =
(8) 6 234 - 687 =
(9) 9 312 - 767 =
(10) 3 441 - 886 =
(11) 322 - 677 =
(12) 3 233 - 677 =
(13) 5 312 - 767 =
(14) 2 434 - 678 =
(15) 4 434 - 867 =
(16) 32 434 - 6 879 =
(17) 4 424 - 2 868 =
(18) 3 434 - 1 869 =
(19) 4 344 - 1 689 =
(20) 2 434 - 769 =

5. 计算下列各题

(1) 6 738 - 654 =
(2) 9 378 - 769 =
(3) 5 463 - 879 =
(4) 1 354 - 629 =
(5) 3 787 - 879 =
(6) 8 136 - 7 632 =
(7) 4 872 - 1 738 =
(8) 3 796 - 697 =
(9) 7 354 - 6 368 =
(10) 9 542 - 7 258 =
(11) 1 923 - 795 =
(12) 5 629 - 2 897 =
(13) 1 634 - 897 =
(14) 3 789 - 877 =
(15) 5 931 - 785 =
(16) 5 876 - 4 791 =
(17) 37 294 - 7 897 =
(18) 65 312 - 43 296 =
(19) 39 854 - 37 439 =
(20) 48 234 - 39 136 =

三、其他加减法练习

1. 用凑整法计算下列各题

(1) 92 587 + 9 999 =
(2) 96 875 - 9 998 =
(3) 56 321 + 9 998 =
(4) 47 126 - 4 997 =
(5) 42 235 + 1 989
(6) 46 799 - 27 999 =
(7) 25 741 + 2 999 =
(8) 61 578 - 3 998 =
(9) 32 651 + 3 999 =
(10) 18 459 - 4 997 =

2. 用借减法计算下列各题

(1) 3 675 - 5 214 =
(2) 2 839 - 4 362 + 6 755 =
(3) 2 392 - 4 869 =
(4) 6 717 - 8 964 - 7 163 =
(5) 4 675 - 8 439 =
(6) 7 832 - 9 787 + 5 100 =
(7) 12 639 - 29 387 =
(8) 2 361 - 3 717 - 11 239 =
(9) 24 375 - 17 389 =
(10) 5 346 - 7 568 + 2 747 =

四、基本功练习

（一）定数连加减

（1）“1”连加 200 次，结果为 200；减去“1”，直到减完为零。

（2）“2”连加 190 次，结果为 380；减去“2”，直到减完为零。

（3）“3”连加 180 次，结果为 540；减去“3”，直到减完为零。

（4）“4”连加 130 次，结果为 520；减去“4”，直到减完为零。

（5）“5”连加 220 次，结果为 1 100；减去“5”，直到减完为零。

（6）“6”连加 150 次，结果为 900；减去“6”，直到减完为零。

（7）“7”连加 140 次，结果为 980；减去“7”，直到减完为零。

（8）“8”连加 130 次，结果为 1 040；减去“8”，直到减完为零。

（9）“9”连加 120 次，结果为 1 080；减去“9”，直到减完为零。

学习初期确保准确的前提下，定数连加减每题 2 分 10 秒内完成，其中连加 1 分钟，连减 1 分 10 秒内完成。

（二）常数连加减

（1）“625”连加 16 次为 10 000，然后再连减 625，直到减完为止。

（2）“37”连加 3 次为 111，再加 3 次为 222…直到盘面数为 999（总共要加 27 次）；然后再连减 37，减 3 次为 888，再减 3 次为 777，再减 3 次为 666…直到减完为止。

（3）“185”连加 6 次为 1110，再加 6 次为 2 220…直到盘面数为 9 990；然后再从 9 990 中连减 185，直到减完为止。

（4）“987 654 321”连加 9 次为 8 888 888 889，然后再连减 9 次，直到减完为止。此方法称为倒九九。

（5）“123 456 789”连加 9 次为 1 234 567 890，然后再从盘第二档起连续减去九个 123 456 789，盘上剩下的数是 123 456 789。此方法称为十盘成。

（6）“123 456 789”连加 7 次，然后在最后档上再加 9，就得 987 654 321。此方法称为七盘成。

（三）打百子

所谓打百子就是把 1、2、…99、100 这一百个数连续相加减的计算。其计算方法是首先 1 + 2 + 3 + … + 99 + 100，结果为 5 050；然后再从 5 050 中 −1、−2、−3… −100，其结果为 0。

检查减百子减到某位数差的公式是：5 050 − n（n + 1）÷2

加数	10	20	24	36	44	55	66	77	89	95	100
和数	55	210	300	666	990	1 540	2 211	3 003	4 005	4 560	5 050

学习初期在确保准确的前提下，从 1 加到 100，要求在 1 分钟内完成，从 100 减至

0，要求在1分20秒钟内完成。

（四）见子打子

首先拨上被加数，然后看算盘上那一档是什么数，就照加什么数，连加数次得到一定的答案。例如："三盘成"，先在算盘上拨上123 456 789，然后"见子打子"三遍，在末位加9，其结果是987 654 321。

五、实务练习

新恒公司2015年11月30日的试算平衡表数据如下，请将该表合计数计算出来。

试 算 平 衡 表

账户名称	期初余额		本期发生额		期末余额	
	借方	贷方	借方	贷方	借方	贷方
库存现金	3 200		120 000	120 200	3 000	
银行存款	260 000		1 494 060	522 900	1 231 160	
应收账款	292 300		439 920	280 000	452 220	
原材料	232 000		290 937	160 320	362 617	
库存商品	366 000		127 640	165 000	328 640	
材料采购			290 937	290 937		
待摊费用	21 000		6 000	1 000	26 000	
固定资产	2 680 000		100 000		2 780 000	
累计折旧		300 000		38 000		338 000
生产成本	174 900		303 360	127 640	350 620	
制造费用			47 700	47 700		
短期借款		200 000	100 000	90 000		190 000
应付账款		190 000	160 000	222 300		252 300
其他应付款		1 860				1 860
预提费用		300	800	500		0
应付职工薪酬		18 100	120 000	136 800		34 900

续表

账户名称	期初余额		本期发生额		期末余额	
	借方	贷方	借方	贷方	借方	贷方
应交税费		1 200	49 363	349 605		301 442
应付股利				57 381		57 381
长期借款		800 000		300 000		1 100 000
实收资本		2 000 000		900 000		2 900 000
盈余公积		35 000		57 382		92 382
本年利润		676 000	1 073 000	397 000		0
利润分配	193 060		229 526	688 578		265 992
主营业务收入			376 000	376 000		
其他业务收入			18 000	18 000		
其他业务成本			10 000	10 000		
营业外收入			3 000	3 000		
主营业务成本			165 000	165 000		
管理费用			26 160	26 160		
销售费用			6 300	6 300		
财务费用			600	600		
营业外支出			8 500	8 500		
所得税费用			565 250	565 250		
合计						

六、传票算和账表算

要求：用珠算计算以下各题。

1. 传票算练习

传票算练习（一）

题号	起止页数	行次	答案	题号	起止页数	行次	答案
一	33～52	（五）		十一	29～48	（五）	
二	40～59	（一）		十二	24～43	（二）	
三	49～68	（三）		十三	19～39	（二）	
四	51～70	（四）		十四	26～45	（四）	
五	53～72	（五）		十五	12～31	（二）	
六	56～75	（二）		十六	73～92	（四）	
七	59～78	（一）		十七	41～60	（五）	
八	60～79	（三）		十八	35～54	（一）	
九	26～25	（一）		十九	28～47	（三）	
十	71～90	（三）		二十	30～49	（二）	

传票算练习（二）

题号	起止页数	行次	答案	题号	起止页数	行次	答案
一	72～91	（五）		十一	8～27	（四）	
二	65～84	（二）		十二	13～32	（五）	
三	52～71	（一）		十三	17～36	（二）	
四	51～70	（三）		十四	22～41	（四）	
五	2～21	（一）		十五	72～91	（一）	
六	31～50	（四）		十六	65～84	（三）	
七	3～22	（五）		十七	52～71	（五）	
八	5～24	（一）		十八	41～60	（一）	
九	52～71	（三）		十九	2～21	（四）	
十	62～81	（四）		二十	31～50	（二）	

传票算练习（三）

题号	起止页数	行次	答案	题号	起止页数	行次	答案
一	12～41	（四）		十一	15～44	（五）	
二	23～42	（一）		十二	13～32	（四）	
三	19～38	（三）		十三	17～36	（二）	
四	51～70	（五）		十四	32～51	（三）	
五	52～71	（一）		十五	70～89	（四）	
六	72～91	（四）		十六	65～84	（三）	
七	65～84	（二）		十七	42～61	（五）	
八	52～71	（四）		十八	61～80	（一）	
九	3～22	（五）		十九	22～41	（四）	
十	80～99	（二）		二十	31～50	（五）	

传票算练习（四）

题号	起止页数	行次	答案	题号	起止页数	行次	答案
一	12～41	（五）		十一	15～44	（二）	
二	23～42	（四）		十二	13～32	（四）	
三	19～38	（三）		十三	17～36	（二）	
四	51～70	（五）		十四	32～51	（五）	
五	52～71	（一）		十五	70～89	（四）	
六	72～91	（四）		十六	65～84	（三）	
七	65～84	（二）		十七	42～61	（五）	
八	52～71	（四）		十八	61～80	（一）	
九	3～22	（五）		十九	22～41	（四）	
十	80～99	（二）		二十	31～50	（三）	

2. 账表算练习

账 表 算（一）

纵题＼横题	一	二	三	四	五	合计
一	65 347	6 835	93 560 124	732 843	5 523 296	
二	265 384	10 974	6 629 721	42 196 053	3 586	
三	14 265 039	653 824	8 334	8 904 217	40 719	
四	9 801 724	21 453 096	31 708	5 368	456 283	
五	8 635	8 902 471	158 265	－90 147	21 439 065	
六	27 483 650	458 649	4 693	37 102	9 307 124	
七	307 216	6 289 580	685 941	195 864	－9 658	
八	30 217	3 902 417	9 856	74 258 360	71 203	
九	3 856 247	7 869	186 495	3 904 271	23 701	
十	4 217 039	54 307	65 368 921	5 986	164 958	
十一	50 891	3 942 109	842 736	13 950 274	4 672	
十二	827 364	7 624	39 140 572	5 619 308	10 985	
十三	13 950 274	60 518	6 581 903	－7 642	336 427	
十四	6 581 903	321 642	2 674	80 153	632 678	
十五	4 267	56 140 572	71 320 475	864 271	8 593 801	
十六	968 042	97 025	45 724 136	6 130	3 108 579	
十七	54 546	982 064	1 109 758	52 073	3 641	
十八	3 108 574	57 813 462	9 340	946 025	－29 057	
十九	6 413	1 305 987	23 092	62 936 243	968 042	
二十	4 057	4 163	814 086	1 307 891	57 832 614	
合计						

账 表 算（二）

纵题＼横题	一	二	三	四	五	合计
一	54 735 189	213 558	8 105	4 735 281	15 043	
二	82 754	58 350 721	93 512	3 526	75 049 126	
三	4 526 197	5 693	7 456 135	508 413	－896 543	
四	3 605	48 167	5 843 172	476 825	18 406 532	
五	735 421	86 405 732	8 124	23 176	5 682 143	
六	82 175 063	5 614 378	408 675	－1 463	64 398	
七	45 371	9 436	94 768 601	14 602 735	1 473	
八	5 487 162	548 703	23 784	－5 861 274	358 417	
九	54 387	465 847	5 697 428	54 736 821	8 925	
十	63 498 126	6 304	173 824	53 268	5 023 147	
十一	347 256	4 081 276	48 316	1 924	68 541 239	
十二	1 547	45 861	50 867 239	5 968 403	876 143	
十三	2 598 603	26 537 014	5 091	456 371	14 267	
十四	3 168 694	32 495 108	7 243	208 561	59 416	
十五	41 602	1 402 375	13 564 239	6 847	425 893	
十六	3 824	593 846	47 248	1 249 736	74 056 128	
十七	605 361	36 521	3 865 174	36 184 952	7 064	
十八	53 826 174	5 109	405 682	62 805	8 763 529	
十九	963 845	6 137 248	60 598 145	84 796	－5 103	
二十	5 483	84 197	762 431	32 481 957	1 974 682	
合计						

账 表 算（三）

纵题＼横题	一	二	三	四	五	合计
一	35 170 984	3 017 452	67 952	640 813	2 698	
二	68 512	6 947	2 130 498	38 591 076	347 025	
三	934 207	85 306	40 675 813	2 519	7 928 641	
四	4 793 065	251 698	1 420	34 872	50 613 798	
五	2 186	73 984 201	368 957	7 209 546	45 031	
六	1 256 794	2 630	76 583	45 013 879	128 904	
七	46 532 187	53 974	869 027	8 013	6 015 429	
八	5 039	719 583	2 146 790	62 840	12 536 784	
九	876 420	92 640 158	5 431	-7 315 926	80 973	
十	90 183	6 012 487	40 931 582	524 679	7 536	
十一	7 409	546 820	53 821	9 160 753	24 913 867	
十二	24 397	8 051 967	632 085	13 472 680	9 451	
十三	318 526	36 892 514	9 067 421	4 079	-53 807	
十四	1 526 830	4 713	10 548 679	-92 458	970 236	
十五	50 984 761	20 379	7 934	835 126	4 286 105	
十六	3 450	4 693 851	935 721	68 270	89 107 624	
十七	7 542 869	18 527	3 640	13 457 809	613 290	
十八	95 631	42 683 079	7 912 805	246 031	-4 875	
十九	62 083 719	160 724	83 546	9 572	8 149 053	
二十	804 127	9 035	62 904 871	5 493 186	35 672	
合计						

账 表 算（四）

纵题＼横题	一	二	三	四	五	合计
一	587 394	41 212	5 231	35 121 914	4 171 935	
二	894 231	30 754	3 215	14 094 136	4 094 127	
三	2 675	23 834 663	18 235	3 575 781	636 083	
四	5 321	78 634	198 530	24 726 823	－1 454 322	
五	814 616	16 977 512	47 313	1 197 717	8 233	
六	25 810 623	1 436	6 784 439	342 156	59 848	
七	78 540	9 863	832 216	7 578 808	66 807 332	
八	5 647 312	46 339 790	13 656	8 742	151 597	
九	56 924	5 960 524	78 572 988	－7 216	640 423	
十	6 782	67 482	2 987 888	610 424	81 983 688	
十一	12 248 756	327 067	4 616	56 530	43 312	
十二	10 266	7 346 748	50 294 131	8 713	421 239	
十三	443 483	10 278 939	5 979	－4 254 439	－97 484	
十四	90 323 598	28 153	7 091	654 392	8 425 116	
十五	1 624 479	400 419	81 357	8 643	22 307 482	
十六	754 395	3 217 015	25 647	26 522 489	1 826	
十七	7 284 431	1 913	67 893 912	538 456	14 315	
十八	97 093	1 428 035	4 766	59 651 284	843 395	
十九	462 481	7 362	30 907	7 284 796	81 138 297	
二十	4 512 326	58 741 703	6 152	68 297	527 365	
合计						

账表算（五）

纵题＼横题	一	二	三	四	五	合计
一	29 716	2 579	47 923 801	670 517	9 907 042	
二	329 751	83 461	2 204 608	10 842 397	7 952	
三	81 029 374	297 501	5 771	5 431 086	13 684	
四	4 538 601	48 197 342	78 635	9 725	192 057	
五	5 279	5 430 168	895 029	-43 816	38 174 329	
六	36 157 293	195 214	1 247	76 830	4 736 801	
七	736 082	2 054 953	259 418	849 521	-4 295	
八	73 086	7 430 186	4 592	61 095 723	68 037	
九	7 592 016	6 524	852 149	7 431 068	37 638	
十	1 086 374	91 736	29 725 408	9 452	821 495	
十一	93 548	7 410 834	510 672	87 493 061	1 260	
十二	506 721	6 201	74 813 960	9 284 735	83 459	
十三	87 493 061	23 985	2 958 437	-6 210	772 106	
十四	2 958 437	708 210	0 261	53 897	270 265	
十五	1 026	92 813 960	68 703 169	521 068	5 947 538	
十六	425 310	46 309	19 601 872	2 873	7 835 964	
十七	91 912	450 321	8 834 695	90 367	7 218	
十八	7 835 961	96 587 120	4 713	412 309	-34 396	
十九	2 187	8 739 456	47 340	20 472 017	425 310	
二十	1 396	1 827	581 352	8 736 548	96 570 281	
合计						

账　表　算（六）

横题 纵题	一	二	三	四	五	合计
一	91 679 854	387 995	5 839	1 679 058	89 317	
二	50 691	95 793 608	47 980	7 902	69 314 802	
三	1 902 846	9 247	6 192 879	935 187	-542 917	
四	7 239	15 826	9 517 860	162 509	85 132 970	
五	679 108	52 139 670	5 801	37 862	9 250 817	
六	50 869 327	9 281 765	135 269	-8 127	21 745	
七	19 768	4 172	41 625 238	81 230 679	8 167	
八	9 156 820	915 637	47 651	-9 528 061	795 186	
九	91 756	129 516	9 246 105	91 672 508	5 409	
十	27 145 802	2 731	867 501	97 025	9 307 816	
十一	716 092	1 358 062	15 782	8 401	25 918 074	
十二	8 916	19 528	93 526 074	9 425 137	562 817	
十三	3 945 237	42 976 381	9 348	192 768	81 026	
十四	7 825 241	70 149 835	6 017	435 928	94 182	
十五	18 230	8 130 769	87 921 074	2 516	109 547	
十六	7 501	947 512	16 015	8 014 672	61 392 805	
十七	239 728	72 908	7 529 861	72 851 490	6 321	
十八	97 502 861	9 834	139 250	20 539	5 627 904	
十九	427 519	2 876 015	23 945 819	51 642	-9 837	
二十	9 157	51 846	620 178	70 158 496	8 461 250	
合计						

账 表 算（七）

纵题 \ 横题	一	二	三	四	五	合计
一	79 863 451	7 386 190	26 490	213 587	3 245	
二	25 980	2 416	3 873 145	75 948 362	716 309	
三	471 036	59 732	13 269 587	3 984	6 405 218	
四	1 647 329	398 245	8 103	71 560	93 287 645	
五	3 852	67 451 038	725 496	6 034 912	19 378	
六	8 092 641	3 273	62 957	19 387 564	805 431	
七	12 970 856	97 461	524 306	5 387	2 389 104	
八	9 374	684 957	3 812 643	20 513	80 972 651	
九	562 103	40 213 895	9 178	-6 789 402	53 467	
十	43 857	2 380 156	13 478 950	901 264	6 972	
十一	6 134	912 503	97 508	4 823 697	41 487 526	
十二	31 746	5 398 426	270 359	87 160 253	4 198	
十三	785 902	72 540 981	4 326 108	1 364	-97 536	
十四	8 902 573	1 687	83 915 264	-40 195	463 072	
十五	93 451 628	33 764	6 471	579 802	1 052 839	
十六	7 193	1 247 598	479 608	25 063	54 836 201	
十七	6 910 524	85 906	7 213	87 196 534	287 043	
十八	49 278	10 257 364	6 480 539	412 378	-1 569	
十九	20 357 684	823 601	57 912	4 960	5 814 397	
二十	531 806	4 379	20 431 568	9 147 852	79 260	
合计						

账 表 算（八）

纵题＼横题	一	二	三	四	五	合计
一	956 741	18 080	9 078	79 808 481	1 868 479	
二	541 078	73 691	7 089	81 341 872	1 341 806	
三	3 269	47 571 227	85 079	7 969 658	272 357	
四	9 708	65 271	845 973	31 602 507	-8 191 700	
五	581 282	82 466 980	16 787	8 846 686	5 077	
六	39 583 207	8 172	2 651 174	710 892	94 515	
七	65 913	4 527	570 082	6 965 535	22 536 770	
八	9 216 780	12 774 643	87 292	5 610	898 946	
九	92 401	9 423 901	65 960 455	-6 082	213 107	
十	2 650	26 150	3 456 555	283 101	58 457 255	
十一	80 015 692	706 326	1 282	92 973	17 780	
十二	83 022	6 712 615	93 041 878	5 687	108 074	
十三	117 157	83 065 474	9 464	-1 091 174	-46 151	
十四	43 707 945	05 897	6 348	291 740	5 109 882	
十五	8 201 164	133 184	58 796	5 217	43 736 150	
十六	691 749	7 086 389	39 216	32 900 154	8 502	
十七	6 051 178	8 487	26 547 480	975 192	81 789	
十八	46 347	8 105 379	1 622	94 298 051	517 749	
十九	752 601	7 982	46 907	5 184 796	56 138 297	
二十	8 506 329	98 641 703	8 652	28 407	918 365	
合计						

七、加减法达标练习

珠算加减混合模拟题（一）

（限时10分钟，以下四舍五入）

（一）	（二）	（三）	（四）	（五）	（六）	（七）	（八）	（九）	（十）
6 179	6 248	613	7 679	9 616	7 982	8 573	6 305	674	9 873
698	936	456	-642	118	123	164	714	563	502
784	7 063	1 879	5 517	-872	1 024	978	9 854	-231	645
249	579	218	-694	-711	4 518	5 269	685	9 021	-158
3 952	8 143	8 445	535	523	165	103	209	874	2 214
462	498	507	618	-3 047	2 744	348	8 974	-995	-3 049
857	804	1 039	-863	298	863	7 652	423	8 492	7 065
264	2 628	642	102	8 283	735	879	698	6 347	136
915	424	475	821	-708	978	534	572	501	-249
283	117	776	7 304	945	308	416	1 346	-1 672	3 541
1 088	318	2 024	839	426	253	5 620	701	954	645
416	5 012	803	-522	-2 699	109	307	962	-304	902
3 002	505	3 057	6 124	560	6 065	481	4 158	816	-734
9 705	774	992	-3 804	4 051	368	826	239	-793	769
314	596	889	340	643	547	3 495	741	4 550	-578

珠算加减混合模拟题（二）

（限时 10 分钟，以下四舍五入）

（一）	（二）	（三）	（四）	（五）	（六）	（七）	（八）	（九）	（十）
672	4 615	792	252	9 713	4 206	3 701	544	6 805	9 363
985	198	476	389	-408	589	615	3 771	730	798
248	3 747	4 324	5 796	3 568	-617	499	213	-819	-954
6 845	561	2 187	295	7 836	9 249	9 344	353	133	7 189
1 387	5 682	382	4 775	-591	-942	797	760	4 964	461
969	782	8 510	242	6 005	971	2 456	574	9 733	2 301
678	746	7 592	918	320	-850	305	338	-621	-297
9 254	6 875	170	2 028	-241	6 893	246	7 834	756	838
659	636	631	579	308	-884	4 398	5 219	3 405	-641
247	8 145	824	3 267	180	6 574	290	132	-286	385
5 177	160	363	811	-875	590	5 314	650	349	159
408	523	453	167	898	5 808	661	633	-514	-697
8 065	439	252	7 849	-364	-435	813	2 399	760	4 363
128	400	320	279	2 151	752	403	7 932	-2 342	452
625	892	1 913	459	346	391	593	624	432	-1 973

珠算加减混合模拟题（三）

（限时10分钟，以下四舍五入）

（一）	（二）	（三）	（四）	（五）	（六）	（七）	（八）	（九）	（十）
255	420	514	840	505	303	672	654	331	925
8 623	1 732	7 623	5 639	9 468	3 551	9 539	1 835	7 435	2 364
898	766	363	-509	-993	280	482	346	542	-636
658	631	652	133	737	313	544	379	-849	847
6 890	8 048	8 347	3 675	6 215	4 527	6 074	9 165	2 399	6 349
934	108	514	-437	632	673	804	901	789	-628
660	592	393	784	-382	261	731	813	-381	853
9 558	9 984	4 756	-1 392	8 492	8 536	3 742	7 998	7 628	7 905
624	788	321	419	502	589	623	503	421	-922
358	955	698	-462	-736	475	907	934	-549	945
5 321	4 820	9 821	5 720	4 716	7 459	7 129	8 265	9 392	4 511
316	607	303	425	-629	195	881	945	-725	-248
464	368	516	-612	342	869	306	873	209	-806
9 830	3 127	7 651	7 922	-2 935	5 467	5 491	5 918	6 307	7 348
806	519	918	861	575	681	849	647	-845	819

珠算加减混合模拟题（四）

（限时10分钟，以下四舍五入）

（一）	（二）	（三）	（四）	（五）	（六）	（七）	（八）	（九）	（十）
562	469	581	502	603	614	514	429	903	862
4 303	5 664	2 706	4 833	9 721	7 433	7 979	7 262	4 651	7 403
617	564	423	-288	-336	275	852	885	-645	-747
745	460	675	785	932	172	615	622	975	953
7 260	9 555	6 053	7 578	5 201	6 933	2 901	4 018	6 579	8 425
655	326	737	272	-429	186	570	706	228	-296
919	664	861	-457	184	952	443	611	-866	357
9 474	3 464	8 525	2 965	9 227	2 185	1 902	4 982	2 775	-1 921
961	401	926	-940	-685	642	608	917	474	672
514	941	854	276	369	857	807	498	-685	-535
5 224	7 933	6 394	1 971	8 517	6 579	6 118	9 181	9 143	5 121
445	241	535	480	694	370	469	126	285	236
174	398	785	-771	-912	364	633	584	-742	568
7 905	2 064	4 718	3 118	9 767	9 161	8 045	2 157	8 629	4 689
462	634	703	-485	-238	725	540	183	-428	-718

珠算加减混合模拟题（五）

（限时10分钟，以下四舍五入）

（一）	（二）	（三）	（四）	（五）	（六）	（七）	（八）	（九）	（十）
235	657	918	682	640	324	869	548	597	925
408	712	309	458	598	906	139	916	694	447
1 579	4 173	6 332	-1 009	7 179	9 730	2 630	4 558	7 399	8 759
948	879	597	796	-953	-698	572	724	-973	-570
6 479	9 781	7 528	5 160	9 472	5 368	4 035	2 607	2 897	4 975
284	652	529	386	491	673	737	871	-675	186
445	926	652	-970	-733	-285	260	267	204	-863
898	947	156	412	218	686	258	638	-780	216
356	462	927	-627	-463	-713	883	567	213	-654
7 949	8 549	8 515	5 667	3 856	4 215	4 762	6 334	9 181	6 858
264	764	896	-346	-564	219	815	379	-317	-316
913	629	734	374	830	-772	486	405	914	598
9 147	1 448	5 812	9 266	7 990	2 776	6 962	5 062	8 532	4 936
605	272	929	-493	-236	614	332	877	173	897
7 283	5 916	1 734	4 837	3 261	-2 471	3 805	9 656	-2 193	-1 499

珠算加减混合模拟题（六）

（限时10分钟，以下四舍五入）

（一）	（二）	（三）	（四）	（五）	（六）	（七）	（八）	（九）	（十）
7 043	6 382	8 325	9 056	8 324	3 729	1 876	8 954	3 517	4 382
628	304	608	783	566	629	143	403	208	-112
5 969	7 465	2 587	-2 868	8 733	9 093	7 324	6 752	4 595	8 192
785	650	943	741	-525	506	528	928	-538	529
614	532	795	369	202	618	918	704	201	-697
378	196	425	-965	-386	654	642	547	-358	503
589	655	338	496	472	625	509	726	544	736
6 272	2 951	2 118	3 492	-3 887	1 808	9 358	1 982	5 066	5 839
124	197	945	-314	365	692	236	698	-491	-264
9 763	7 535	6 743	4 261	-2 165	4 761	5 828	9 508	7 823	2 749
792	429	887	-578	521	901	993	791	429	807
604	196	798	124	497	415	521	417	-875	-974
6 729	5 436	9 617	7 754	3 930	-3 707	6 399	5 427	9 866	7 516
659	702	803	224	954	491	736	796	157	604
429	290	458	-920	-797	323	809	582	-432	-293

珠算加减混合模拟题（七）

（限时10分钟，以下四舍五入）

（一）	（二）	（三）	（四）	（五）	（六）	（七）	（八）	（九）	（十）
398	751	542	279	295	231	115	397	784	895
469	289	763	626	412	789	601	439	436	257
8 782	2 768	9 804	4 368	7 356	5 369	9 605	2 275	7 461	9 574
672	612	952	-159	-854	-182	836	374	-546	-438
3 067	3 179	8 307	5 632	4 336	1 729	7 601	6 550	3 292	7 362
681	857	283	917	795	630	916	864	-946	-724
338	626	765	-776	-856	-459	873	214	193	557
244	758	472	129	598	681	165	673	-225	-392
789	382	197	-241	-991	-514	957	867	218	770
7 950	5 789	3 267	9 062	8 093	9 733	8 490	7 956	6 464	9 778
569	479	251	-737	-246	248	139	918	-936	-905
365	862	912	282	325	196	240	830	265	204
9 864	6 185	6 345	8 971	2 451	4 843	1 262	1 743	1 534	4 030
431	917	149	-276	-970	-716	878	694	-721	-942
2 815	4 278	1 675	2 913	6 391	-1 985	4 589	5 918	3 518	3 856

珠算加减混合模拟题（八）

（限时10分钟，以下四舍五入）

（一）	（二）	（三）	（四）	（五）	（六）	（七）	（八）	（九）	（十）
637	598	617	959	693	438	247	594	214	495
8 974	4 979	3 774	6 137	5 167	7 732	5 206	1 762	9 523	7 806
167	526	214	-911	-768	876	991	960	-876	-924
713	247	396	726	452	768	324	352	378	969
7 663	8 035	2 440	8 732	6 133	8 972	9 467	4 767	5 825	4 787
514	356	929	965	303	673	543	581	-228	-642
623	859	756	-741	-673	597	924	481	946	210
3 880	9 073	2 781	9 025	3 509	4 523	6 096	2 437	7 201	8 321
671	346	375	-225	-380	798	382	787	578	457
635	817	393	463	718	904	889	609	-859	-561
8 341	2 593	7 532	-1 470	-2 490	5 702	8 590	6 282	3 109	4 022
516	508	124	664	441	189	734	856	-633	-392
463	482	818	208	762	751	657	798	257	215
4 037	6 507	9 152	6 193	7 089	4 379	4 722	3 855	5 440	7 526
568	829	786	-465	-970	137	531	936	-532	-319

珠算加减混合模拟题（九）

（限时10分钟，以下四舍五入）

（一）	（二）	（三）	（四）	（五）	（六）	（七）	（八）	（九）	（十）
302	846	283	626	527	686	314	801	539	471
4 581	2 965	8 194	9 714	9 435	5 291	8 375	3 849	4 726	8 762
752	146	346	-309	-211	707	627	527	408	363
286	326	489	168	820	201	705	874	-839	963
9 451	5 623	4 889	4 908	6 189	7 413	9 836	5 342	9 724	6 701
889	806	542	-723	-401	571	884	472	275	910
707	664	494	382	653	956	448	978	-472	568
9 306	9 788	2 583	8 754	3 827	9 657	2 938	6 758	6 797	9 254
421	758	276	-843	-912	106	612	682	163	658
535	265	457	387	698	258	593	298	-589	353
6 803	3 624	2 019	-1 249	-4 739	4 373	6 260	9 743	8 145	7 244
804	498	208	597	652	431	249	672	-728	679
586	641	145	-796	-980	275	481	761	762	826
5 361	4 266	2 379	7 256	8 359	7 948	2 661	4 728	5 839	4 590
844	198	946	402	632	967	593	249	-912	839

珠算加减混合模拟题（十）

（限时10分钟，以下四舍五入）

（一）	（二）	（三）	（四）	（五）	（六）	（七）	（八）	（九）	（十）
495	874	291	551	925	492	954	265	817	665
2 798	7 423	9 453	1 305	5 148	3 252	2 127	9 253	7 626	8 917
529	267	286	-839	-801	407	798	856	-863	-689
721	562	703	587	961	538	594	534	616	845
9 545	5 753	6 131	9 855	9 522	3 975	4 663	6 328	3 089	2 897
789	826	495	781	658	759	687	491	-964	-946
365	983	846	-458	-501	487	383	695	305	541
4 208	9 679	3 657	6 452	2 832	6 826	9 306	4 736	4 772	2 239
729	728	189	-851	132	693	411	185	581	744
541	690	451	489	-746	874	684	687	-796	-716
5 473	3 425	8 075	7 212	1 409	5 284	5 894	3 571	8 329	9 280
641	796	571	499	929	985	457	869	451	686
177	284	158	-723	-562	992	692	462	-377	-346
1 625	2 759	6 014	6 356	7 608	8 605	1 047	1 325	5 790	5 395
753	617	538	-945	-823	753	379	594	-497	-879

珠算加减混合模拟题（十一）

（限时10分钟，以下四舍五入）

（一）	（二）	（三）	（四）	（五）	（六）	（七）	（八）	（九）	（十）
672	434 615	792	252	91 713	4 206	393 701	1 544	1 805	79 363
59 985	198	7 476	1 389	408	942	615	43 771	730	4 798
248	-3 747	144 324	-796	-4 568	277 617	7 499	-213	857 819	954
546 845	561	2 187	295	477 836	39 249	9 344	2 353	133	817 189
611 387	-5 682	382	-4 775	-591	942	797	760	4 964	6 261
1 969	782	8 510	862 242	3 005	9 971	122 456	-3 574	289 733	2 301
678	-75 746	794 592	4 918	320	850	305	338	621	297
9 254	6 875	170	-2 028	-9 241	6 893	9 246	733 834	77 756	343 838
659	575 636	3 031	579	749 308	884	24 398	-5 219	3 405	641
61 247	18 145	20 824	903 267	180	95 674	290	132	286	24 388
5 177	160	363	-26 811	-18 575	590	5 314	650	3 349	3 159
408	-5 823	453	167	898	5 808	661	-1 633	85 514	697
8 065	439	252	97 849	-6 364	558 435	813	-62 399	760	4 363
128	-400	29 320	279	2 151	6 052	35 403	277 932	2 342	452
5 625	3 892	1 913	-9 459	346	391	9 503	624	432	973

珠算加减混合模拟题（十二）

（限时10分钟，以下四舍五入）

（一）	（二）	（三）	（四）	（五）	（六）	（七）	（八）	（九）	（十）
255	420	51 514	85 540	612 505	303	939 672	4 654	6 331	9 925
8 623	51 732	623	8 639	468	3 551	642	654	435	72 365
434 898	766	-7 363	509	4 993	-280	-3 982	632 346	274 542	-636
6 658	797 631	624 652	380 133	7 737	313	544	49 379	849	4 899
890	358 048	-347	3 765	215	-4 527	-9 074	165	2 399	349
8 934	5 108	2 514	1 743	507 632	673 200	804	5 901	150 789	-8 628
598 660	592	393	784	382	8 261	-73 931	813	781	858
558	9 984	-7 756	191 392	8 492	-8 536	9 742	7 998	37 628	927 905
3 000	788	491 321	419	78 502	589	807 623	503	3 421	-5 922
64 000	52 955	322	91 462	736	940 075	62 907	94 034	549	945
321	4 820	-19 821	5 720	4 716	-97 459	199	265	9 992	511
316	607	303	425	629	195	-8 881	4 045	22 525	-8 248
464	2 368	-2 516	9 612	342	57 869	306	379 873	209	-88 806
79 830	127	7 651	922	35 925	467	-491	7 918	6 306	272 008
9 806	5 519	918	861	8 575	-1 681	2 491	647	545	818

珠算加减混合模拟题（十三）

（限时10分钟，以下四舍五入）

（一）	（二）	（三）	（四）	（五）	（六）	（七）	（八）	（九）	（十）
36 562	469	158 221	4 502	6 003	68 614	364 510	429	3 903	866
4 303	4 664	806	833	79 726	433	979	77 262	651	7 403
617	577 564	-4 423	336 288	-336	-7 075	7 852	885	946 645	-747
496 745	4 460	675	785	7 932	231 172	2 815	238 622	61 975	957
7 260	555	-6 053	2 578	201	-933	901	884 018	579	-8 828
6 655	6 326	737	771 272	-4 221	6 186	415 570	1 706	4 228	445 296
919	476 664	-38 661	457	184	952	443	611	866	7 351
999 474	464	8 525	52 966	839 227	-2 185	1 902	4 982	2 775	-9 121
961	6 401	754 926	5 940	-4 685	308 642	52 608	917	474	672
18 514	77 941	89 544	276	369	857	807	44 498	56 485	330 535
5 224	933	394	1 971	517	-56 577	6 118	9 181	193	-52 121
445	241	-5 535	47 480	-5 194	370	469	126	6 285	236
7 174	398	785	771	-99 912	-4 360	633	5 181	441 742	58 560
905	20 064	-718	3 118	809 767	9 161	18 045	156	8 629	689
462	7 634	7 030	185	233	725	1 540	3 183	128	-9 718

珠算加减混合模拟题（十四）

（限时10分钟，以下四舍五入）

（一）	（二）	（三）	（四）	（五）	（六）	（七）	（八）	（九）	（十）
199 235	5 257	21 918	168 682	640	3 224	869	90 548	597	9 215
408	30 712	309	458	3 598	506	29 139	1 516	6 940	447
1 579	-173	-8 332	-8 009	447 179	619 730	630	558	-414	489 750
4 949	9 879	510 097	796	3 953	34 698	958 972	318 445	973	575
479	781	-528	-8 160	473	368	794 035	2 607	-2 897	4 975
482 004	-6 520	1 529	386	4 491	6 073	9 737	8 710	667 511	481 186
445	926	562	-40 970	417 733	286	260	267	1 204	863
8 990	947 006	-1 256	5 612	218	8 686	7 258	636 288	-1 780	14 216
60 355	-4 962	524 977	589 627	2 063	715	883	567	213	8 650
949	544	515	53 667	73 856	42 215	24 762	64 334	591 181	858
2 064	884	-78 990	346	564	219	8 815	9 379	-33 317	6 013
913	-9 629	846	-3 074	830	9 772	486	486	914	98 514
147	-19 448	-7 812	266	990	612 776	6 962	5 062	93 532	936
40 905	788 272	2 992	-493	85 236	3 614	332	877	173	4 897
7 283	919	734	4 837	3 261	700	3 805	656	-2 193	499

珠算加减混合模拟题（十五）

（限时10分钟，以下四舍五入）

（一）	（二）	（三）	（四）	（五）	（六）	（七）	（八）	（九）	（十）
7 043	382	8 325	49 056	580 324	53 729	1 876	8 954	517	382
628	6 304	608	7 283	866	629	143	50 404	73 208	4 112
485 969	-465	225 587	868	8 733	-9 093	734 324	-222	595	798 192
81 785	650	86 943	241 722	7 525	605 050	528	9 602	874 538	4 529
714	-2 532	795	3 169	202	-618	5 518	704	699 201	697
5 078	802 196	4 025	8 965	138 230	8 654	642 133	-1 547	3 558	7 503
589	6 655	338	496	472	625	509	726	544	517 836
6 272	-2 951	2 118	311 492	3 887	-1 808	97 358	891 982	5 066	839
124	197	945	314	76 365	290 681	5 236	-1 698	491	3 260
19 763	687 535	66 743	45 261	165	761	828	508	89 023	45 749
792	-74 129	887	1 578	1 521	-83 901	2 993	551	7 429	807
6 604	196	1 798	124	497	415	11 521	-1 117	875	974
526 729	55 436	291 617	7 754	930	-3 707	699	-35 427	4 866	516
5 659	702	1 803	224	98 054	4 911	6 336	979 087	157	16 604
429	-2 290	458	520	6 797	323	809	582	4 432	2 930

珠算加减混合模拟题（十六）

（限时10分钟，以下四舍五入）

（一）	（二）	（三）	（四）	（五）	（六）	（七）	（八）	（九）	（十）
3 998	151 751	87 942	279	295	2 301	115	739 310	1 784	91 885
469	499	965	1 626	43 412	83 719	9 601	439	431	2 255
178 782	-2 768	-1 804	-368	356	-369	145 605	2 275	793 461	574
872	612	950 092	159	481 505	1 182	1 836	4 377	72 546	718 931
3 067	-3 179	-307	-5 699	643 336	729	601	550	292	9 362
697 681	857	3 283	539 917	2 798	-3 630	5 916	465 338	4 946	9 720
338	-62 166	765	1 776	858	459	860 073	214	193	557
97 244	8 058	-4 072	-4 129	9 598	166 181	165	7 673	9 225	417 390
2 789	499 382	810 197	241	991	-1 514	7 957	86 867	218	770
950	90 789	267	839 062	58 093	733	98 440	956	64 464	99 778
7 569	479	-25 010	-38 737	9 246	248	139	1 918	936	9 905
36 560	-8 605	912	282	325	-3 193	240	830	6 265	204
864	185	-6 345	78 971	2 451	-44 846	262	743	811 534	4 030
7 431	-917	1 490	276	970	273 916	41 878	42 694	3 921	942
815	4 278	675	-2 912	6 391	985	7 589	5 918	518	856

珠算加减混合模拟题（十七）

（限时10分钟，以下四舍五入）

（一）	（二）	（三）	（四）	（五）	（六）	（七）	（八）	（九）	（十）
2 637	847 591	67 617	959	365 693	438	5 247	294	93 214	7 495
48 977	979	3 774	6 137	167	7 732	206	21 762	523	807
-167	-1 529	214	-911	7 768	300 876	194 991	960	-8 076	125 323
3 713	247	396 143	726	2 452	5 768	32 111	753 302	266 378	969
663	-8 035	2 440	-8 732	133	972	467	141 767	-825	4 787
-7 514	356	9 929	269 965	944 303	9 673	3 540	5 881	8 228	237 142
623	-43 859	756	9 741	323	591 277	924	481	946	210
703 880	9 073	672 781	-9 025	3 509	523	6 096	2 437	-6 666	38 321
-1 671	643 331	375	225	17 380	4 798	382	787	358 578	4 757
635	71 846	69 393	244 063	718	30 900	11 889	31 609	859	561
341	593	7 532	-29 470	7 490	702	590	6 282	-13 109	4 022
-6 516	-5 508	124	664	441	189	2 734	866	633	93 092
-41 546	489	8 118	86 208	762	751	326 057	4 898	-3 257	215
804 037	-507	159	193	51 089	34 379	4 722	855	5 440	7 526
568	8 221	782	-8 465	9 170	1 137	531	6 836	532	319

珠算加减混合模拟题（十八）

（限时 10 分钟，以下四舍五入）

（一）	（二）	（三）	（四）	（五）	（六）	（七）	（八）	（九）	（十）
302	886	9 283	60 626	6 527	355 686	314	90 801	539	721 401
2 541	29 864	194	614	50 439	291	8 755	3 849	4 788	767
-452	146	904 336	-4 309	-211	3 707	-775	527	873 408	-3 666
255	676 326	489	888 168	2 820	8 201	705	998 874	7 889	963
-9 491	652 623	4 889	-908	189	413	-8 836	5 342	794	-6 701
593 889	6 506	615 834	7 523	-5 401	522 571	258 884	2 472	2 274	910
1 707	664	494	388	653	956	8 448	178	643 472	-56 108
-9 306	9 788	24 444	-7 754	463 827	9 658	-2 938	766 758	797	9 254
421	758	2 276	218 843	-9 212	61 106	611	682	2 167	809 658
574 535	39 265	457	300	698	256	656 593	79 228	68 087	35 300
-86 803	3 624	2 019	-91 249	739	4 373	-16 260	9 743	145	244
804	498	83 208	500	-6 952	431	249	672	728	-5 679
93 586	1 641	145	-1 796	-48 980	275	59 481	7 761	762	726
361	266	2 379	7 006	313 359	70 111	661	728	58 839	-590
-5 844	1 198	999	402	832	8 967	-2 593	240	5 912	7 139

珠算加减混合模拟题（十九）

（限时10分钟，以下四舍五入）

（一）	（二）	（三）	（四）	（五）	（六）	（七）	（八）	（九）	（十）
80 495	988 470	191 200	551	525	492	93 303	2 565	7 717	6 665
798	423	199	1 305	5 148	13 252	2 127	89 253	626	917
-5 729	-2 969	2 333	299 039	-801	407	798	-285	813 868	797 879
628 721	265	8 703	6 587	961	870 533	410 594	3 505	616	18 045
-545	-5 753	131	855	-9 522	310 975	4 663	324	3 089	892
4 789	798	135 490	2 781	948 758	7 759	1 687	-3 491	406 964	6 940
765	-31 983	800	345 998	4 501	487	383	695	305	541
-4 208	9 679	3 657	452	-2 832	6 826	609 306	674 090	42 772	2 239
857 929	786 728	55 189	1 851	132	693	411	-5 188	1 481	744
541	58 790	451	79 484	740 340	61 874	91 684	687	156	70 116
-31 473	425	8 075	212	-71 409	5 284	5 894	571	8 329	280
641	-8 796	571	499	929	985	457	-7 869	45 401	9 686
-9 177	224	158	723	85 262	2 992	4 492	-35 646	377	344 346
1 625	-759	62 014	63 056	608	605	711	221 335	4 790	5 155
753	7 617	3 038	1 945	-8 023	3 653	379	595	497	179

珠算加减混合模拟题（二十）

（限时10分钟，以下四舍五入）

（一）	（二）	（三）	（四）	（五）	（六）	（七）	（八）	（九）	（十）
376 179	6 248	1 613	7 679	479 616	7 982	8 573	76 305	6 074	262 873
698	936	456	642	118	123	164	-614	563	902
1 784	597 063	1 879	5 517	-8 072	-1 024	421 978	9 854	231	645
249	579	218	10 694	-72 711	464 518	5 269	137 685	6 021	-8 158
33 952	1 143	68 445	535	523	165	103	209	874	2 214
462	498	507	7 618	-3 047	-2 744	10 348	-8 974	87 995	-3 049
5 857	2 804	1 039	863	50 298	919 863	7 652	423	8 492	7 065
264	82 628	206 642	950 102	8 283	735	879	-40 698	126 347	136
70 915	424	475	821	-708	-9 078	129 534	572	501	-249
283	7 117	93 776	87 304	934 945	308	416	-1 346	3 672	913 541
1 088	318	2 024	839	426	-97 253	5 620	701	8 954	645
416	95 012	803	9 522	-5 699	-109	307	853 962	904	902
3 002	6 505	3 057	976 124	560	6 065	79 081	4 158	30 816	-90 734
609 705	774	135 992	3 804	3 051	20 368	826	239	471 993	769
5 314	30 596	889	340	643	547	3 495	-7 041	2 550	578

4 项目四 珠算乘除法

教学目标

1. 了解珠算乘除法的种类；

2. 熟悉乘法口诀的种类，熟练掌握积的定位方法、空盘前乘法的运算规则；

3. 掌握商的定位方法、商除法的基本运算规则及退商与补商；

4. 熟悉珠算乘除法差错查找方法。

教学要求

知识要点	能力要求
珠算乘法的基础知识	（1）了解珠算乘法的种类； （2）熟悉乘法口诀的种类； （3）掌握积的定位方法。
空盘前乘法	（1）理解空盘前乘法的概念； （2）掌握空盘前乘的运算方法。
破头乘法	（1）理解破头乘法的概念； （2）掌握破头乘法的运算方法。
珠算除法的基础知识	（1）了解珠算除法的种类； （2）掌握商的定位方法。
商除法	（1）理解商除法的概念； （2）掌握商除法的运算方法； （3）掌握补商和退商。
乘除法差错查找	（1）了解乘除法出现差错的原因； （2）掌握查找差错的步骤； （3）掌握乘除法差错查找方法。

任务一
珠算乘法的基础知识

一、珠算乘法概述

乘法是相同的数连加若干次的简便算法，其运算结果称为积。其中被连加的数称为被乘数，加数的个数称为乘数，二者也统称为因数。在乘法运算中，乘数和被乘数的位置可以互换。在珠算术语中，被乘数被称为“实数”，乘数称为“法数”。乘数的首位数字叫“乘首”，也叫“法首”；被乘数的首位数字叫“实首”。其算式如下：

被乘数 × 乘数 = 积

（实数）　（法数）

最早的乘法计算是用口诀进行的，乘法口诀从古至今不断演变，形成了今天的大九九口诀（81 句）和小九九口诀（45 句）两种。从实际计算和算理看，大九九口诀要优于小九九口诀，而且我们的珠算乘法主要采用大九九口诀。

二、珠算乘法的分类

珠算乘法历史悠久，各种算法不断发展，都各有其产生的背景和发展过程，各有其特点和长处。按照不同的标准进行分类，会有不同的分类方法。

（1）按适用范围分为：基本乘法和简捷乘法。

（2）按乘算顺序分为：前乘法和后乘法。

（3）按积的位置分为：隔位乘法和不隔位乘法。

（4）按是否在盘上置数分为：置数乘法和空盘乘法。

本章主要介绍空盘前乘法和破头乘法两种目前通用的乘法。

三、乘法口诀

珠算乘法一般是根据九九口诀进行运算的。乘法“九九口诀”是根据 1～9 九个数字分别乘以 1～9 九个数字编制而成的歌诀，古称九九歌，早在春秋战国时期就已被广泛运用了。现在应用的口诀分为两种：“小九九”和“大九九”，古时一直用大九九口诀，到宋代才改为小九九口诀。小九九口诀，总共 45 句，是由小数在前、大数在后的小因大因相乘及等因相乘，又称为顺九九；大九九口诀，总共 81 句，不仅包括小九九口诀，还包括大数在前、小数在后的大因小因相乘的 36 句，大九九口诀表见表 4－1。

乘法口诀每句四字，前两数字为因数，后面的两个阿拉伯数字为乘积。小九九口诀中只有 45 句，两个因数互换只用一句口诀，如二五 10，却没有五二 10，在运算中会因为因数互换而影响速度或错位；大九九口诀共 81 句，第一个数字表示乘数，第二个数字表示被乘数，两个因数互换各有一句口诀，如既有二五 10，也有五二 10，因此在运算中不需颠倒两因数的顺序，提高了运算速度且不易错挡。所以在现在的珠算乘法运算中我们采用此口诀。需要注意的是，如“二三 06”，乘积中的“0”也需要在盘中占一档，即两数相乘都有两位数的积。）

表 4－1　　大九九口诀表

乘数 / 口诀 / 被乘数	一	二	三	四	五	六	七	八	九
一	一一 01	一二 02	一三 03	一四 04	一五 05	一六 06	一七 07	一八 08	一九 09
二	一二 02	二二 04	二三 06	二四 08	二五 10	二六 12	二七 14	二八 16	二九 18
三	一三 03	二三 06	三三 09	四三 12	五三 15	六三 18	七三 21	八三 24	九三 27
四	一四 04	二四 08	三四 12	四四 16	五四 20	六四 24	七四 28	八四 32	九四 36
五	一五 05	二五 10	三五 15	四五 20	五五 25	六五 30	七五 35	八五 40	九五 45
六	一六 06	二六 12	三六 18	四六 24	五六 30	六六 36	七六 42	八六 48	九六 54
七	一七 07	二七 14	三七 21	四七 28	五七 35	六七 42	七七 49	八七 56	九七 63
八	一八 08	二八 16	三八 24	四八 32	五八 40	六八 48	七八 56	八八 64	九八 72
九	一九 09	二九 18	三九 27	四九 36	五九 45	六九 54	七九 63	八九 72	九九 81

四、乘法的定位方法

由于算盘本身的特性，盘中并无固定的个位，而且在盘上都是以空档表示“0”，因此对于数字前后的空档很难分清是“0”还是未使用的空档。如在实际乘法运算中，若两数相乘最后乘积为 67.8，而表现在盘面上时，678、67.8、6.78、0.678 是没有任何区别的。若想正确读出盘面中所示的数字，准确确定小数点的位置，必须掌握乘法的定位方法。乘积的位数是由被乘数和乘数的位数来决定的，所以要学习定位，必须先掌握数的位数。

（一）数的位数

数的位数可分为三种情况：正位数、零位数和负位数。

（1）正位数：某数是整数和带小数的，小数点左边有几位数字就是正几位，用符号“＋”表示。如：6 780 是＋4 位，67.8 是＋2 位。

（2）零位数：某数是纯小数，小数点右边不带“0”（即小数点右边接着就是有效数字），就是“0”位。如：0.678、0.6078。

（3）负位数：某数是纯小数，小数点右边是带“0”的，即小数点右边到最高位有效数字之间是有“0”的，有几个“0”就是负几位，用“－”号表示。如：0.0678 是－1 位，0.00607 是－2 位，数的位数举例见表 4－2。

表 4-2 数的位数举例

位数	+3	+2	+1	0	-1	-2	-3
数	369	36.9	3.69	0.369	0.0369	0.00369	0.000369
	170	17	1.7	0.17	0.017	0.0017	0.00017
	678.2	67.82	6.782	0.6782	0.06782	0.006782	0.0006782

（二）公式定位法

它是根据被乘数和乘数的位数来确定乘积位数的一种通用的定位方法。这种方法不仅适用于各种算法，在笔算、心算、计算器等其他计算方法上也广泛应用。

该方法是以被乘数和乘数的位数为依据，比较积的首位数字与乘数、被乘数的首位数字的大小来确定乘积位数的。从九九口诀中我们可以观察出，若两个一位数相乘的积是两位数，如“三四 12”，则积的位数为两因数位数的和，此时积的首位数字比两因数的首位数字都小；若两个一位数相乘的积是一位数，如“二三 06”，则积的位数比两因数位数的和少一位，此时积的首位数字比两因数的首位数字都大。由此，在具体确定积的位数时，用 M 代表被乘数的位数，N 代表乘数的位数，则积的位数可通过以下两个公式求得：

积的位数 = M + N ①

积的位数 = M + N - 1 ②

上述两个公式的适用范围如下：

（1）当乘积的首位有效数字小于两因数中任一因数的首位有效数字时，用公式①定位。

【例 4-1】 315 × 52 = 16 380

乘积的首位数字“1”小于被乘数的首位数字“3”和乘数的首位数字“5”，用公式①。

M = +3 位　N = +2 位　M + N = 3 + 2 = +5（位）

（2）当乘积的首位有效数字大于等于两因数中任一因数的首位有效数字时，用公式②定位。

【例 4-2】 123 × 6 = 738

乘积的首位数字“7”大于被乘数的首位数字“1”和乘数的首位数字“6”，用公式②。

M = +3 位　N = +1 位　M + N - 1 =（+3）+（+1）-1 = +3（位）

【例 4-3】 135 × 2 = 270

乘积的首位数字“2”虽与乘数的首位数字“2”相等，但比被乘数“1”大，用公式②。

M = +3 位　N = +1 位　M + N - 1 = 3 + 1 - 1 = +3（位）

（3）当乘积的首位有效数字与两因数的首位有效数字都相同时，就比较它们的第二位数字，若乘积的第二位数字与两因数的第二位数字都相同，那就比较第三位，依此类推。

【例 4-4】 $11 \times 11 = 121$

乘积的首位数字“1”与两个因数的首位数字“1”都相等，这时要比较第二位，乘积的第二位数字“2”大于被乘数的首位“1”和乘数的首位“1”，用公式②。

M =+2 位　N =+2 位　　　M + N - 1 = 2 + 2 - 1 =+3 （位）

（4）乘积的首位数字至末位数字与任一因数的首位数字至末位数字都相同时，也用公式②。

【例 4-5】 100 × 1 000 = 10 000

M =+3 位　N =+4 位　M + N - 1 =+6 （位）

由上述例题可以看出，积的定位公式的选用原则，可以概括为“两因相加，积大减一”。

此方法定位准确，适用范围较广，是较为通用的定位方法，但应掌握加减规则，且需要比较积大积小，影响运算速度。此外若小数点后位数较多，而要求的精确度较小时，会增加无效劳动。

（三）盘上公式定位法

此法是公式定位法在算盘上的直接运用，当运算完毕后可直接根据算盘左边第一档是否有数字来确定积的位数。运用空盘前乘法计算出结果时，若首档有数，则乘积的位数为 M + N；若首档空档，则乘积的位数为 M + N - 1，即“满档位相加，前空再减一”。

此方法是较为理想的定位方法，应用面积较广，而且简便快捷，尤其对整数乘法较为适用。

（四）固定个位档定位法

运算前在算盘上先定好乘积的个位档，然后根据被乘数、乘数的位数，确定被乘数（或乘积）在盘上所置的档位，以得出积的位数。具体方法为：计算前先将算盘的档位编上序号，选择一档为个位档（正 1 位档），向左边依次为正 2 位档，正 3 位档……向右依次为 0 位档、负 1 位档、负 2 位档、负 3 位档……如图 4-1 所示。

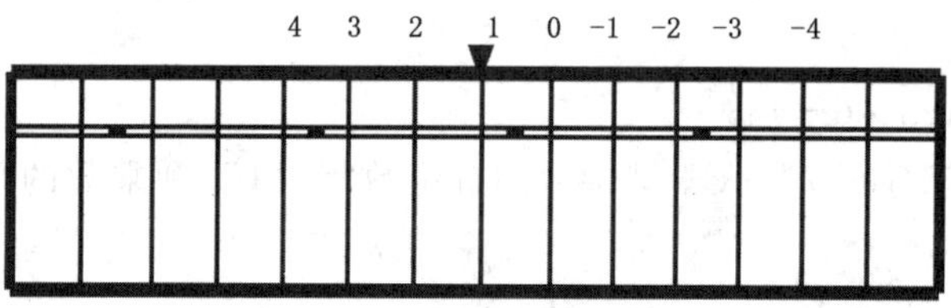

图 4-1

这种方法属于算前定位法，在运用不隔位破头乘法运算时，置被乘数的最高位档次为 M + N，即从 M + N 档起置入被乘数，这样乘积的个位必定落在预定的个位档上；在运用空盘前乘法运算时，在盘中置入被乘数的首位与乘数首位的乘积，乘积的十位数的入盘档次也是 M + N。

注意在运用大九九口诀时，十位积为零的也要占一档，这样运算完毕积的个位就正好落在固定的个位档上。

下面以上述两法为例，对固定个位档定位法加以说明。

【例 4-6】 78×2.3=179.4

1. 用不隔位破头乘法计算

（1）选定某一计位点的左一档为积的个位档（也可将算盘从左至右各档上标上整数位数），如图 4-1 所示。

（2）被乘数位数为 +2 位，乘数位数为 +1 位，则被乘数最高位档次为 M+N=2+1=+3 位。应从 +3 位档开始拨入被乘数 78，如图 4-2 所示。

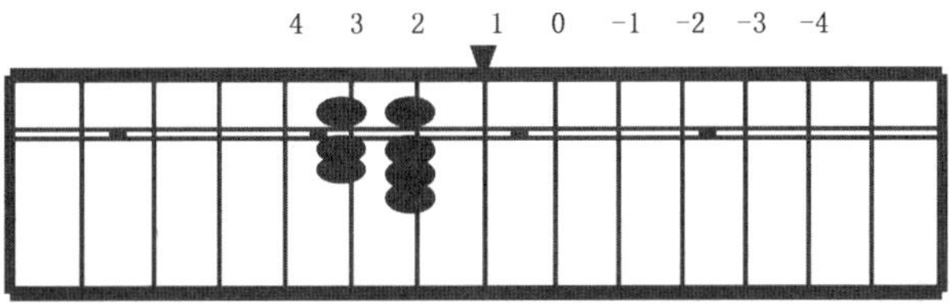

图 4-2

（3）运算完毕，盘面数为 1 794，按原选定个位为准，则乘积为 179.4，如图 4-3 所示。

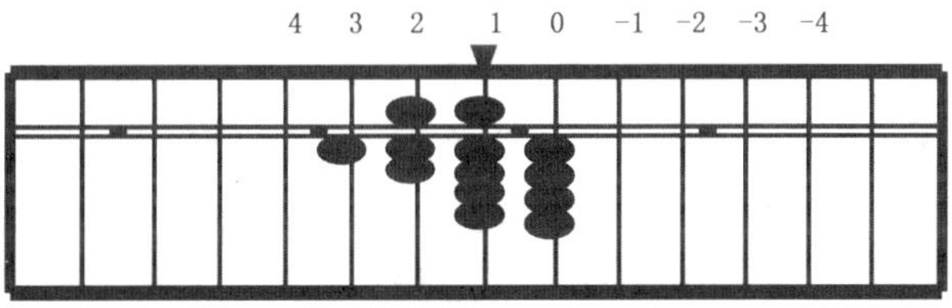

图 4-3

2. 用空盘前乘法计算

（1）选定某一档为积的个位档，则向左依次为正 2 位档，正 3 位档……，向右依次为 0 位档，负 1 位档，负 2 位档……如图 4-1 所示。

（2）被乘数的位数 M=+2 位，乘数的位数 N=+1 位，则乘积的十位数的入盘档次为 M+N=2+1=+3（位），从 +3 档依次布入乘积，如图 4-4 所示。

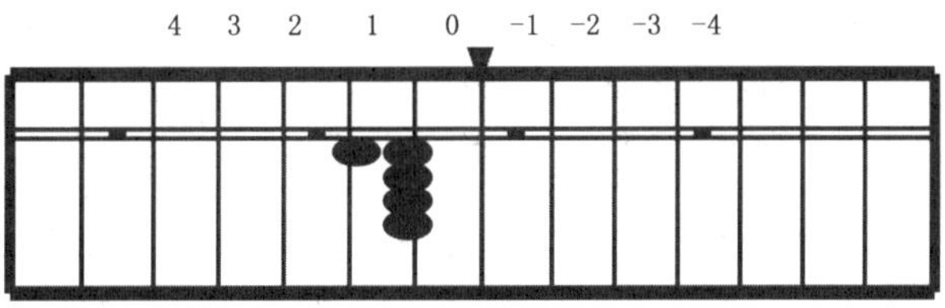

图 4-4

（3）运算完毕，盘面数为 1 794，按照原来选定的个位档为准，乘积应为 179.4，如图 4-5 所示。

这种定位方法直接在盘面确定个位档，得数一目了然，不易出错，对小数点后数位

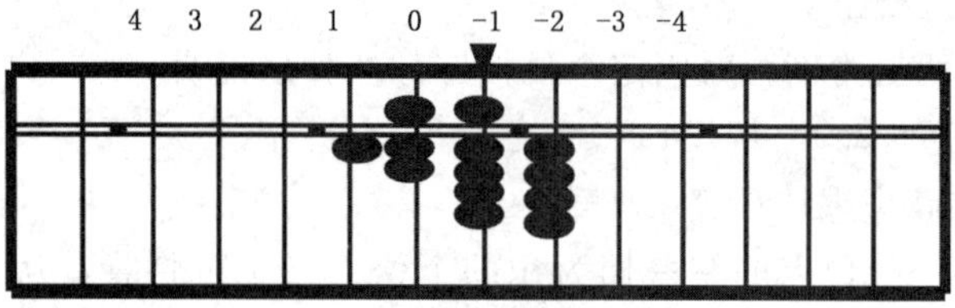

图 4－5

较多的算题，可结合省乘法，减少无效运算，提高运算速度；而且只有一个公式 M + N，便于记忆。但是每次运算的“M + N”大小不同，置被乘数、乘积的挡位也因此产生不同，容易出现错误，若遇到简单的计算，用此法反而繁冗。

任务二 空盘前乘法

空盘前乘法又称空盘头乘法、不置数前乘法，是前乘法的一种。

空盘前乘法是指进行乘法运算时，被乘数和乘数均不拨在算盘上，使各档空置为零，故有“空盘”之称。两因数相乘时，从被乘数的高位至低位与乘数的高位至低位依次相乘，都从首位起乘，即有“前乘”的特点，所以称为空盘前乘法。

在计算中，由于两因数均不布入算盘，省略了置数的时间，尤其在求多笔乘积之和的算题时，可边乘边加，不必把各个乘积算得后再加，节约了运算时间，提高了运算速度，因此此法是目前最广泛使用的一种方法。只是在运算时，看数和拨珠动作配合不当，容易出现错档。

一、运算步骤

根据计算资料，默记乘数，眼看被乘数。用乘数从高位至低位依次去乘被乘数从高位至低位的每一位，并将九九乘积退位迭加入算盘。具体步骤：先用乘数的首位数字去乘被乘数从高位至低位的每一位，边乘边将乘积从算盘左边第一档起退位迭加在算盘中（即上一个乘积的个位档是本次乘积的十位档）；再用乘数的次高位去乘被乘数的高位至低位的每一位，并从算盘左第二档起将乘积退位迭加在盘面……直到乘数的末位与被乘数的每一位乘完为止。一般来说，乘数是第几位的，它和被乘数相乘所得乘积的首位就从算盘左边第几档起拨。运算完毕，对于盘面所得结果，经过定位后得出正确乘积。

二、空盘前乘法举例

（一）整数乘法

1. 一位数乘法

乘数只有一位非零数字的乘法称为一位数乘法，下面以实例来介绍空盘前乘法的具体运用。

【例 4－7】849×3＝2 547

（1）眼看被乘数 849，默记乘数 3。

（2）先用乘数 3 去乘被乘数的首位 8，口诀“三八 24”，从算盘左边第一档起拨入乘积 24，如图 4－6 所示。

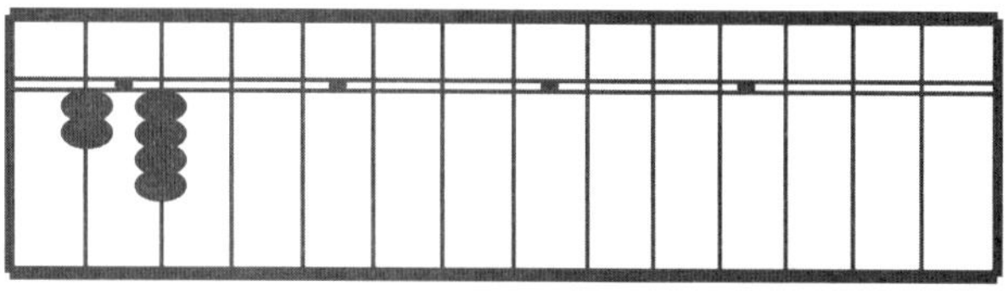

图 4－6

（3）再用乘数 3 去乘被乘数的次位 4，口诀“三四 12”，从算盘左边第二档起加入乘积 12，累计乘积 252，如图 4－7 所示。

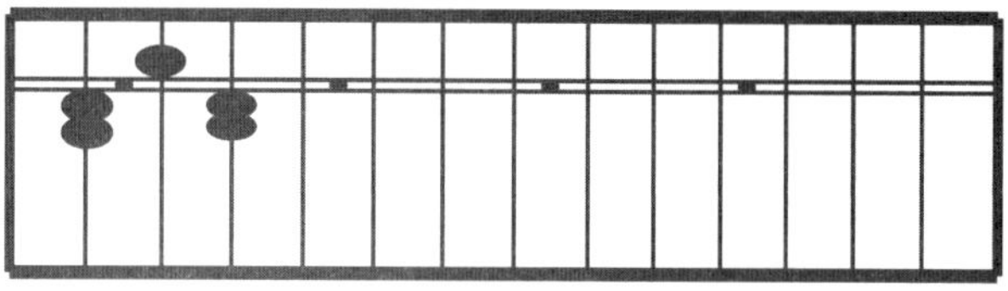

图 4－7

（4）用乘数 3 去乘被乘数的第三位 9，口诀“三九 27”，从算盘左边第三档起加入乘积 27，累计乘积 2 547，如图 4－8 所示。

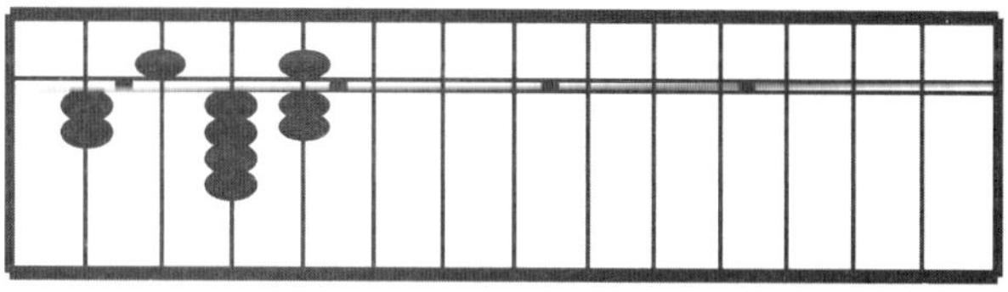

图 4－8

（5）经定位，运用盘上公式定位法，算盘左边第一档有数，“满档位相加”，M＝+3 位，N＝+1 位，M＋N＝+4 位，所以最后结果为 2 547。

【例 4－8】436×2＝872

（1）眼看被乘数 435，默记乘数 2。

（2）先用乘数 2 去乘被乘数的首位 4，口诀“二四 08”，从算盘左边第一档起拨入乘积 08，如图 4－9 所示。

（3）再用乘数 2 去乘被乘数的次位 3，口诀“二三 06”，从算盘左边第二档起加入乘积 06，累计乘积 86，如图 4－10 所示。

（4）用乘数 2 去乘被乘数的第三位 6，口诀“二六 12”，从算盘左边第三档起加入乘积 12，累计乘积 872，如图 4－11 所示。

（5）经定位，运用盘上公式定位法，算盘左边第一档空档，“空档再减一”，M＝+3位，N＝+1 位，M＋N－1＝+3 位，最后结果为 872。

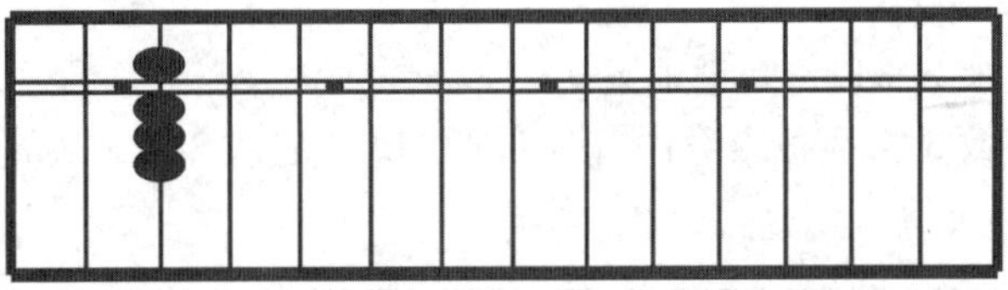

图 4－9

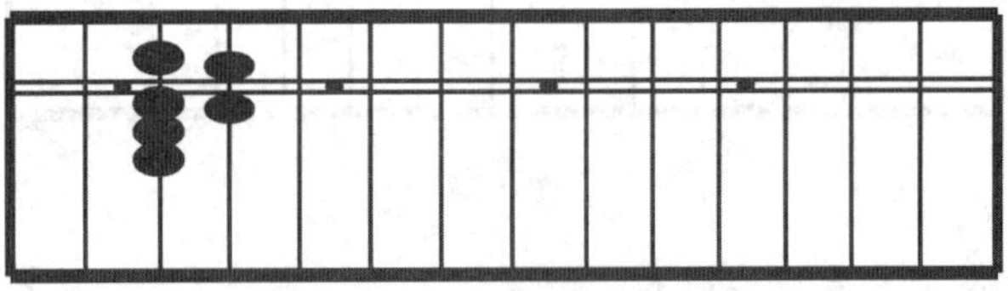

图 4－10

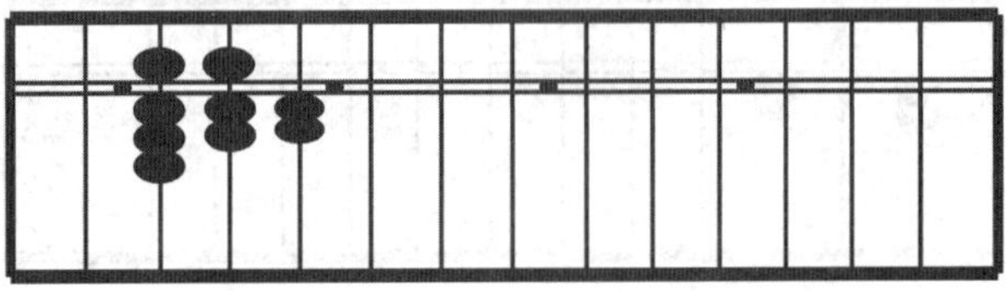

图 4－11

2. 多位数乘法

乘数是两个或两个以上非零数字的乘法叫多位数乘法。它的运算原理和运算步骤同一位数乘法大体相同，只是乘数位数增多了，增加了运算的次数。

【例 4－9】 36×48＝1 728

（1）眼看被乘数 36，默记乘数 48。

（2）先用乘数首位 4 去乘被乘数 36，口诀“四三 12”、“四六 24”，从算盘左边第一档起将乘积 12. 24 递位迭加入算盘，得乘积 144，如图 4－12 所示。

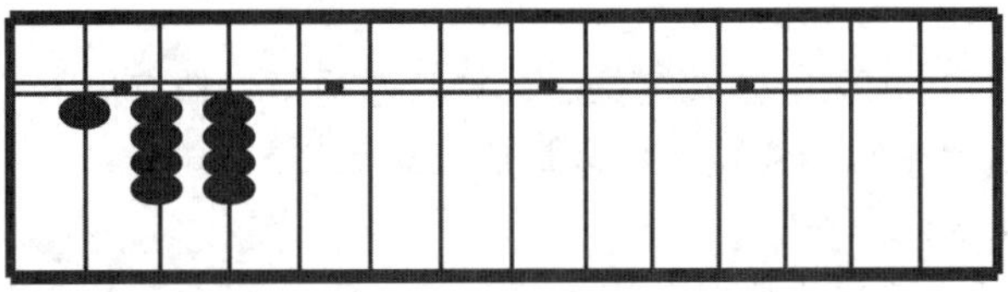

图 4－12

（3）用乘数 8 去乘被乘数 36，口诀“八三 24”、“八六 48”，从算盘左边第二档起退位迭加入乘积 24 和 48，累计乘积 1 728，如图 4－13 所示。

（4）经定位，运用盘上公式定位法，算盘左边第一档有数字，“满档位相加”，M＝＋2 位，N＝＋2 位，M＋N＝＋4 位，最后结果为 1 728。

【例 4－10】 352×489＝172 128

（1）眼看被乘数 352，默记乘数 489。

（2）先用乘数首位数字 4 去乘被乘数 352，口诀“四三 12”、“四五 20”、“四二

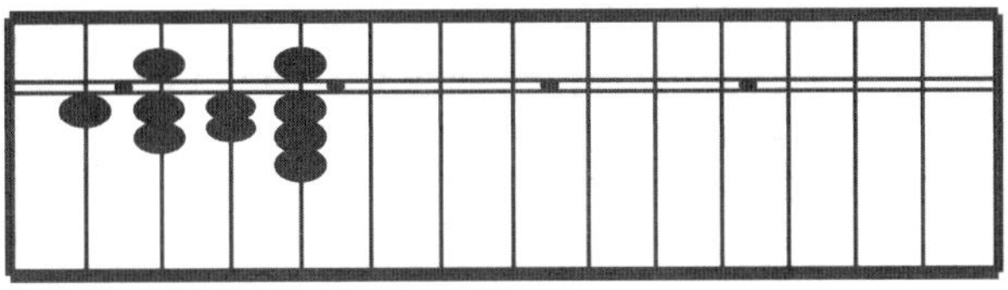

图 4－13

08”，从算盘左边第一档起依次迭加入乘积，得积数 1 408，如图 4－14 所示。

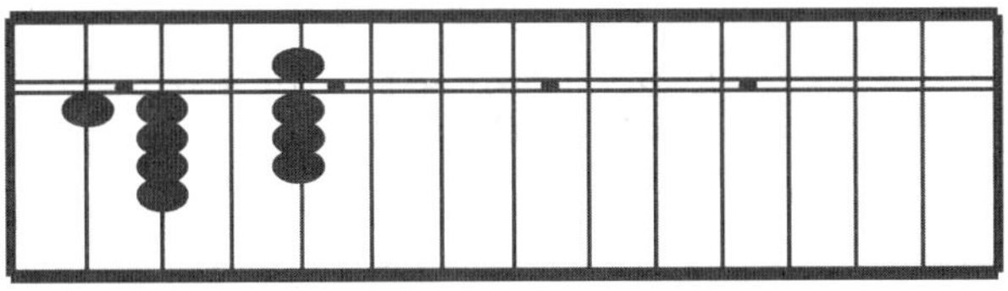

图 4－14

（3）用乘数次位 8 去乘被乘数 352，口诀“八三 24”、“八五 40”、“八二 16”，从算盘左边第二档起依次迭加入乘积，累计乘积 16 896，如图 4－15 所示。

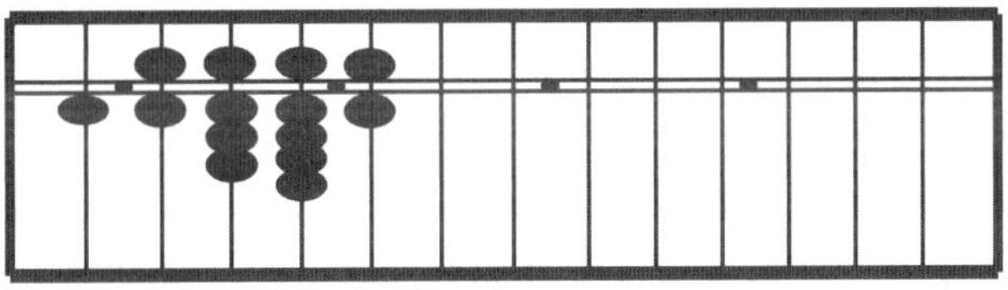

图 4－15

（4）用乘数末位 9 去乘被乘数 352，口诀“九三 27”、“九五 45”、“九二 18”，从算盘左边第三档起依次迭加入乘积，累计乘积 172 128，如图 4－16 所示。

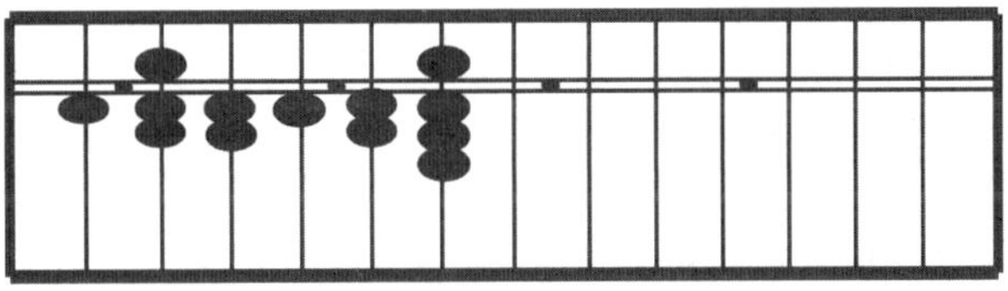

图 4－16

（5）经定位，运用盘上公式定位法，算盘左边第一档满档，“满档位相加”，M＝+3位，N＝+3 位，M＋N＝+6 位，最后结果为 172 128。

【例 4－11】503 × 2 084 ＝1 048 252

（1）眼看乘数 2 084，默记被乘数 503。

（2）先用被乘数首位数字 5 去乘乘数 2 084，口诀“五二 10”、5 × 0 ＝00、“五八 40”、“五四 20”，从算盘左边第一档起依次迭加入乘积，得积数 10 840，如图 4－17 所示。

（3）用被乘数第三位 3 去乘乘数 2 084，口诀“三二 06”、3 × 0 ＝00、“三八 24”、“三四 12”，从算盘左边第三档起依次迭加入乘积，累计乘积 1 048 252，如图 4－18

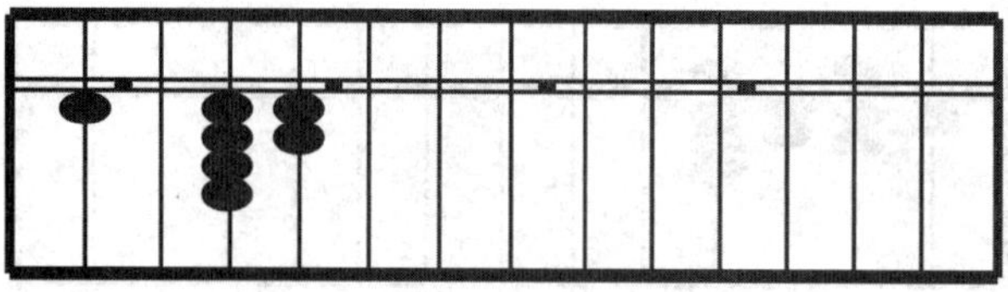

图 4－17

所示。

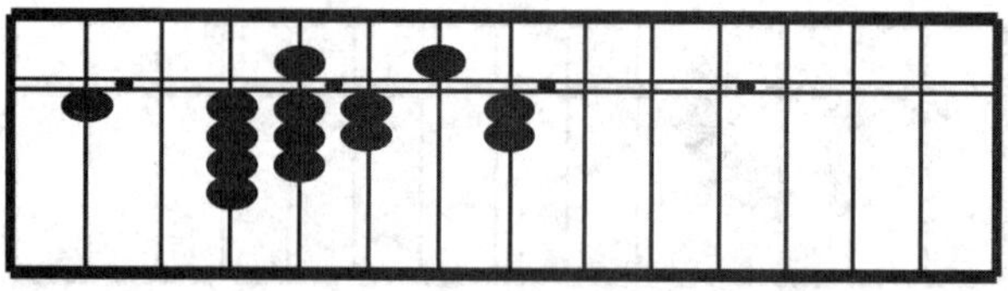

图 4－18

（4）经定位，运用盘上公式定位法，算盘左边第一档满档，“满档位相加”，M = +3 位，N =+4 位，M + N =+7 位，最后结果为 1 048 252。

从此题可以看出，被乘数的位数小于乘数的位数，若根据习惯以乘数去乘被乘数的话，需来回乘三次，但是以被乘数去乘乘数的话，则只需来回乘两次即可；而且两数中均含有 0，若被乘的数中含有零，则不需乘算，可直接向右移位，有几个“0”就向右移几位，移位的末档就是下次乘积的十位档；而实施乘的数中含有零时，可直接跳过不乘。所以在实际运算中，可先仔细观察两因数特征，若遇到上述情况或者数中出现相同数字时，可根据具体情况选择哪个因数作为乘数，这样便于记忆，也可减少拨珠次数，节约时间。

（二）小数乘法

小数乘法的计算原理和运算步骤与整数乘法相同，只需在最后定位的时候根据两因数的位数体现最终乘积的位数。

【例 4－12】 2. 8 ×3. 6 = 10. 08

（1）将上题视为 28 × 36，再用整数乘法的计算办法。眼看被乘数 28，默记乘数 36。

（2）先用乘数首位 3 去乘被乘数 28，口诀“三二 06”、“三八 24”，从算盘左边第一档起将乘积 06、24 退位迭加入算盘，得乘积 84，如图 4－19 所示。

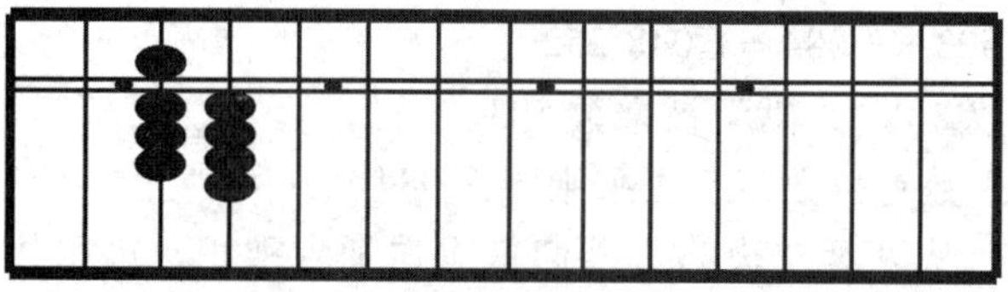

图 4－19

（3）用乘数第二位 6 去乘被乘数 28，口诀“六二 12”、“六八 48”，从算盘左边第二档起退位迭加入乘积，累计乘积1 008，如图4－20所示。

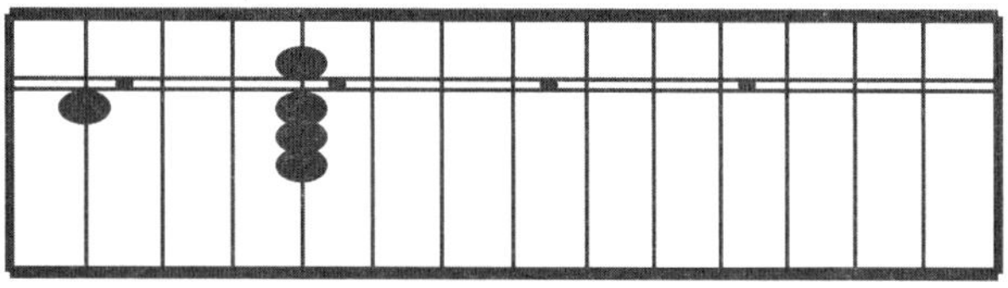

图4－20

（4）经定位，运用盘上公式定位法，算盘左边第一档有满档，“满档位相加”，M＝+1位，N＝+1位，M＋N＝+2位，最后结果为10.08。

运用空盘前乘法可做各种类型的计算题，为了运算准确、迅速，必须做到眼、手、脑配合默契。用心记乘数，眼看被乘数，左手食指点住被乘的数字，右手食指点住该步运算的起点档，迅速在脑中反应乘积，并准确置入盘中。

任务三 破头乘法

破头乘法是后乘法的一种，它是将被乘数、乘数分别置入算盘的左、右两端，然后从被乘数的末位数起，同乘数的首位至末位依次相乘，乘得的第一位积数可以将被乘数中实施乘的那个数字破去变为该积数的十位数，个位数在其右一档，这种方法称为不隔位破头乘法；也可以将第一位积数的十位数置于被乘数中实施乘的那个数字的后一档，乘完本轮后再将实施乘的那个被乘数的本位破去，此法称为隔位破头乘法。

一、隔位破头乘法

隔位破头乘法在开始乘时，不需要破去被乘数的本位，直到用其乘完乘数的每一位时，才将其拨成空档，空档将被乘数和乘数隔开，界限分明，所以称为隔位乘法。而在实施乘时，是从被乘数的末位起乘，用其去乘乘数的从高位至低位的每一位，所以又称为隔位后乘法、隔位头乘法，目前应用不广。

（一）运算步骤

（1）置数：将被乘数置于算盘左端（一般从算盘左边第一档起拨入），默记乘数（或者将其置于算盘右端）。

（2）运算：用被乘数的末位与乘数的首位至末位依次相乘，逐一在被乘数后得出乘积，然后去掉被乘数本位，乘完一轮后，再用被乘数的倒数第二位与乘数的高位至末位依次相乘，在盘面置入乘积后去掉被乘数本位……依此类推，直到被乘数的首位与乘数的每一位乘完为止。

（3）置积：乘数是第几位，乘积的十位数就放在被乘数本位右边的第几档上，其个位就在十位数的右一档加上。

（4）定位：运算完成后，运用盘上公式定位法，积的首位若落在算盘左边第二档上，用公式 M + N 定位；若乘积首位落在算盘左边第三档上，用公式 M + N - 1 定位。

（二）隔位破头乘法举例

【例 4 - 13】 472 × 8 = 3 776

（1）将被乘数 472 置入算盘左端，默记乘数 8，如图 4 - 21 所示。

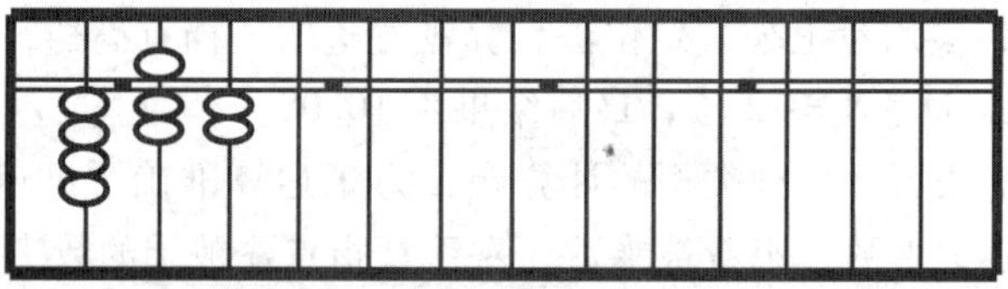

图 4 - 21

（2）用被乘数的末位 2 与乘数 8 相乘，口诀“二八 16”，从 2 后第一档起拨入积数 16，然后拨去被乘数本位 2，如图 4 - 22 所示。

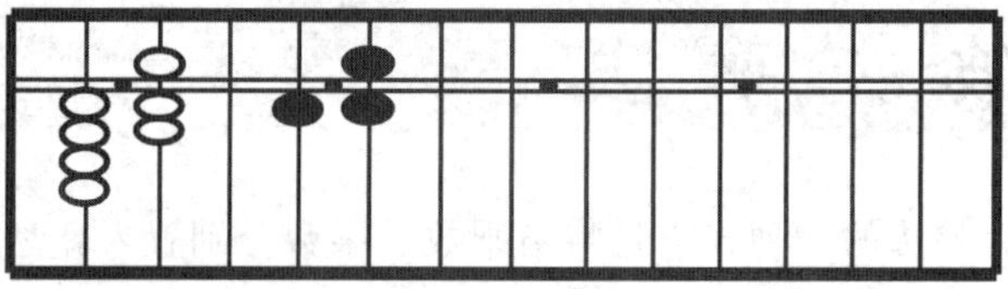

图 4 - 22

（3）用被乘数的倒数第二位 7 与乘数 8 相乘，口诀“七八 56”，从 7 后第一档起拨入积数 56，累计积数 576，然后拨去被乘数本位 7，如图 4 - 23 所示。

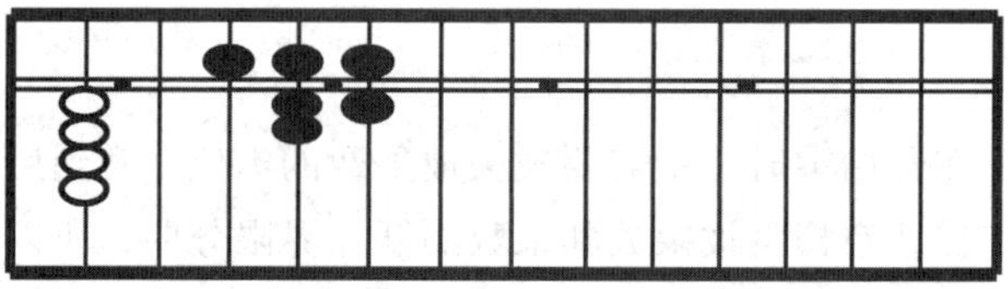

图 4 - 23

（4）用被乘数的首位 4 与乘数 8 相乘，口诀“四八 32”，从 4 后第一档起拨入积数 32，累计积数 3 776，然后拨去被乘数本位 4，如图 4 - 24 所示。

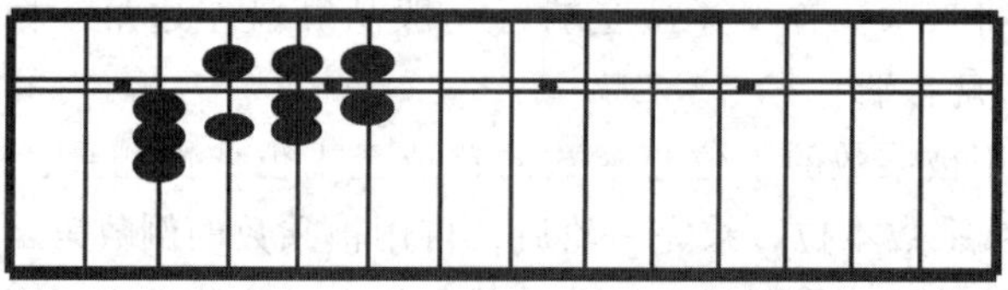

图 4 - 24

（5）经定位，乘积的首位落在算盘左端第二档上，用公式 M + N 定位，M =+3 位，N =+1 位，M + N =+4 位，最后结果为 3 776。

【例 4 –14】291 ×46. 5 =13 531. 5

（1）上述式子在运算中可直接视为 291 ×465，将被乘数 291 置入算盘左端，默记乘数 465（或将其置入算盘右端），如图 4 –25 所示。

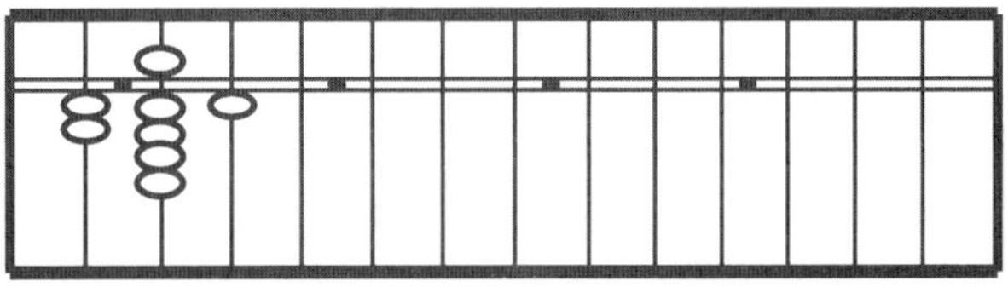

图 4 –25

（2）用被乘数的末位 1 与乘数 465 相乘，口诀“一四 04”、“一六 06”、“一五 05”，从 3 后第一档起拨入积数 0 465，然后拨去被乘数本位 1，如图 4 –26 所示。

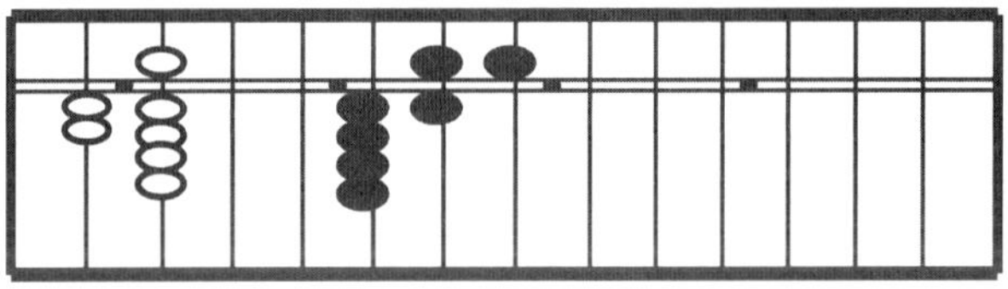

图 4 –26

（3）用被乘数的倒数第二位 9 与乘数 465 相乘，口诀“九四 36”、“九六 54”、“九五 45”，从 9 后第一档起拨入积数 4 185，累计积数 42 315，然后拨去被乘数本位 9，如图 4 –27 所示。

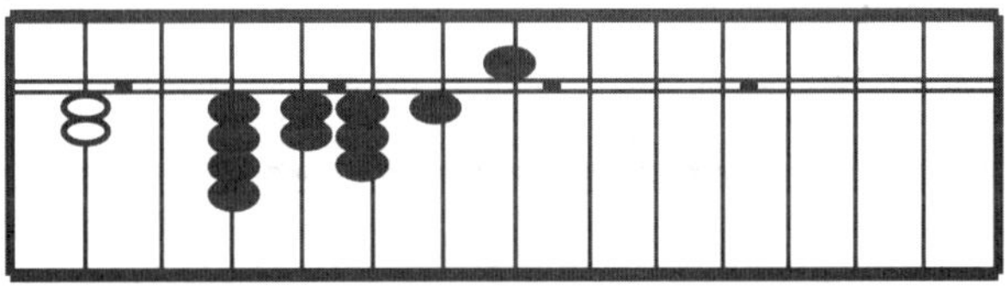

图 4 –27

（4）用被乘数的首位 2 与乘数 465 相乘，口诀“二四 08”、“二六 12”、“二五 10”，从 2 后第一档起拨入积数 0 930，累计积数为 135 315，然后拨去被乘数本位 2，如图 4 –28 所示。

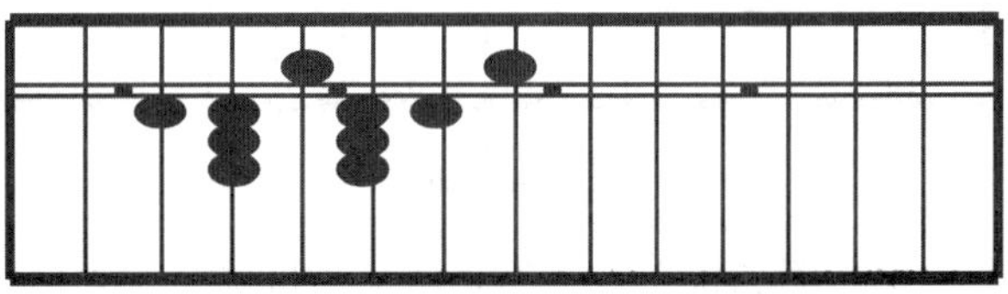

图 4 –28

（5）经定位，乘积的首位落在算盘左端第二档上，用公式 M + N 定位，M =+3 位，

N =+2 位，M + N =+5 位，最后结果为 13 531. 5。

二、不隔位破头乘法

通常所说的破头乘法是指此法，因在被乘数与乘数的各位数字相乘时，是从乘数的首位起乘，而且要在一开始就把被乘数中实施乘的本位数字变为该轮乘积的首位（即破本位），又称为头乘法、变头乘、当头乘、仙人脱衣法等。

（一）运算步骤

（1）置数：将被乘数和乘数分别置于算盘的左、右两端，或者默记乘数。

（2）运算：先用被乘数的末位与乘数的首位至末位依次相乘，乘积的首位直接置于实施乘的被乘数的本位，破本位为乘积首位，乘完该轮后，再用被乘数的倒数第二位与乘数的首位至末位依次相乘，破实施乘的被乘数本位为本轮乘积的首位……依此类推，直至被乘数的首位与乘数的每一位乘完为止。

（3）置积：乘数是第几位，乘积的个位就放在被乘数本位右边的第几档上，其十位数就放在个位数的左一档上。

（4）定位：运算完毕，若乘积的首位在算盘左边第一档上，用定位公式 M + N；若乘积的首位落在算盘左边第二档上，用定位公式 M + N – 1。

（二）不隔位破头乘法举例

【例 4 – 15】 736 ×0. 8 =588. 8

（1）将被乘数 736 置入算盘左端，默记乘数 8，如图 4 – 29 所示。

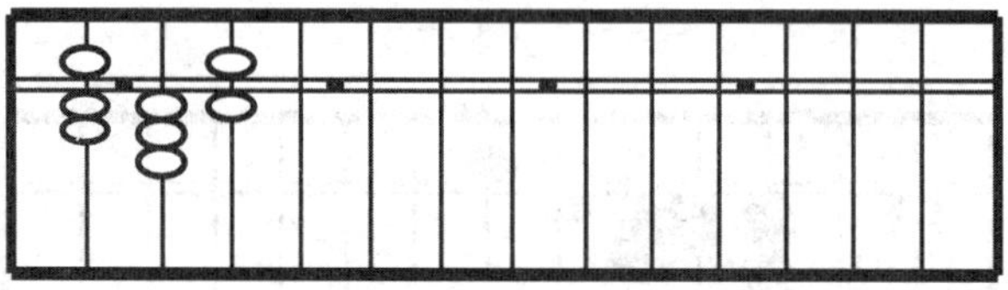

图 4 – 29

（2）用被乘数的末位 6 与乘数 8 相乘，口诀“六八 48”，破实施乘的本位 6 为 4，并在其右一档置入乘积的个位 8，如图 4 – 30 所示。

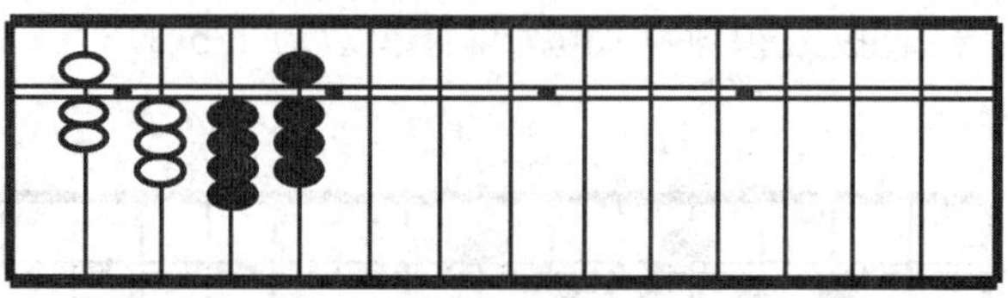

图 4 – 30

（3）用被乘数的倒数第二位 3 与乘数 8 相乘，口诀“三八 24”，破实施乘的本位 3 为乘积首位 2，在其右一档加入积的个位数 4，累计乘积 288，如图 4 – 31 所示。

（4）用被乘数的首位 7 与乘数 8 相乘，口诀“七八 56”，破实施乘的本位 7 为乘积

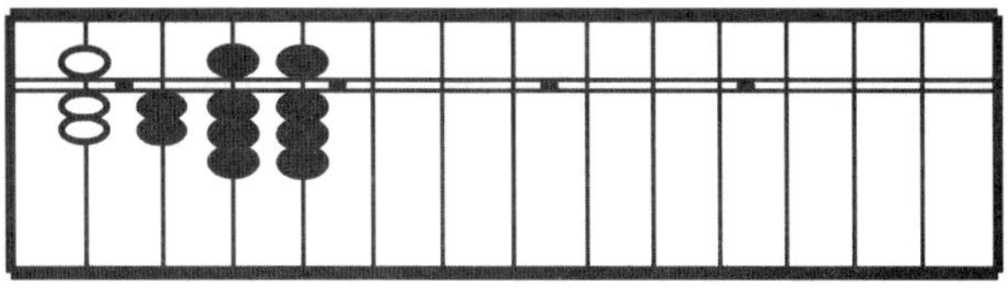

图 4－31

的首位 5，并在其右一档加入乘积的个位数 6，累计乘积 5 888，如图 4－32 所示。

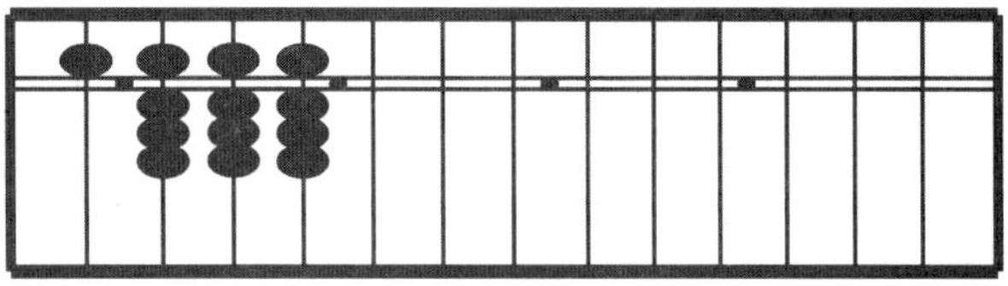

图 4－32

（5）经定位，乘积的首位落在算盘左端第一档上，用公式 M＋N 定位，M＝+3 位，N＝0 位，M＋N＝+3 位，最后结果为 588.8。

【例 4－16】 95.3×81.6＝7 776.48

（1）将被乘数 953 置入算盘左端，乘数 816 置入算盘右端（或者默记乘数），如图 4－33 所示。

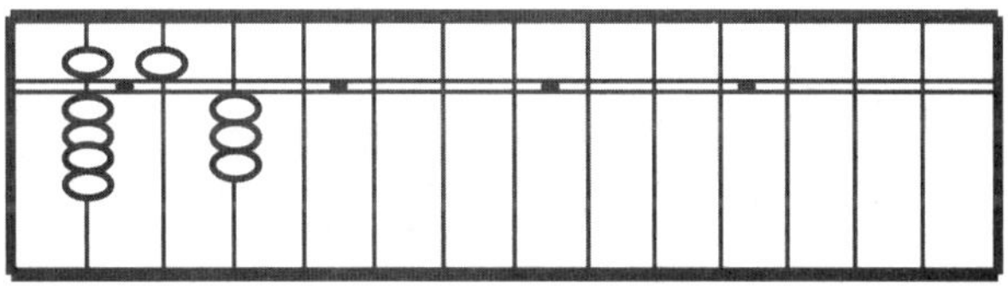

图 4－33

（2）用被乘数的末位 3 与乘数 816 相乘，口诀“三八 24”、“三一 03”、“三六 18”，破实施乘的本位 3 为乘积首位 2，在盘面置其乘积 2 448，如图 4－34 所示。

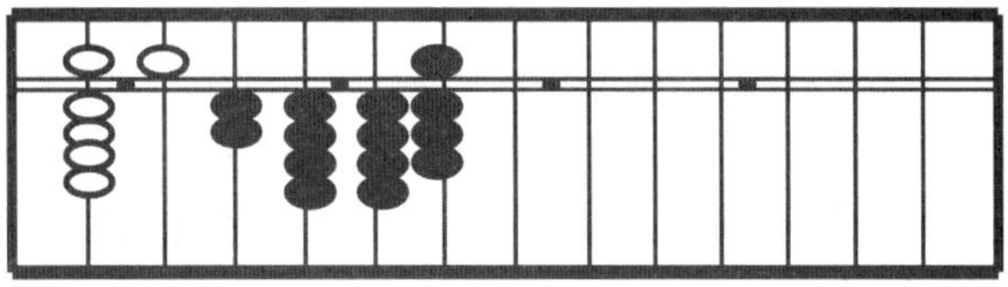

图 4－34

（3）用被乘数的倒数第二位 5 与乘数 816 相乘，口诀“五八 40”、“五一 05”、“五六 30”，破实施乘的本位 5 为乘积首位 4，在盘面加入乘积 4 080，累计乘积 43 248，如图 4－35 所示。

（4）用被乘数的首位 9 与乘数 816 相乘，口诀“九八 72”、“九一 09”、“九六 54”，破实施乘的本位 9 为乘积的首位 7，在盘面加入乘积 7 344，累计乘积 777 648，如图 4－36 所示。

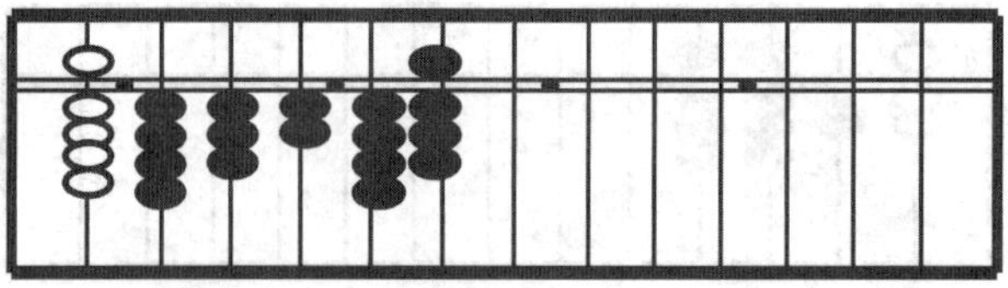

图 4-35

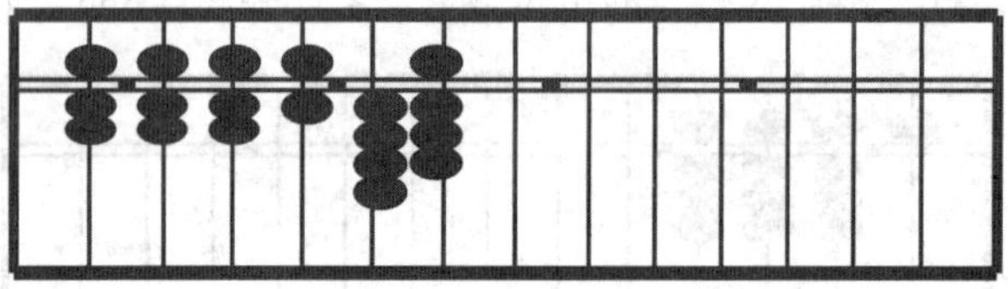

图 4-36

（5）经定位，乘积的首位落在算盘左端第一档上，用公式 M + N 定位，M =+2 位，N =+2 位，M + N =+4 位，最后结果为 7 776.48。

一般情况下，不隔位破头乘法应用较广泛，但是该法在乘的开头就破去实施乘的本位，再乘时需记住这个数字，容易造成遗忘；而隔位破头乘法却克服了这个弱点，但增加了拨珠次数，运算速度相应要慢一些。

任务四 珠算除法的基础知识

一、珠算除法概述

把一个数分为若干等份的方法，称为除法。被分的那个数称为被除数，分成的份数称为除数，每份分得的数称为商数。其算式为：被除数 ÷ 除数 = 商数。它是乘法的逆运算，也是同数连减的简便算法，在运算中主要应用九九口诀和减法的相关知识。而珠算除法的算理和笔算基本相同。在古代珠算术语中，被除数又称为实数，除数称为法数。

现代珠算除法中广泛应用的有归除法、省除法、剥皮除法、补数除法、商除法等，其中主要是“归除法”和“商除法”。而商除法是根据笔算除法的原理，结合珠算的特点，容易学习和掌握，运算方便且速度快，是现时珠算除法中使用较为普遍的一种，我们主要学习此法。

二、珠算除法定位

在珠算除法运算中，我们在盘面上能看到的仅仅是商数的有效数字，要想确定商的具体数值，必须确定小数点的位置，即进行商的准确定位。而且在除法运算中，对于无法整除的数，我们一般只要求保留两位小数，所以必须要算前定位，否则就会多做无用功。商的定位方法很多，比如公式定位法、固定个位档定位法以及移档定位法等。我们介绍比较常用的公式定位法和固定个位档定位法。

（一）公式定位法

公式定位法是一种广泛应用于各种计算方法的定位方法。它和乘法定位的基本原理是一致的，是以被除数和除数的位数之差为基础（关于数的位数我们在前面已经讲述过），并通过比较被除数、除数的首位有效数字的大小，用一定的公式来确定商的位数的。在确定商的位数时，若以 M 代表被除数的位数，N 代表除数的位数，则商的位数可通过以下两个公式求得：

商的位数 = M − N ①

商的位数 = M − N + 1 ②

上述两个公式的使用范围如下：

（1）当被除数的首位有效数字小于除数的首位有效数字时，用公式①定位。

【例 4－17】 7 392 ÷ 8 = 924

被除数的首位有效数字 7 小于除数的首位有效数字 8，用公式①定位。

M = +4 位　N = +1 位　　M − N = 4 − 1 = +3 位

（2）当被除数的首位有效数字大于除数的首位有效数字时，用公式②定位。

【例 4－18】 4 221 ÷ 3 = 1 407

被除数的首位有效数字 4 大于除数的首位有效数字 3，用公式②定位。

M = +4 位　N = +1 位　　M − N + 1 = 4 − 1 + 1 = +4 位

【例 4－19】 89.096 ÷ 0.43 = 207.20

被除数的首位有效数字 8 大于除数的首位有效数字 4，用公式②定位。

M = +2 位　N = 0 位　　M − N + 1 = 2 − 0 + 1 = +3 位

需要注意的是，比较两因数的最高位有效数字，而不是它们的首位，如【例 4－19】用 8 和 4 比较，而非 8 和 0。

（3）当被除数和除数的首位有效数字相同时，需要比较它们的第二位有效数字，第二位都相同时则需比较第三位……依此类推，根据比较结果再按上述方法选择定位公式。

【例 4－20】 8 633 ÷ 89 = 97

被除数和除数的首位有效数字相同，则比较第二位有效数字，被除数的第二位有效数字 6 小于除数的第二位有效数字 9，用公式①定位。

M = +4 位　N = +2 位　　M − N = 4 − 2 = +2 位

（4）当被除数和除数的各有效数字都相同时，用公式②定位。

【例 4－21】 10 000 ÷ 1 000 = 10

被除数和除数的各位都相同，用公式②定位，此时，

M = +5 位　N = +4 位　　M − N + 1 = 5 − 4 + 1 = +2 位

综上所述，公式定位法的基本方法可概括为“被小位相减，不小再加 1”。

（二）盘上公式定位法

盘上公式定位法是公式定位法在算盘上的直接运用。运算完成后，可直接根据算盘左边第一档是否空档来确定商的位数。若首档为空档，则商的位数为 M - N；若首档有数，则商的位数为 M - N + 1。可将其概括为“空档位相减，不空再加一”。

该定位方法简单明了，方便实用且有利于提高运算速度，因此在商除法中主要采用此法。

（三）固定个位档定位法

固定个位档定位法是算前定位法，是指在运算前先在算盘上定出个位档（一般以算盘右端的第二个记位点的前一档做为个位档），此档即为商数的个位档（也可称为正1位档），并以此档为基点，来确定被除数的置数位置。

被除数的置数位置因为除法运算方法的不同而不同。若采用隔位商除法，则根据公式 M - N - 1 来确定被除数首位有效数字的置入档位；若采用不隔位商除法，则根据公式 M - N 来确定被除数首位有效数字的置入档位。以上述方法置入被除数后，运算完毕，商的个位就落在预定的个位档上，此时盘面数即为答数。

下面以两种运算方法为例对固定个位档定位法加以说明。

【例 4 - 22】 10 324 ÷ 356 = 29　（用不隔位商除法）

（1）选定算盘右端的第二个记位点的左一档为个位档，则此记位点为小数点，如图 4 - 37 所示。

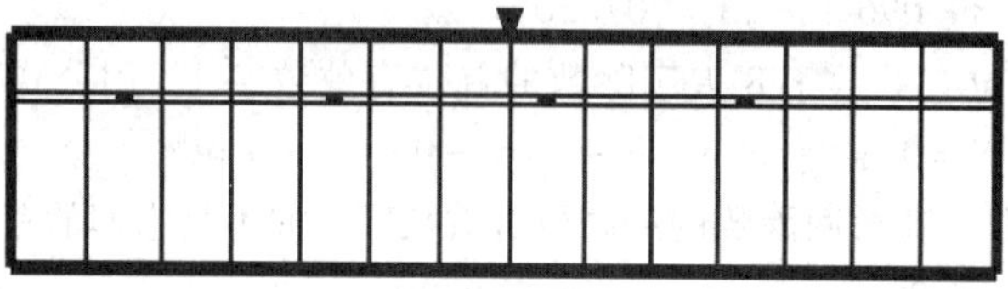

图 4 - 37

（2）被除数的位数为 +5 位，除数的位数为 +3 位，则被除数的首位有效数字的置入档位为 M - N = 5 - 3 = +2 位，应从正 2 位档起置入被除数，如图 4 - 38 所示。

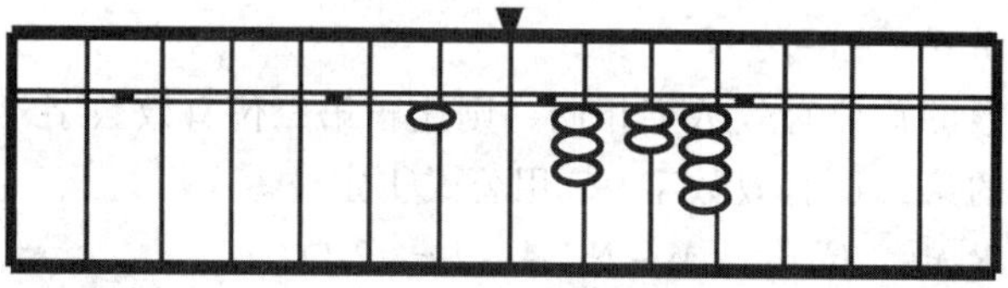

图 4 - 38

（3）运算完毕，盘面数为 29，根据原选定的个位档为准，此数即为最终结果，如图 4 - 39 所示。

【例 4 - 23】 77 112 ÷ 816 = 94. 5　（用隔位商除法）

（1）选定算盘右端的第二个记位点的左一档为个位档，则此记位点为小数点（同图 4 - 37）。

（2）被除数的位数为 +5 位，除数的位数为 +3 位，则被除数的首位有效数字的置

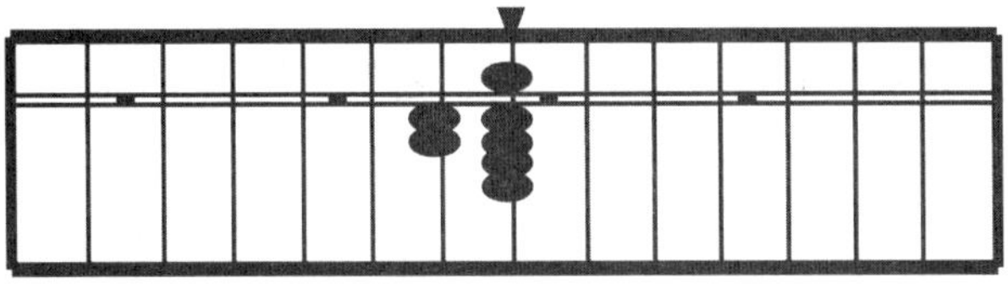

图 4-39

入档位为 M-N-1=5-3-1=+1 位，应从正 1 位档起置入被除数，如图 4-40 所示。

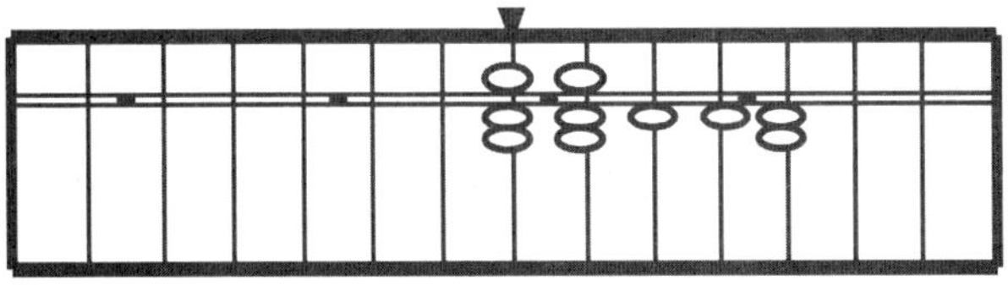

图 4-40

（3）运算完毕，盘面数为 945，根据原选定的个位档为准，正确结果应为 94.5，如图 4-41 所示。

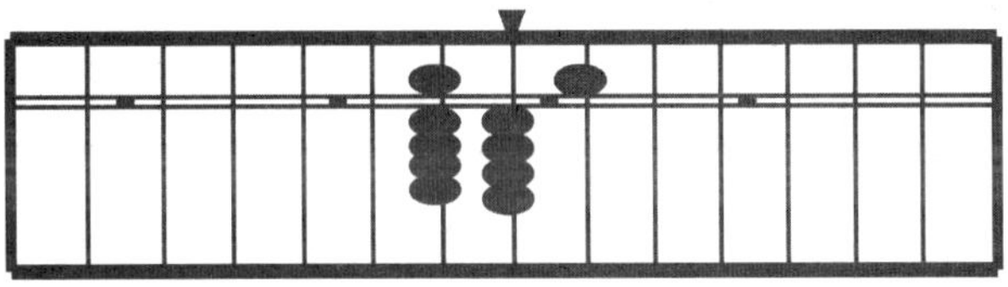

图 4-41

这种定位方法被称为算前定位法，结果一目了然，不易出错，尤其是遇到带小数的题，可大大减少冗余劳动，提高效率；但是若遇到简单的整数计算，用此法反而比公式定位法麻烦得多。

任务五 商除法

商除法在运算时不采用除法口诀，而是和笔算类似，简便易学，符合人们的计算习惯，因而为大多数人所采用。根据置商的位置不同，商除法可分为隔位商除法和不隔位商除法。

一、隔位商除法

（一）一位数隔位商除法

除数只有一个非零数字的除法叫做一位数除法。具体运算方法如下：

（1）置数：从算盘左边第三档起拨入被除数，默记除数。

（2）估商：在除法中，用心算估出被除数是除数的几倍，这种心算过程叫做估商。

当被除数的首位大于或等于除数时称“够除”，此时根据被除数的首位除以除数的首位估计出商数；如果被除数的首位小于除数的首位时称“不够除”，此时需根据被除数的首次两位除以除数估计出商数。

（3）置商：将所估的商置于盘面相应的档次上。置商原则：够除隔位置商，不够除挨位置商。

（4）减积：置商之后，从被除数中减去商与除数的乘积（乘积计算根据大九九口诀，每两个数字相乘所得结果在盘面必须占两档）。减积档次为：乘积的十位数从商数右边第一档减去，个位数从商数右边第二档减去（或可称为从十位数后一档减去）。每置一次商，即需乘减一次，直到除尽或者除到要求的精确度为止。

（5）定位：运算完毕，根据盘上公式定位法，当算盘左边第一档空档时，用公式 M－N 定位；若首档有数，用公式 M－N＋1 定位。

【例 4－24】 236 ÷ 4 ＝ 59

（1）置数：从算盘左边第三档起拨入被除数 236，默记除数 4，如图 4－42 所示。

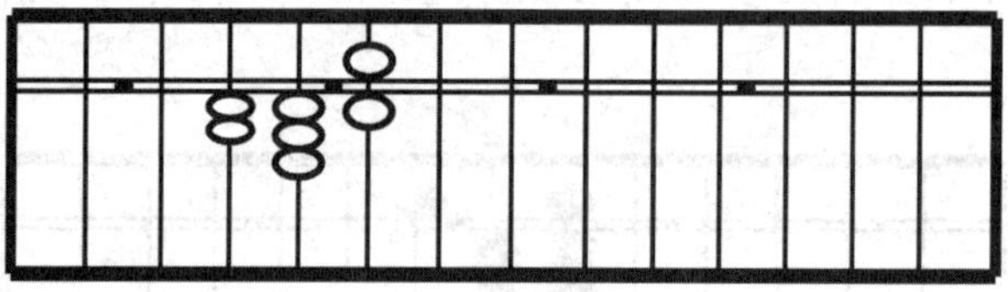

图 4－42

（2）求首位商：被除数的首位 2 小于除数 4，不够除，我们根据被除数的前两位 23 除以除数 4，估商为 5。

（3）置商：不够除挨位置商，将首位商 5 置于被除数首位 2 的前一档，如图 4－43 所示。

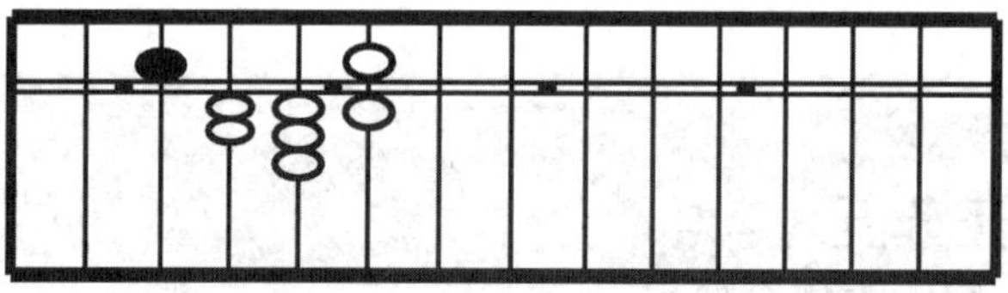

图 4－43

（4）减积：商 5 与除数 4 的乘积“五四 20”从所置商 5 的后第一档开始减，盘面余数为 36，如图 4－44 所示。

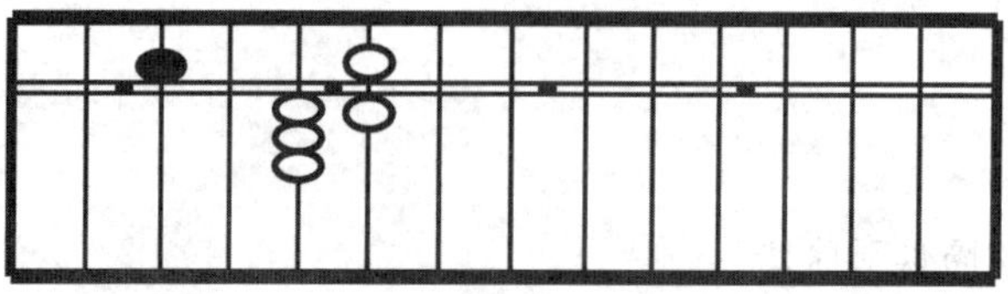

图 4－44

（5）求次商：余数首位 3 小于除数 4，不够除，我们根据余数的前两位 36 除以除数 4，估商为 9，将其置于余数首位 3 的前一档，并从商数 9 的右一档开始减去所估商数与除数的乘积“九四 36”，余数为 0，恰好除尽，盘面数为 59，如图 4 – 45 所示。

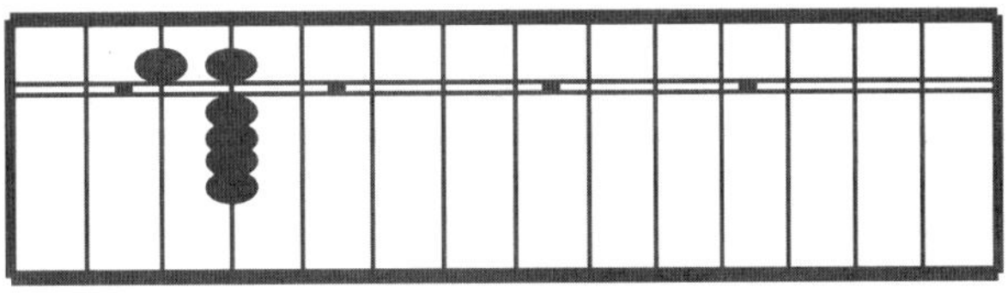

图 4 – 45

（6）定位：根据盘上公式定位法，算盘左边第一档空档，用公式 M – N 定位，M = +3 位，N = +1 位，商的位数 M – N = +2 位，所以商为 59。

【例 4 – 25】 7 944 ÷ 6 = 1 324

（1）置数：从算盘左边第三档起拨入被除数 7 944，默记除数 6，如图 4 – 46 所示。

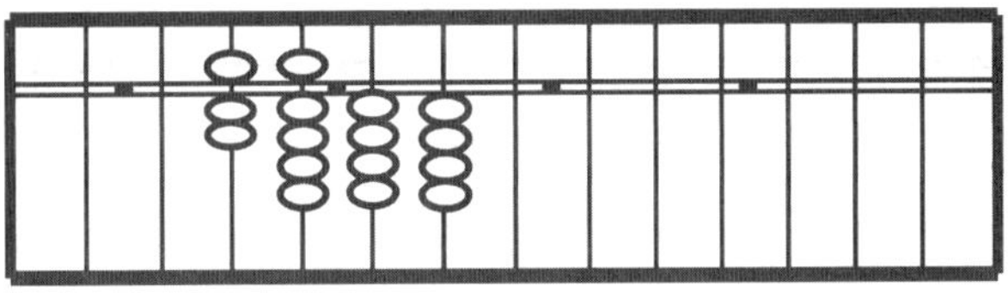

图 4 – 46

（2）求首位商：被除数的首位 7 大于除数 6，够除，估商为 1。

（3）置商：够除隔位置商，将首位商 1 置于被除数首位 7 的隔一档上（即算盘左边第一档），如图 4 – 47 所示。

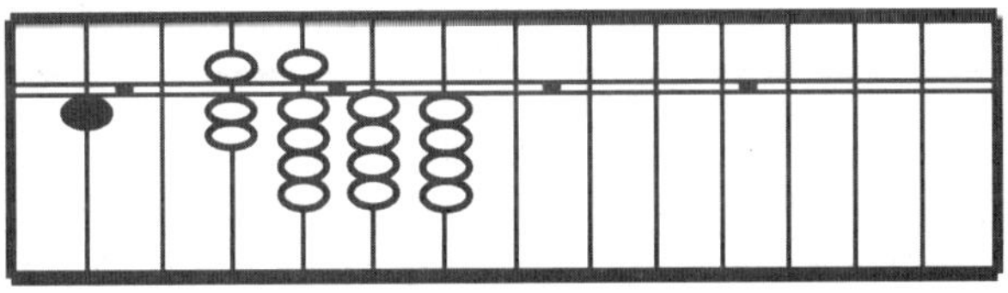

图 4 – 47

（4）减积：商 1 与除数 6 的乘积“一六 06”从所置商 1 的后第一档开始减，盘面余数为 1 944，如图 4 – 48 所示。

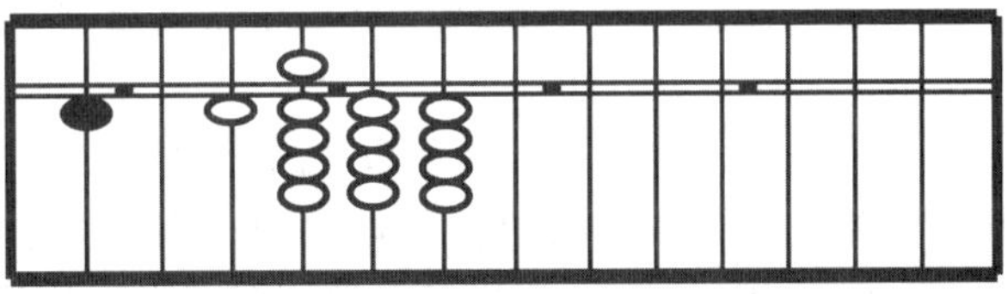

图 4 – 48

（5）求次商：余数首位 1 小于除数 6，不够除，根据余数的前两位 19 除以除数 6，估商为 3，将其置于余数首位 1 的前一档，并从商数 3 的右一档开始减去所估商数与除数的乘积“三六 18”，余数为 144，如图 4 – 49 所示。

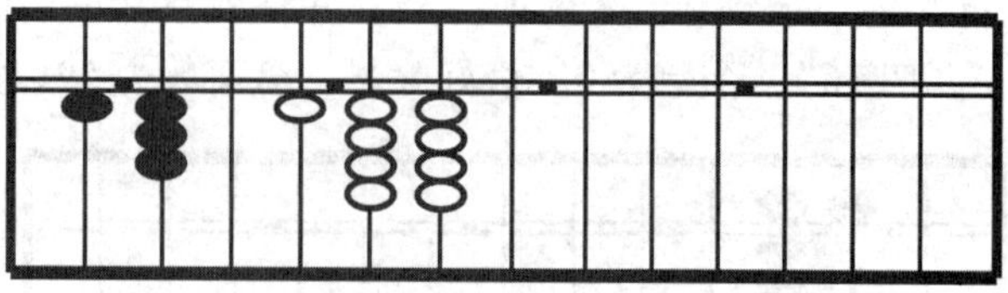

图 4－49

（6）求第三位商：余数首位 1 小于除数 6，不够除，根据余数的前两位 14 除以除数 6，估商为 2，将其置于余数首位 1 的前一档，并从商数 2 的右一档开始减去所估商数与除数的乘积“二六 12”，余数为 24，如图 4－50 所示。

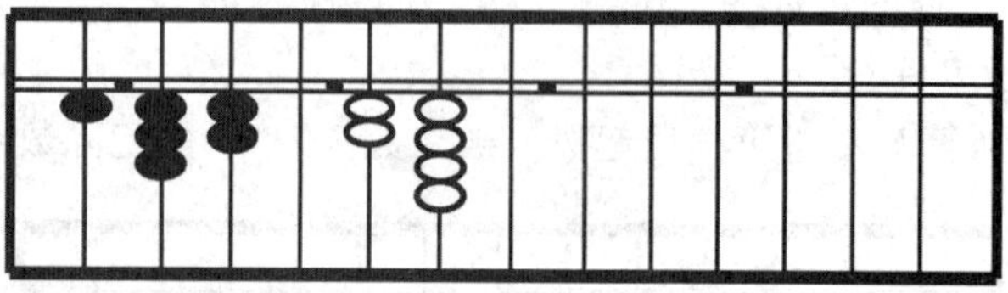

图 4－50

（7）求第四位商：余数首位 2 小于除数 6，不够除，根据余数的前两位 24 除以除数 6，估商为 4，将其置于余数首位 2 的前一档，并从商数 4 的右一档开始减去所估商数与除数的乘积“四六 24”，余数为 0，恰好除尽，盘面数为 1 324，如图 4－51 所示。

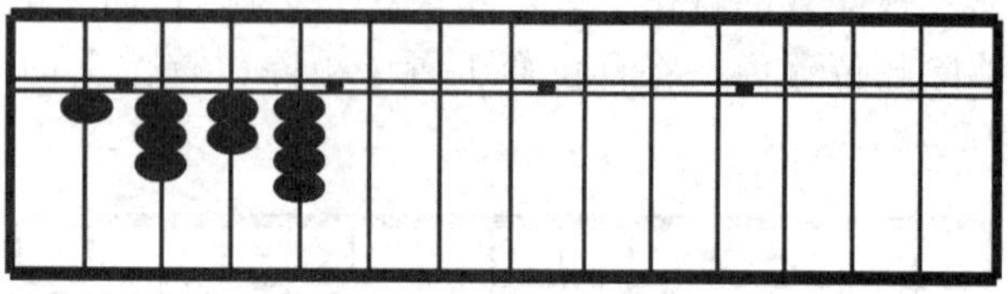

图 4－51

（8）定位：根据盘上公式定位法，算盘左边第一档有数字，用公式 M－N＋1 定位，M＝+4 位，N＝+1 位，商的位数 M－N＋1＝+4 位，所以商为 1 324。

（二）多位数隔位商除法

除数是两位或两位以上的非零数字的除法叫做多位数隔位商除法。多位数隔位商除法的运算方法与一位数隔位商除法基本相同，只是除数位数增多了，增加了估商的难度，增多了减积的次数。具体运算方法如下：

（1）置数：从算盘左边第三档起拨入被除数，默记除数。

（2）估商：把被除数的首位或首次两位除以除数，用心算估计出商数。由于除数为多位数，所以估商时仅看首位并不一定准确，要同时考虑除数的次位来估商。

（3）置商：将所估的商置于盘面相应的档次上。置商原则：够除隔位置商，不够除挨位置商。

（4）减积：置商后，用商数与除数从首位至末位的每一位相乘，并将乘积从被除数中退位迭减。减积档次为：除数是第几位，它与商相乘所得乘积的十位数就从商右边第几档减去，个位数从十位数的下一档减去。上次减积的个位档就是本次减积的十位档。注意必须在完成该轮乘减后，才能再估算下一个商。

（5）定位：运算完毕，根据盘上公式定位法，当算盘左边第一档空档时，用公式M－N定位；若首档有数，用公式M－N＋1定位。

【例4－26】 5 146÷62＝83

（1）置数：从算盘左边第三档起拨入被除数5 146，默记除数62，如图4－52所示。

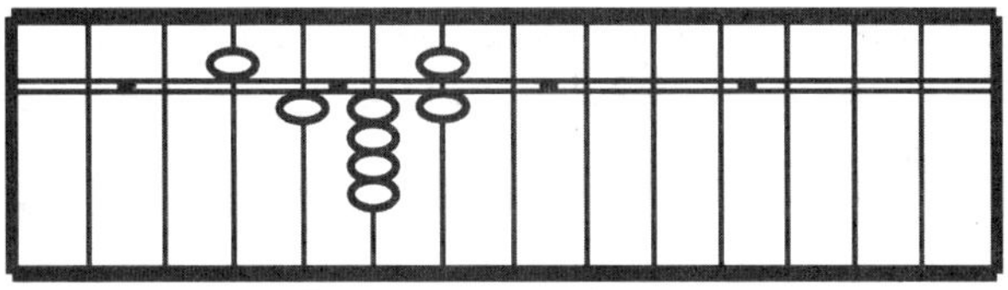

图4－52

（2）求首位商：被除数前两位51小于除数62，不够除，根据51与6相比，估商为8，不够除挨位置商，并从商8右一档依次减去乘积"八六48"、"八二16"，余数为186，如图4－53所示。

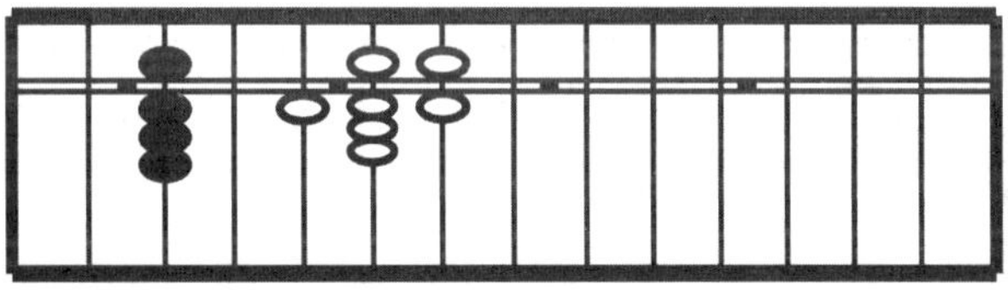

图4－53

（3）求次位商：余数的前两位18小于除数62，不够除，根据18与6相比，估商为3，不够除挨位置商，并从商3右一档依次减去乘积"三六18"、"三二06"，余数为0，正好除尽，盘面数为83，如图4－54所示。

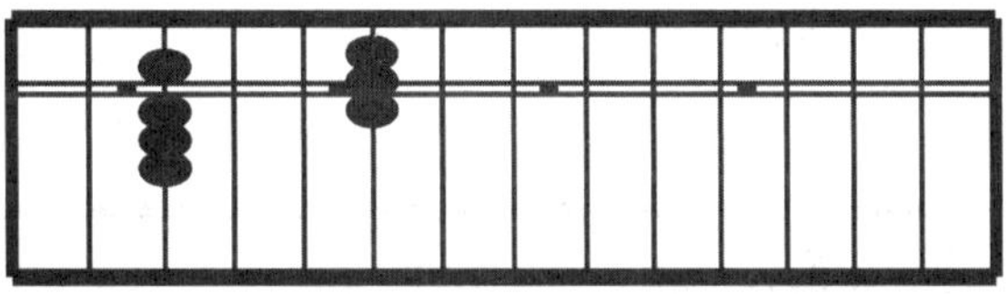

图4－54

（4）定位：运算完毕，算盘左边第一档空档，根据盘上公式定位法，用公式M－N定位，M＝＋4位，N＝＋2位，商的位数M－N＝＋2位，所以商为83。

【例4－27】 9 750÷37.5＝260

（1）置数：从算盘左边第三档起拨入被除数9 750，默记除数375，如图4－55所示。

（2）求首位商：被除数前三位975大于除数375，够除，估商为2，够除隔位置商，并从商2右一档依次减去乘积"二三06"、"二七14"、"二五10"，余数为2 250，如图

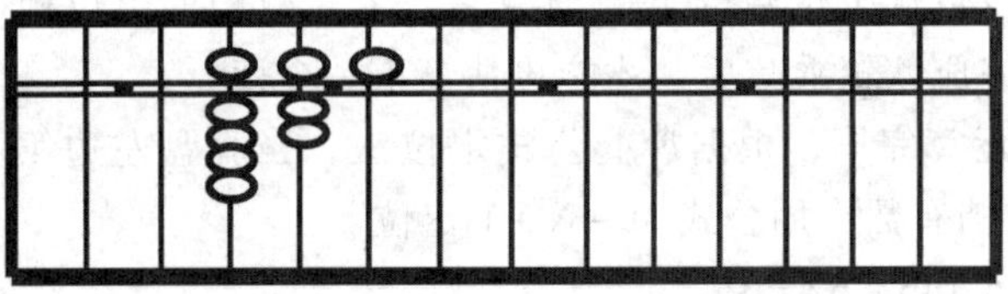

图 4－55

4－56 所示。

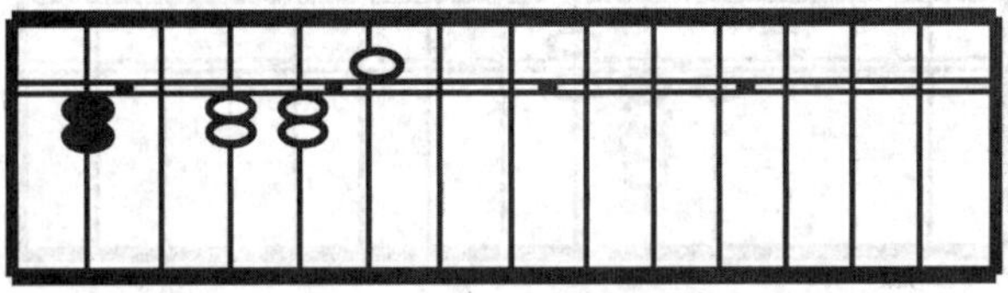

图 4－56

（3）求次位商：余数的前三位 225 小于除数 375，不够除，估商为 6，不够除挨位置商，并从商 6 右一档依次减去乘积“六三 18”、“六七 42”、“六五 30”，余数为 0，正好除尽，盘面数为 26，如图 4－57 所示。

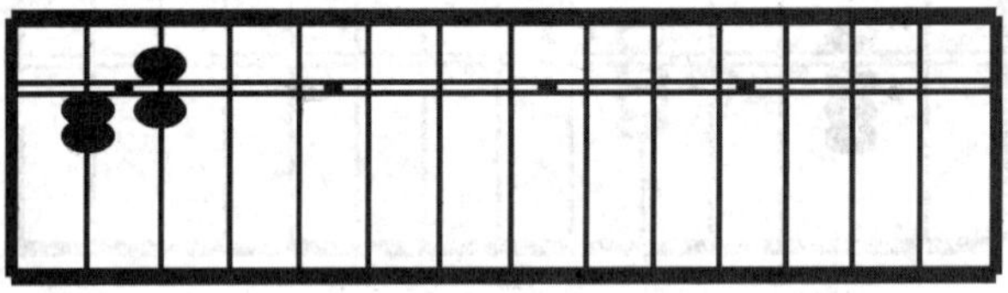

图 4－57

（4）定位：运算完毕，算盘左边第一档有数字，根据盘上公式定位法，用公式 M－N＋1定位，M＝＋4 位，N＝＋2 位，商的位数 M－N＋1＝＋3 位，所以商为 260。

【例 4－28】 59 422÷94＝632.15

（1）置数：从算盘左边第三档起拨入被除数 59 422，默记除数 94，如图 4－58 所示。

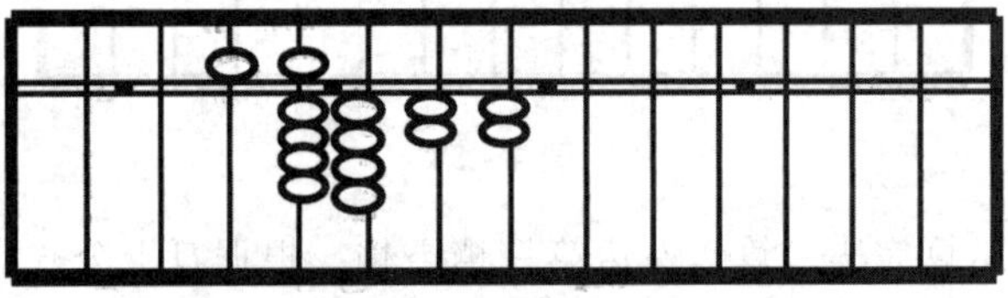

图 4－58

（2）求首位商：被除数前两位 59 小于除数 94，不够除，估商为 6，不够除挨位置商，并从商 6 右一档依次减去乘积“六九 54”、“六四 24”，余数为 3 022，如图 4－59 所示。

（3）求次位商：余数的前两位 30 小于除数 94，不够除，估商为 3，不够除挨位置

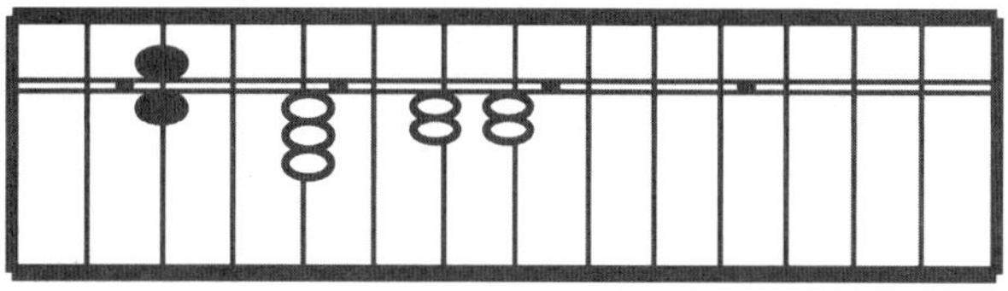

图 4－59

商，并从商 3 右一档依次减去乘积“三九 27”、“三四 12”，余数为 202，如图 4－60 所示。

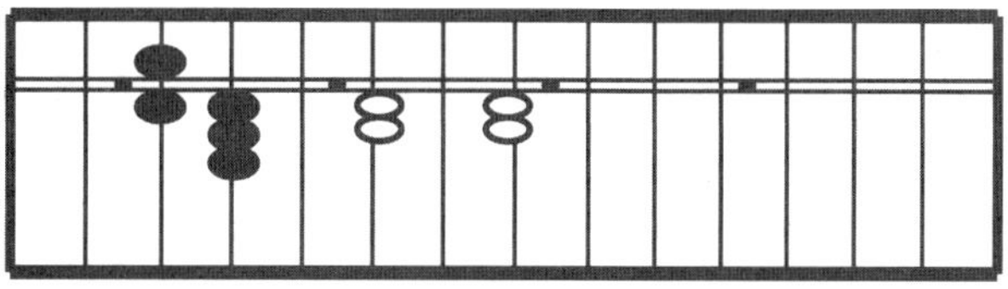

图 4－60

（4）求第三位商：余数的前两位 20 小于除数 94，不够除，估商为 2，不够除挨位置商，并从商 2 右一档依次减去乘积“二九 18”、“二四 08”，余数为 14，如图 4－61 所示。

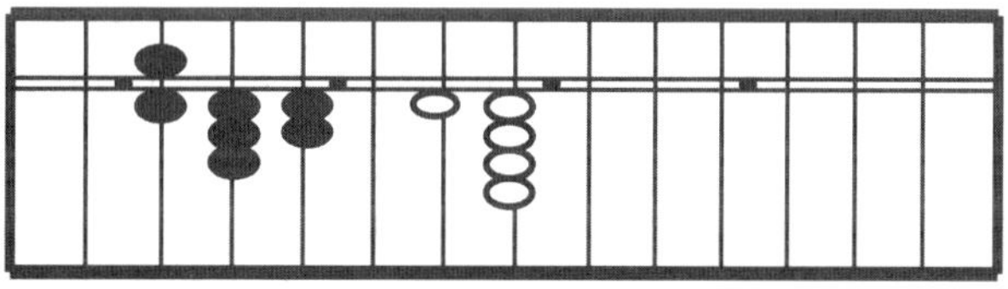

图 4－61

（5）求第四位商：余数的前两位 14 小于除数 94，不够除，估商为 1，不够除挨位置商，并从商 1 右一档依次减去乘积“一九 09”、“一四 04”，余数为 46，如图 4－62 所示。

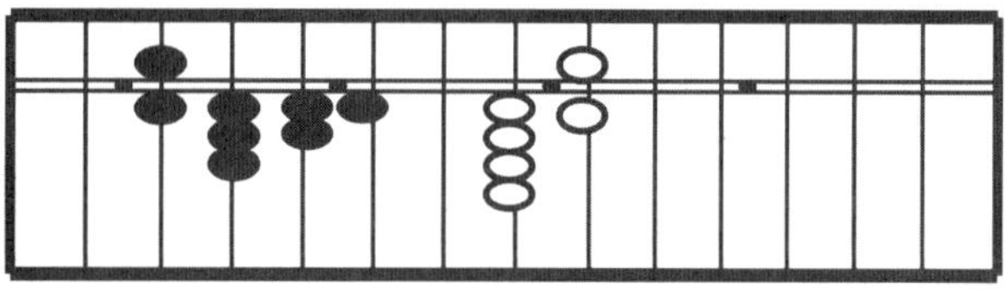

图 4－62

（6）求第五位商：余数的前两位 46 小于除数 94，不够除，估商为 4，不够除挨位置商，并从商 4 右一档依次减去乘积“四九 36”、“四四 16”，余数为 84，如图 4－63 所示。

（7）定位：算盘左边第一档空档，根据盘上公式定位法，用公式 M－N 定位，M＝＋5 位，N＝＋2 位，商的位数 M－N＝＋3 位，从盘面可以看出，现在已计算到小数点后两位，根据要求应计算到第三位，第三位四舍五入。为提高计算速度，实际运算中，一

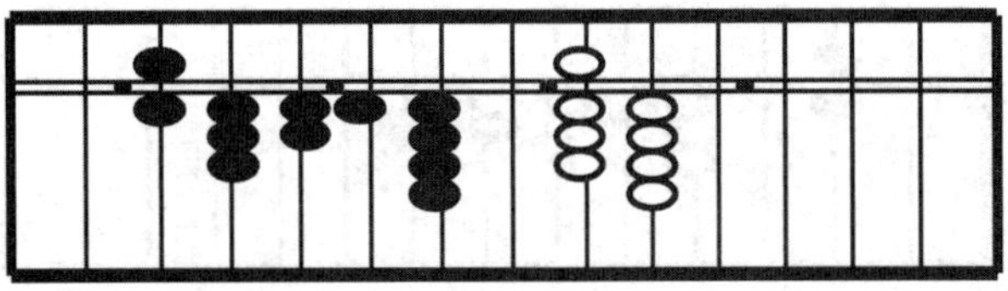

图 4－63

般不需确切得到第三位数字，只需确定第三位数字是否大于 5 即可。如果盘面余数大于或等于除数的一半，为入；若余数小于除数的一半，为舍，此题的余数 84 大于除数 94 的一半 47，因此小数点后第三位应入上，所以商数为 632.15。

一般初学者都认为，除法是珠算四则运算中最难的一种，主要就在于商除法中的估商不易准确的特点。尤其是当除数位数为两位或两位以上时，需根据除数的整体来估商，大大增加了估商的难度。为使所估的商准确，一般来讲，当除数的第二位数字为 0、1、2 时，直接用除数的第一位来估商，也就是根据被除数的首位或首次两位与除数的首位进行估商；当除数的第二位数字为 7、8、9 时，用除数的第一位数字加“1”后估商。在实际中，还是需要根据两因数灵活估商，要想提高估商的速度，必须提高心算能力。

（三）补商和退商

多位数除法，由于除数的位数较多，能做到一次准确估商是不容易的，难免发生偏差。估商偏差有两种形式：一种是估商偏大，就会出现被除数不够减积的情况，需要调减商数，也即退商；另一种是估商偏小，当减积以后，余数仍比除数大，此时就需要把商调大，也就是补商。

1. 补商

当所估的商与除数的个位乘减后，商的右边第一档起就有余数或者隔一档起的余数首位大于除数的首位时，说明估商偏小，此时需要进行补商。

补商时，在原估商的档位上加上少商的数。如果在商上补加 1，就从余数中减去一个除数，若在商上补加 2，就从余数中减去两倍的除数。

【例 4－29】 1 497 144 ÷ 1 749 = 856

（1）置数：从算盘左边第三档起拨入被除数 1 497 144，默记除数 1 749。

（2）求首位商：被除数前四位 1 497 小于除数 1 749，不够除，估商为 7，不够除挨位置商，并从商 7 右一档依次减去乘积“七一 07”、“七七 49”、“七四 28”、“七九 63”，余数为 272 844。

经乘减后，商数 7 右边隔一档余数首位为 2，比除数首位 1 要大，说明估商 7 偏小，要补商 1，然后在商 8 后开始减乘积“01 749”，余数为 97 944。

（3）求次位商：余数的前四位 9 794 大于除数 1 749，够除，估商为 5，够除隔位置商，并从商 5 右边隔一档依次减去乘积“五一 05”、“五七 35”、“五四 20”、“五九 45”，余数为 10 494。

（4）求第三位商：余数的前四位 1 049 小于除数 1 749，不够除，估商为 6，不够除挨位置商，并从商 6 右一档依次减去乘积“六一 06”、“六七 42”、“六四 24”、“六九 54”，余数为 0，恰好除尽，盘面数 856。

（5）定位：运算完毕，算盘左边第一档有空档，根据盘上公式定位法，用公式 M－N 定位，则商的位数 M－N＝+3 位，所以商为 856。

2. 退商

在多位数除法运算过程中，若某位商数估计偏大，减积过程中会出现不够减的情况，此时需要退商。

退商办法：在所估商的档位上减去多商的数。如在商上减去 1，就需在余数中加上已乘减过的各位被除数；若在商上减去 2，就在余数中加上已乘减过的各位被除数的两倍数，其余情况以此类推。

【例 4－30】 16 284 ÷ 276 ＝ 59

（1）置数：从算盘左边第三档起拨入被除数 16 284，默记除数 276。

（2）求首位商：被除数前三位 162 小于除数 276，不够除，估商为 6，不够除挨位置商，并从商 6 右一档依次减去乘积“六二 12”、“六七 42”、“六六 36”，但是发现在减完 42 以后，再减“六六 36”时不够减。

不够减，说明估商偏大，要退商 1，并从商右一档起加还多乘减过的除数 027，得 2 784。

将退商后的 5 乘以还未乘减过的最后一位除数 6，并从商右第三档起减“五六 30”，余数为 2 484。

（3）求次位商：余数的前三位 248 小于除数 276，不够除，估商为 8，不够除挨位置商，并从商 8 右一档依次减去乘积“八二 16”、“八七 56”、“八六 48”，余数为 276。

此时商的右边隔一档位数与除数相同，且剩下每位都与除数相同，说明估商偏小，需要补商。够除隔位置商，正好也落在原来估的商 8 那 档上，说明原来估商确实小了，此时补商 1，并从商后右一档开始减乘积“0 276”，余数为 0，刚好除尽，盘面数为 59。

（4）定位：运算完毕，算盘左边第一档有空档，根据盘上公式定位法，用公式 M－N 定位，则商的位数 M－N＝+2 位，所以商为 59。

从上述例子我们可以看出，在除法运算中，估商是最关键也是最困难的一项。不论何时，如果估商过小，可以随时补商，但是，如果估商过大，退商的运算却要麻烦很多，退商后既需将多减的乘积加回，也需将还未乘减的乘积再减去，较易出现错误。所以一般来说，补商容易退商难，因此在实际中如果估商不准，最好还是往小了估。

二、不隔位商除法

不隔位商除法，够除时换位置商，所以也成为换位商除法；不够除时，被除数首位数直接改为商数，所以又叫做改商除法。它和隔位商除法的运算步骤基本相同，只是置数、置商和减积的档次不同而已。

（一）运算步骤

（1）置数：从算盘左边第二档起拨入被除数，默记除数。

（2）估商：与隔位商除法相同。

（3）置商：够除换位置商，不够除本位改商数。

（4）减积：商与除数的首位乘积为两位数时，就从商的本位起减乘积的十位数，个位数在后一档减去；若首位乘积为一位数时，就在商的右一档减去乘积的个位数。

（5）定位：运算完毕，根据盘上公式定位法，当算盘左边第一档空档时，用公式 M－N 定位；若首档有数，用公式 M－N＋1 定位。

这种运算办法将被除数本位改为商数，同时又在本档位减积，容易出现错误，因此在减积过程中，本位改商的同时，减去了商与除数首位的乘积的十位数，若改商前的本位数比应减的该乘积的十位数大“1”，而被减数的第二位又小于该乘积的个位时，只需在商的右一档加上乘积个位的补数即可，即减十加补。下面以例题来讲述此法的具体应用。

（二）一位数不隔位商除法

【例 4－31】 5 306 ÷ 7 = 758

（1）置数：从算盘左边第二档起拨入被除数 5 306，默记除数 7，如图 4－64 所示。

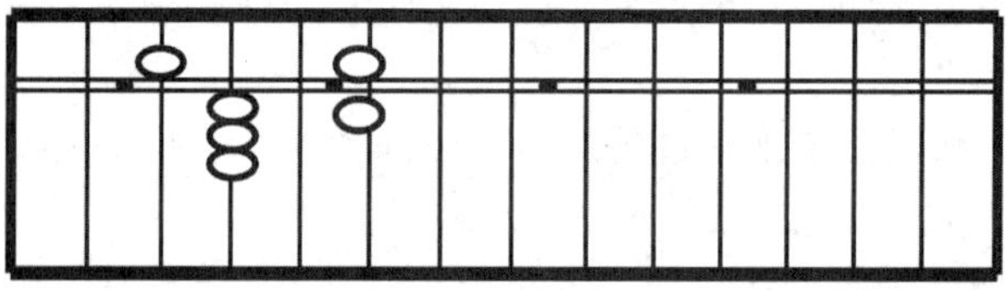

图 4－64

（2）求首商：被除数首位数字 5 小于除数 7，不够除，估商 7，把被除数本位改为 7，并从商的本位起减乘积“七七 49”。减积时，十位数“4”无需拨减，只需从后一位减个位的“9”即可。商的右一档是 3，不够减，需从商的本位退 1 后减积，而被除数原位上在减除 4 以后还有余数 1，所以只需在后位加补数 1 即可，余数为 406，如图 4－65所示。

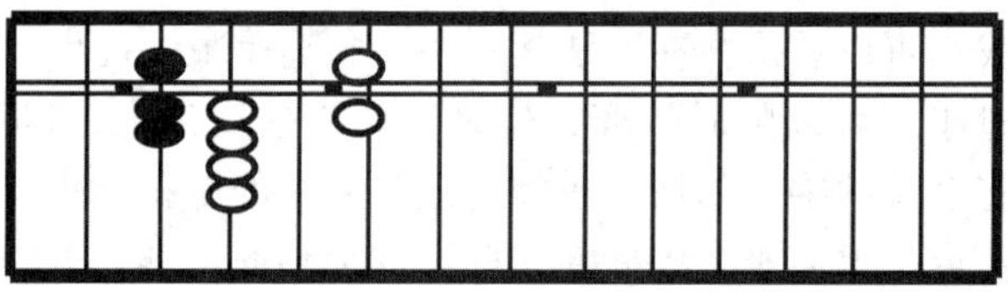

图 4－65

（3）求次位商：余数的首位数字 4 小于除数 7，不够除，估商 5，余数的首位改为 5，从商本位减去乘积“五七 35”。减积时，十位 3 无需拨减，只需减后一位个位 5 即可，余数为 56，如图 4－66 所示。

（4）求第三位商：余数的首位数字 5 小于除数 7，不够减，估商 8，余数的首位改为 8，并从商的本位起减去乘积“七八 56”。减积时，十位 5 无需拨减，只需减后一位个位数 6 即可，余数为 0，恰好除尽，盘面数为 758，如图 4－67 所示。

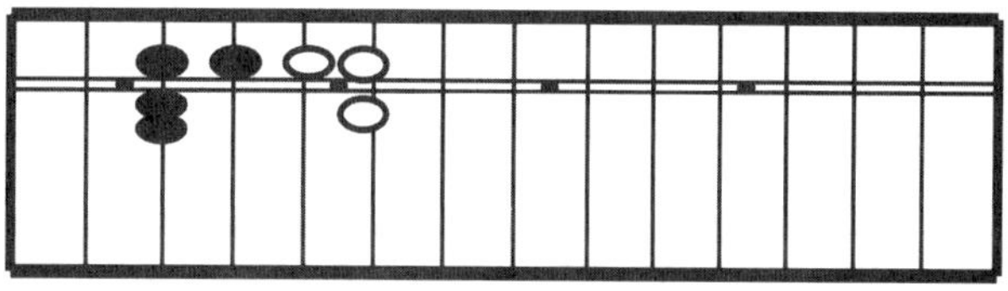

图 4－66

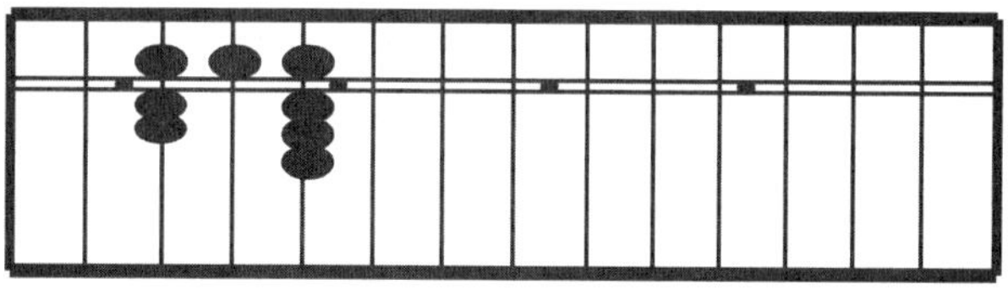

图 4－67

（5）定位：计算完毕，算盘左边第一档空档，运用盘上公式定位法，用公式 M－N 定位，商的位数＝M－N＝4－1＝+3 位，所以商为 758。

（三）多位数不隔位商除法

多位数不隔位商除法和一位数不隔位商除法运算方法基本相同，只是除数位数多了，相应增加了估商和减积的难度。

【例 4－32】 33 228 ÷ 52 = 639

（1）置数：从算盘左边第二档起拨入被除数 33 228，默记除数 52，如图 4－68 所示。

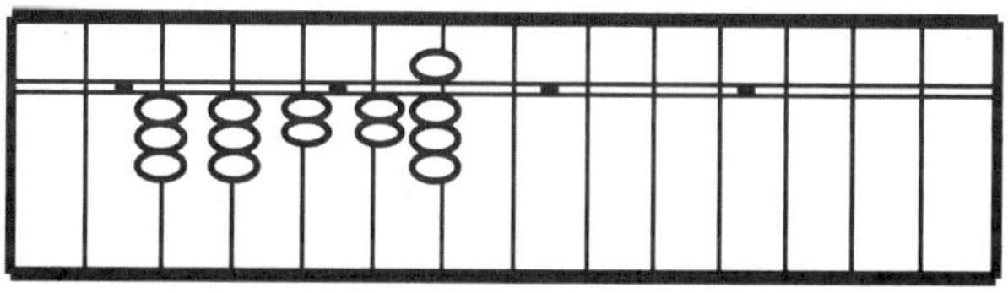

图 4－68

（2）求首商：被除数首位数字 3 小于除数的首位 5，不够除，估商 6，把被除数本位改为 6，并从商的本位起退位迭减乘积"六五 30"、"六二 12"。减积时，从被除数 33 中减除首次乘积 30 时，直接变被除数本位 3 为 6 即可，从其后一档减乘积的个位 0；再继续迭减去乘积"六二 12"，余数为 2 028，如图 4－69 所示。

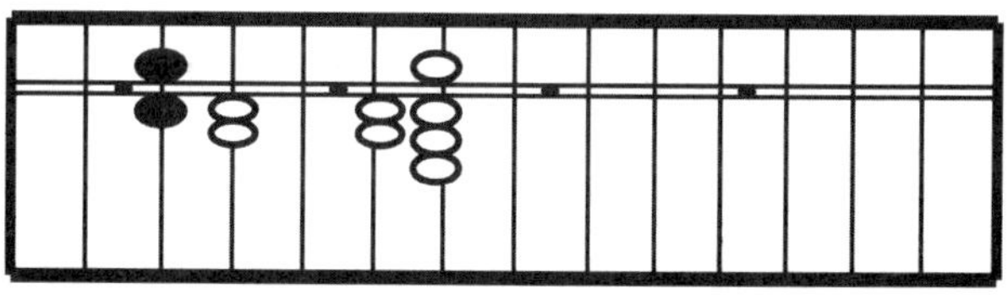

图 4－69

(3) 求次位商：余数的首位数字2小于除数的首位5，不够除，估商3，余数的首位改为3，从商本位减去乘积“三五15”。因商本位原有被除数2，所以只在后位加补数5即可；再继续迭减乘积“三二06”，余数为468，如图4－70所示。

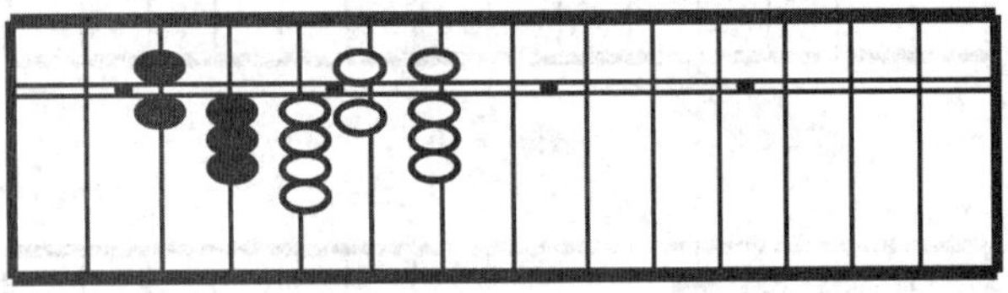

图4－70

(4) 求第三位商：余数的首位数字4小于除数的首位5，不够减，估商9，余数的首位改为9，并从商的本位起减去乘积“九五45”。减积时，只需在后位减乘积的个位5即可；然后继续迭减乘积“九二18”，余数为0，盘面数为639，如图4－71所示。

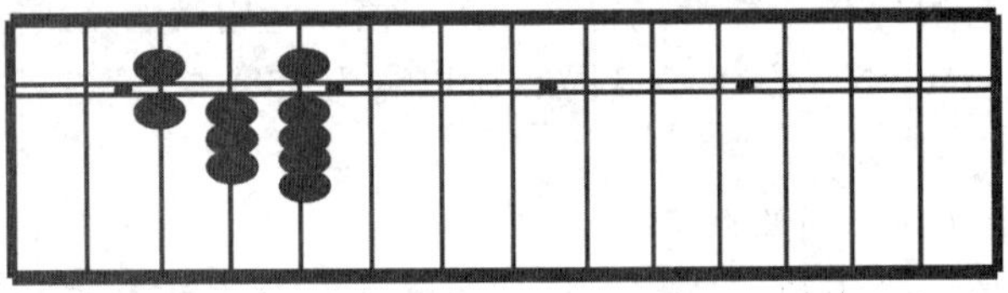

图4－71

(5) 定位：计算完毕，算盘左边第一档空档，用公式M－N定位，商的位数＝M－N＝5－2＝+3位，所以商为639。

任务六
乘除法的差错查找

珠算乘除法是在加减法的基础上进行的，对于初学者在珠算乘除法运算过程中，也可能出现像加减法运算中的类似错误。所以在运算过程中，一定要聚精会神、专心致志，尽量避免和减少差错。如果发现了差错，除了复查法外，乘除法的差错还可以用以下几种方法查找。

一、还原查法

由于乘法与除法互为逆运算的性质，计算完成后，可以用除法还原乘法，也可以用乘法还原除法。

【例4－33】47×28＝1 316

1 316÷28＝47

【例4－34】2 418÷62＝39

39×62＝2 418

【例 4-35】3 571 ÷ 42 = 85……1

85 × 42 + 1 = 3 571

如果计算结果能够还原回去，表明原题计算正确。

二、变换算法检查法

在计算完成之后，可以通过改变算法，重新计算一遍，用以验算检查。

【例 4-36】用空盘前乘法计算 46 × 28 = 1 288，再用破头乘法计算 46 × 28 = 1 288，两次计算结果一致，表明原题计算正确。

【例 4-37】用隔位商除法计算 3 243 ÷ 69 = 47，再用改商除法计算 3 243 ÷ 69 = 47，两次计算结果一致，表明原题计算正确。

三、首尾数查法

当一道乘算计算完之后，用被乘数首位数相乘，其积的首位数如果与积数的首位数接近，原计算结果可能正确；用被乘数尾数与乘数尾数相乘，其积的尾数如果与积数的尾数相等，原计算结果可能正确。

【例 4-38】89 × 24 = 2 136

8 × 2 = 16，1 与 2 接近；

9 × 4 = 36，6 与 6 相等。

上述结果表明原题得数可能正确。

当一道除算计算完之后，用商数首位数与除数首位数相乘，其积的首位数如果与被除数的首位数接近，原计算结果可能正确；用商数尾数与除数尾数相乘，其积的尾数如果与被除数的尾数相等，原计算结果可能正确。

【例 4-39】3 528 ÷ 36 = 98

9 × 3 = 27，2 与 3 接近；

8 × 6 = 48，8 与 8 相等。

上述结果表明原题得数可能正确。

需要说明的是，每一种差错查找方法都可能无法保证计算结果的绝对正确，并且每种差错查找方法也不是孤立的，有时可能需要结合使用多种差错查找方法。

本章小结

珠算乘法有多种类型，包括前乘法、后乘法、空盘乘和置数乘等。其中空盘前乘法是目前使用最为广泛的一种计算方法。在珠算乘法运算中，我们要采用大九九口诀指导拨珠，计算完毕后，根据被乘数和乘数的位数来确定乘积的位数。为提高运算速度，在运算过程中要做到指不离档，退位迭加。

珠算除法是乘法的逆运算，按照不同类型珠算除法可分为商除法和归除法、隔位除法和不隔位除法，其中商除法是目前使用最广泛的一种计算方法。在多位数除法中，因除数的位数较多，容易出现估商偏大或偏小的情况，这时就需要采用补商和退商进行调整，计算完毕后，根据定位方法确定商数的数位。在珠算除法运算过程中，估商的准确性是一个难点，也是影响计算速度的关键因素，因此要多加练习，根据算题的具体情况灵活使用估商的方法，有助于提高计算的速度和准确性。

为了适应将来工作的需要，还应掌握珠算乘除法的差错查找方法。

操作训练

一、指出下列各数的位数

(1) 875 ( ) (2) 70.2 ( )
(3) 12 305 ( ) (3) 4.29 ( )
(5) 0.75 ( ) (6) 53 100 ( )
(7) 0.00075 ( ) (8) 0.095 ( )
(9) 100.01 ( ) (10) 0.2071 ( )

二、下列各题相乘的结果，盘面上出现的都是 3 276，试用乘法定位公式进行定位

(1) 728 ×45 = (2) 7.28 ×450 =
(3) 72.8 ×0.45 = (4) 0.728 ×45 =
(5) 0.00728 ×0.45 = (6) 72.8 ×0.045 =
(7) 7 280 ×0.045 = (8) 7.28 ×45 000 =
(9) 728 ×0.00045 = (10) 72.8 ×4.5 =

三、乘法练习

(1) 2 809 ×6 = (2) 4 162 ×0.8 =
(3) 326.7 ×200 = (4) 4.39 ×0.007 =
(5) 139 ×73 = (6) 2 537 ×0.43 =
(7) 3.267 ×0.049 = (8) 1.068 ×48 =
(9) 527 ×698 = (10) 743 ×8.46 =
(11) 0.874 ×795 = (12) 76.04 ×29 =
(13) 1 090 ×302 = (14) 36.18 ×54 =
(15) 2 380 ×0.68 (16) 2 703 ×8.76 =

四、除法练习（精确到 0.01）

(1) 625 ÷5 = (2) 369 ÷3 =
(3) 8 424 ÷2 = (4) 4 418 ÷3 =
(5) 2 912 ÷28 = (6) 67 744 ÷73 =
(7) 9 705 ÷15 = (8) 37 944 ÷93 =
(9) 14 640 ÷305 = (10) 5 803 ÷627 =

（11） 32 298 ÷769 =
（12） 80 454 ÷759 =
（13） 4.63217 ÷0.725 =
（14） 24.544 ÷416 =
（15） 27 363 ÷42 =
（16） 113.5281 ÷41.9 =

五、综合达标练习

珠算模拟试题（一）（正面）

（限时 10 分钟，以下四舍五入）

（一）	（二）	（三）	（四）	（五）	（六）
45 072	892	5 048	594	390 587	163 204
615	7 013	716 283	607 519	258	-87 908
8 631	20 758	894	2 738	86 179	623
504	9 718	32 467	48 061	267	-2 041
531 893	697	301	912	-4 309	298
4 318	46 258	9 026	5 302	8 512	6 153
972	3 764	832	276	467	718
9 240	803	1 587	643	-5 831	-8 209
789	294 301	625 970	264 895	61 852	57 302
95 381	415	9 736	510	-304	-645
906	1 569	539	4 839	6 497	9 278
7 842	284	91 401	785	342 109	619 534
610	730 531	708	6 047	341	643
652 027	268	5 214	21 308	-9 067	-7 109
4 328	6 054	645	6 139	205	985

（7） 4 087 ×63 =
（8） 29 ×6 517 =
（9） 3 427 ×67 =
（10） 1 647 ×38 =
（11） 64 ×9 308 =
（12） 814 ×402 =
（13） 42 177 ÷51 =
（14） 20 746 ÷506 =
（15） 15 042 ÷46 =
（16） 15 392 ÷74 =
（17） 119 012 ÷194 =
（18） 53 244 ÷493 =

珠算模拟试题（一）（反面）

（限时10分钟，以下四舍五入）

（十九）	（二十二）	（二十五）	（二十八）
692	512 608	63 958	69 807
7 523	-980	-973	-824
615	6 713	1 439	5 197
3 805	7 421	627 503	803 657
709 435	312	-8 029	513
6 485	-6 912	716	-2 436
867	508	6 481	918
61 075	20 759	-947	402 735
349 748	206	108	608
467	-438 275	-465 802	-2 193
2 409	964	825	647
321	-4 835	-3 261	8 524
83 690	70 189	72 650	-31 905
514	-654	3 150	416
7 218	3 608	697	-9 207

（20）5. 24 ×3. 68 =　　　　（26）84 ×3 019 =

（21）632. 85 ÷274 =　　　　（27）53 802 ÷854 =

（23）16. 05 ×43. 2 =　　　　（29）273 ×1 864 =

（24）97. 34 ÷20. 9 =　　　　（30）71. 424 ÷186 =

珠算模拟试题（二）（正面）

（限时10分钟，以下四舍五入）

（一）	（二）	（三）	（四）	（五）	（六）
3 862	406	1 486	29 014	420	916 683
928	5 467	382	695	28 761	-4 175
7 038	49 807	305 901	425 302	-6 950	907
540	8 123	756	976	853	-9 251
809 164	419	2 804	7 201	5 620	860
4 697	62 867	921	3 108	795	2 483
967	2 718	48 950	284	9 835	529 673
1 824	903	7 341	56 389	573 216	304
708	459 108	839	4 785	-309	-42 819
56 173	437	6 514	417	406 257	3 246
3 592	9 625	57 608	480 869	683	-615
325	453	7 356	5 713	-4 794	73 867
963 218	618 203	269	602	416	781
71 250	573	279 047	6 398	7 840	-3 948
945	7 958	213	153	-83 109	506

（7）6 914 × 16 =　　（8）64 × 8 253 =　　（9）2 740 × 93 =

（10）1 058 × 64 =　　（11）28 × 4 716 =　　（12）456 × 702 =

（13）12 528 ÷ 72 =　　（14）13 376 ÷ 704 =　　（15）48 776 ÷ 91 =

（16）14 575 ÷ 25 =　　（17）59 670 ÷ 195 =　　（18）66 150 ÷ 315 =

珠算模拟试题（二）（反面）

（限时10分钟，以下四舍五入）

（十九）	（二十二）	（二十五）	（二十八）
9 012	3 259	392	89 710
578	902	153 619	956
490 416	-9 310	873	-8 127
8 035	241 685	7 142	-57 452
48 697	6 437	201 597	168
819	734	3 089	3 094
712 312	7 298	81 671	236
652	826	426	318 920
8 025	61 043	9 548	-1 275
7 346	108	395	432
312	-4 679	2 246	-8 754
4 607	512	650	306
638	658 014	4 084	9 674
93 705	895	706	290 867
459	-73 251	87 350	765

（20）45.6×7.21＝

（21）85.8214÷8.71＝

（23）417.5×203＝

（24）28.9411÷4.79＝

（26）59×2 508＝

（27）238 656÷452＝

（29）673×5 912＝

（30）182 372÷718＝

珠算模拟试题（三）（正面）

（限时 10 分钟，以下四舍五入）

（一）	（二）	（三）	（四）	（五）	（六）
8 571	2 367	7 926	7 135	6 718	972 601
384	18 739	369	803	4 692	-9 274
6 215	4 310	347 021	1 258	71 240	954
492	857	482	715 960	830	-4 160
103 740	716 723	2 806	745	-6 302	803
7 852	792	750	4 609	639 184	9 485
26 510	1 074	75 809	473	-8 759	527 016
729	381	1 543	3 852	301	349
809 467	529 731	357	981	-5 130	-12 875
740	2 406	8 341	5 046	854	3 286
14 609	543	57 438	719	-7 915	- 601
3 768	8 926	6 204	31 463	837	46 817
923	52 469	9 638	893	927 046	768
8 904	831	309 621	6 980	-6 539	3 162
536	608	504	620 457	287	579

（7）6 029 × 16 =　　（8）83 × 5 702 =　　（9）8 509 × 57 =

（10）8 147 × 81 =　　（11）18 × 3 725 =　　（12）678 × 295 =

（13）26 048 ÷ 32 =　　（14）35 638 ÷ 206 =　　（15）6 104 ÷ 14 =

（16）19 389 ÷ 69 =　　（17）49 106 ÷ 571 =　　（18）143 325 ÷ 975 =

珠算模拟试题（三）（反面）

（限时10分钟，以下四舍五入）

（十九）	（二十二）	（二十五）	（二十八）
618	138 417	62 458	49 704
9 527	-4 703	- 751	- 801
601	367 856	2 386	5 426
3 852	276	803 495	105
387 295	-47 938	617	269 368
6 407	450	-9 415	502
873	-5 089	836	-7 412
69 014	926	402 703	-98 804
701 264	-6 012	501	6 927
912	982	-5 349	156
3 798	1 460	604	482 053
394	204	528	-9 742
42 615	92 475	-38 927	131
530	6 329	816	-8 254
7 493	- 358	-9 203	617

（20）1 418 ×0.458 =

（21）201.56 ÷28.6 =

（23）203.5 ×7.46 =

（24）13.9367 ÷26.4 =

（26）37 ×5 312 =

（27）48 522 ÷289 =

（29）374 ×1 827 =

（30）781 878 ÷863 =

珠算模拟试题（四）（正面）

（限时10分钟，以下四舍五入）

（一）	（二）	（三）	（四）	（五）	（六）
1 369	798	25 968	65 104	342 109	351 849
703	7 031	253	892	587	-701
293 819	26 854	5 637	7 563	-90 231	4 102
4 068	4 368	438 051	163	204	485
56 897	254	509	231 954	-8 412	-31 269
243	40 657	7 164	819	4 567	907
164 701	3 769	297	3 547	309	-7 068
654	519	450 214	80 467	-5 067	301
2 068	730 785	279	3 602	86 179	-9 521
1 832	403	7 908	275	-467	274
547	1 864	871	208 639	6 897	586 427
2 609	218	3 071	4 701	361 205	9 865
547	293 501	65 814	179	341	34 952
59 602	213	694	2 408	-9 358	-8 703
834	6 092	2 305	967	852	365

（7）1 723×68＝　　（8）86×1 829＝　　（9）7 051×34＝

（10）9 021×65＝　　（11）73×4 057＝　　（12）578×384＝

（13）2 668÷58＝　　（14）9 234÷162＝　　（15）57 084÷71＝

（16）1 634÷19＝　　（17）7 380÷205＝　　（18）36 448÷536＝

珠算模拟试题（四）（反面）

（限时 10 分钟，以下四舍五入）

（十九）	（二十二）	（二十五）	（二十八）
5 209	897	65 124	62 875
389	7 328	-853	-736
870 614	38 254	9 407	8 124
1 468	6 924	803 516	406
28 902	60 213	697	486 023
257	301	-2 918	452
529 124	597 238	437	-7 918
478	405	402 193	-49 301
6 095	6 351	905	5 397
7 103	497	-2 735	501
615	879 265	608	293 758
8 463	5 176	3 619	-9 752
537	815	-39 807	103
7 639	6 274	216	-8 912
403		-1 524	765

（20）546 × 0. 637 =

（21）634. 39 ÷ 70. 4 =

（23）81. 02 × 76. 1 =

（24）263. 54 ÷ 146 =

（26）93 × 1 058 =

（27）21 312 ÷ 296 =

（29）412 × 2 062 =

（30）163 186 ÷ 278 =

珠算模拟试题（五）（正面）

（限时 10 分钟，以下四舍五入）

（一）	（二）	（三）	（四）	（五）	（六）
6 435	968	587	5 426	461 204	467
586	6 417	70 264	582	653	1 027
70 965	129 657	8 296	6 837	－82 037	－945
401	724	763 412	304	541	58 013
9 108	5 019	807	961 435	－7 123	－406
871	494	3 802	2 369	6 908	5 638
702 569	821	586	701	109	761 392
243	6 240	580 192	57 019	－8 745	5 143
4 120	63 958	536	961	59 302	－907
87 394	4 839	8 019	8 240	－678	6 082
378	370 182	364	790 426	7 243	491
2 013	709	5 938	4 195	619 534	－82 370
396 257	3 562	19 402	258	204	258
724	751	104	90 873	－7 958	－369 547
5 619	80 397	6 547	149	321	7 103

（7）4 053 ×75 =　　（8）24 ×6 084 =　　（9）6 290 ×31 =

（10）4 261 ×37 =　　（11）64 ×1 782 =　　（12）608 ×973 =

（13）3 066 ÷21 =　　（14）15 753 ÷267 =　　（15）18 537 ÷37 =

（16）11 919 ÷87 =　　（17）7 902 ÷439 =　　（18）24 886 ÷541 =

珠算模拟试题（五）（反面）

（限时 10 分钟，以下四舍五入）

（十九）	（二十二）	（二十五）	（二十八）
70 194	9 702	62 947	8 067
832	-618	-850	382
6 582	68 504	1 625	64 894
870	-8 413	627 862	35 179
432 901	209	-3 786	4 208
6 057	-29 107	401	750
186	634	6 018	906 861
5 374	19 586	-973	231
489	748	107	3 597
10 756	-6 012	-475 603	402
512	958	150	346
3 249	362 547	-2 439	7 952
967	3 961	63 201	329 175
910 328	457	1 807	418
3 645	-5 013	516	8 620

（20）$768 \times 0.482 =$

（21）$392.45 \div 416 =$

（23）$314.8 \times 4.32 =$

（24）$7.4089 \div 4.58 =$

（26）$93 \times 4\ 601 =$

（27）$10\ 441 \div 197 =$

（29）$327 \times 1\ 976 =$

（30）$41\ 623 \div 107 =$

珠算模拟试题（六）（正面）

（限时10分钟，以下四舍五入）

（一）	（二）	（三）	（四）	（五）	（六）
6 720	4 039	219 845	52 019	216	730 125
382	57 381	3 406	436	73 839	-964
8 154	2 752	701	9 253	-2 820	6 012
482	824	2 489	467 108	105	987
806 715	519 097	72 065	975	5 691	-53 618
3 219	406	3 654	2 019	753	407
27 563	6 598	765	417	-9 761	-9 543
871	310	8 139	608 393	428 120	296
109 720	721 043	910	895	-409	-7 423
852	8 367	2 387	7 426	506 783	108
18 964	408	873	516	217	573 124
8 927	2 926	19 206	4 302	-3 456	8 069
609	12 574	589	79 036	694	65 023
4 923	936	401 327	481	7 309	-9 574
509	621	465	5 827	-84 342	187

（7）8 047 × 42 =　　（8）56 × 2 187 =　　（9）4 208 × 95 =

（10）1 726 × 67 =　　（11）73 × 4 806 =　　（12）536 × 157 =

（13）10 112 ÷ 32 =　　（14）33 603 ÷ 487 =　　（15）34 290 ÷ 45 =

（16）11 448 ÷ 36 =　　（17）9 175 ÷ 367 =　　（18）24 983 ÷ 301 =

珠算模拟试题（六）（反面）

（限时10分钟，以下四舍五入）

（十九）	（二十二）	（二十五）	（二十八）
759	347 807	47 534	15 628
402 581	-4 253	698	709
5 328	192 859	6 279	-3 957
473	715	827	746
96 245	-36 058	3 180	-401 687
876	981	451	523
237 560	-8 926	409 047	-8 245
4 718	430	9 865	-69 103
689	-1 482	470	7 023
9 150	267	2 630	519
907	6 029	516	643 125
3 419	906	159 051	8 097
680	95 374	36 092	-926
64 032	-5 130	531	-8 014
2 150	-435	1 329	473

（20）73.9×1.57＝

（21）985.12÷678＝

（23）1 608×0.239＝

（24）705.61÷97.1＝

（26）57×6 803＝

（27）20 988÷396＝

（29）872×1 507＝

（30）58 876÷164＝

珠算模拟试题（七）（正面）

（限时10分钟，以下四舍五入）

（一）	（二）	（三）	（四）	（五）	（六）
8 394	8 419	413 845	5 416	387 312	128 789
158	384	9 406	205	783	940
6 482	70 283	701	4 837	-8 059	-9 458
740	952	2 489	721 649	432	163
806 720	5 713	72 065	649	5 168	5 351
3 215	874	3 654	21 768	-310	-132
27 852	368 521	165	870	2 951	2 978
519	3 046	2 387	6 405	17 312	40 217
108 763	239	910	982	-3 560	-3 560
904	6 049	8 765	3 051	694	694
19 571	960	265	742	240 978	285 796
3 609	1 475	19 406	35 120	-17 342	-17 312
423	836	873	492	807	842
4 536	704 185	201 327	1 869	-5 796	-7 364
609	65 032	589	610 983	674	670

（7）3 217×73＝　　（8）86×7 602＝　　（9）2 309×18＝

（10）6 208×42＝　　（11）34×5 187＝　　（12）318×649＝

（13）2 691÷13＝　　（14）15 732÷342＝　　（15）3 906÷31＝

（16）14 579÷61＝　　（17）45 216÷471＝　　（18）369 240÷408＝

珠算模拟试题（七）（反面）

（限时10分钟，以下四舍五入）

（十九）	（二十二）	（二十五）	（二十八）
8 012	9 507	46 531	58 463
859	602	539	958
410 325	58 346	6 092	-9 120
7 346	7 419	630	-31 416
43 879	523	3 416	876
652	80 375	860	8 604
792 436	402	409 185	392
697	418 037	516	513 745
9 607	596	470	236
8 015	9 623	9 051	-7 470
812	547	451	924
4 059	257 198	152 279	8 067
608	2 436	31 827	258
93 412	319	324	390 152
735	8 450	7 698	-701

（20）673 ×0.495 =

（21）138.06 ÷48.2 =

（23）214.8 ×4.89 =

（24）6.9156 ÷8.43 =

（26）74 ×8 205 =

（27）16 008 ÷276 =

（29）487 ×8 916 =

（30）213.368 ÷298 =

珠算模拟试题（八）（正面）

（限时10分钟，以下四舍五入）

（一）	（二）	（三）	（四）	（五）	（六）
7 514	3 256	4 250	4 273	309	916 073
495	419	940	685	72 309	-4 804
6 821	46 250	1 097	7 036	-3 120	975
605	732	145	159	805	-9 158
345 287	3 912	263 524	207 159	5 783	207
3 809	128	3 609	6 295	761	2 354
482	764 529	837	958	-8 420	529 683
62 091	9 008	1 968	4 281	129 791	460
709 467	549	724	95 061	-217	-42 806
218	1 760	73 592	4 309	406 183	7 219
1 074	475	6 137	146	709	-615
392	8 923	21	20 347	-3 845	37 846
83 615	136	907 365	621	694	781
535	305 136	53 510	873 910	7 456	-3 501
7 423	64 708	862	538	84 216	967

（7）7 208 ×34 = （8）25 ×6 473 = （9）6 079 ×31 =

（10）4 361 ×75 = （11）36 ×5 473 = （12）416 ×175 =

（13）5 166 ÷41 = （14）22 536 ÷327 = （15）37 882 ÷47 =

（16）13 973 ÷89 = （17）12 292 ÷439 = （18）79 398 ÷401 =

珠算模拟试题（八）（反面）

（限时10分钟，以下四舍五入）

（十九）	（二十二）	（二十五）	（二十八）
2 436	192 859	41 692	48 125
652	-4 253	579	729
419 607	347 807	9 865	-3 609
8 512	715	234	728
43 658	-68 426	3 047	601 245
325	458	170	603
790 879	-6 031	406 827	-9 187
608	982	8 451	-68 523
8 735	-1 006	580	7 023
7 012	920	2 651	519
459	6 489	429	215 026
4 608	274	159 031	3 026
712	37 910	37 098	-914
93 697	5 137	316	-8 097
435	-365	6 530	473

（20）723×0.469＝

（21）875.94÷628＝

（23）314.8×5.17＝

（24）7.8496÷4.65＝

（26）72×4 906＝

（27）10 578÷123＝

（29）289×1 567＝

（30）20 223÷189＝

珠算模拟试题（九）（正面）

（限时10分钟，以下四舍五入）

（一）	（二）	（三）	（四）	（五）	（六）
4 874	60 324	35 978	37 804	361 879	67 298
513	586	294	192	204	-683
96 120	8 270	7 031	5 173	-92 109	3 954
471	917	420 817	968	258	306
9 243	5 147	563	208 754	-4 367	-48 219
386	612	8 179	602	8 409	734
702 168	719 462	271	1 809	467	-7 018
539	934	468 059	80 931	-5 812	702
6 257	4 893	201	2 467	40 587	-6 318
87 465	56 178	5 604	547	-397	529
398	391	837	263 419	6 031	693 014
2 619	5 086	2 394	3 169	386 152	4 207
370 924	2 409	53 605	567	301	41 275
701	513	968	4 503	-9 567	-8 135
5 683	708 935	7 214	248	245	659

（7）5 416 × 27 =　　（8）64 × 2 098 =　　（9）6 487 × 52 =

（10）1 892 × 51 =　　（11）54 × 1 907 =　　（12）134 × 569 =

（13）23 688 ÷ 42 =　　（14）26 854 ÷ 463 =　　（15）12 366 ÷ 27 =

（16）10 449 ÷ 81 =　　（17）37 914 ÷ 426 =　　（18）141 148 ÷ 381 =

珠算模拟试题（九）（反面）

（限时10分钟，以下四舍五入）

（十九）	（二十二）	（二十五）	（二十八）
10 912	798	31 647	857
149	134 729	-816	37 068
6 028	1 650	5 103	-8 475
957	87 356	802 635	213 906
410 875	901	524	809
6 284	6 054	-2 137	5 426
172	127	917	-423
5 340	532	403 798	592 703
459	408 697	658	113
32 786	240	-2 493	-5 706
594	4 783	945	947
3 567	306	8 924	8 312
582	9 485	-69 507	-46 857
970 386	17 524	805	301
3 657	8 269	-9 216	-5 249

（20）$140.6\times35.7=$

（21）$162.75\div43.8=$

（23）$39.64\times28.5=$

（24）$9.0307\div8.62=$

（26）$65\times7\ 069=$

（27）$100\ 584\div381=$

（29）$562\times1\ 308=$

（30）$128\ 436\div924=$

珠算模拟试题（十）（正面）

（限时10分钟，以下四舍五入）

（一）	（二）	（三）	（四）	（五）	（六）
45 072	892	5 048	594	390 587	163 204
615	7 013	716 283	607 519	258	-87 908
8 631	20 758	894	2 738	86 179	623
504	9 718	32 467	48 061	267	-2 041
531 893	697	301	912	-4 309	298
4 318	46 258	9 026	5 302	8 512	6 153
972	3 764	832	276	467	718
9 240	803	1 587	643	-5 831	-8 209
789	294 301	625 970	264 895	61 852	57 302
95 381	415	9 736	510	-304	-645
906	1 569	539	4 839	6 497	9 278
7 842	284	91 401	785	342 109	619 534
610	730 531	708	6 047	341	643
652 027	268	5 214	21 308	-9 067	-7 109
4 328	6 054	645	6 139	205	985

（7）4 087 × 63 =　　（8）29 × 6 517 =　　（9）3 427 × 67 =

（10）1 647 × 38 =　　（11）64 × 9 308 =　　（12）814 × 402 =

（13）42 177 ÷ 51 =　　（14）20 746 ÷ 506 =　　（15）15 042 ÷ 46 =

（16）15 392 ÷ 74 =　　（17）119 012 ÷ 194 =　　（18）53 244 ÷ 493 =

珠算模拟试题（十）（反面）

（限时10分钟，以下四舍五入）

（十九）	（二十二）	（二十五）	（二十八）
692	512 608	63 958	69 807
7 523	-980	-973	-824
615	6 713	1 439	5 197
3 805	7 421	627 503	803 657
709 435	312	-8 029	513
6 485	-6 912	716	-2 436
867	508	6 481	918
61 075	20 759	-947	402 735
349 748	206	108	608
467	-438 275	-465 802	-2 193
2 409	964	825	647
321	-4 835	-3 261	8 524
83 690	70 189	72 650	-31 905
514	-654	3 150	416
7 218	3 608	697	-9 207

（20）5.24×3.68＝　　　　（26）84×3 019＝

（21）632.85÷274＝　　　　（27）53 802÷854＝

（23）16.05×43.2＝　　　　（29）273×1 864＝

（24）97.34÷20.9＝　　　　（30）71.424÷186＝

珠算模拟试题（十一）（正面）

（限时10分钟，以下四舍五入）

（一）	（二）	（三）	（四）	（五）	（六）
4 387	1 047	1 984	5 086	7 809	749
651	816	567	-712	-524	6 351
207	542	490	835	783	308
1 864	6 192	6 389	6 583	3 092	462
539	731	208	-469	-231	7 686
6 102	8 701	8 501	8 307	9 078	615
369	352	895	-691	-607	174
421	635	126	254	154	3 947
514	429	641	4 169	902	206
1 083	9 073	307	504	147	549
237	759	1 432	-837	-5 416	9 530
904	628	725	402	359	872
2 980	4 805	5 307	735	-683	516
607	198	391	1 927	368	738
859	607	406	-209	2 165	5 402

（7）0.356×0.702 =　　（8）694×25 =　　（9）3 254×79 =

（10）0.18×0.7314 =　　（11）508×79 =　　（12）602×435 =

（13）0.2824÷0.53 =　　（14）7 632÷106 =　　（15）0.48647÷0.47 =

（16）16 828÷63 =　　（17）57 567÷93 =　　（18）1 026÷38 =

珠算模拟试题（十一）（反面）

（限时10分钟，以下四舍五入）

（十九）	（二十二）	（二十五）	（二十八）
3 025	8 309	2 041	672
659	245	184	2 150
760	594	-208	-761
512	7 413	479	418
5 362	972	7 036	1 389
615	430	-742	-964
237	251	950	809
214	6 249	1 481	9 616
7 481	785	-729	-208
328	5 427	7 017	3 147
4 146	907	-465	-502
901	536	706	413
9 573	4 270	3 150	-970
849	131	-584	754
234	408	613	5 039

（20）49 × 513 =

（21）6 923 ÷ 23 =

（23）24 × 617 =

（24）4 165 ÷ 49 =

（26）128 × 62 =

（27）7 533 ÷ 81 =

（29）86 × 307 =

（30）16 191 ÷ 257 =

珠算模拟试题（十二）（正面）

（限时 10 分钟，以下四舍五入）

（一）	（二）	（三）	（四）	（五）	（六）
3 059	30209	679	3 078	2 416	531
625	947	506	-607	359	407
760	590	6 102	154	-683	4 982
512	6 047	947	9 092	368	908
1 783	159	108	238	5 165	136
481	308	5 286	-297	-873	4 270
4 038	462	369	403	204	319
651	1 780	421	1 582	-793	286
207	632	1 564	-273	-2 179	6 389
514	804	839	908	-902	208
7 082	3 472	408	3 547	549	8 501
543	257	8 291	603	1 352	859
367	5 703	745	-149	709	126
2 043	319	581	2 541	2 814	6 052
719	721	7 932	-836	-297	497

（7）408 × 76 =　　（8）82 × 507 =　　（9）0.618 × 4.02 =

（10）36 × 175 =　　（11）963 × 17 =　　（12）0.5084 × 0.91 =

（13）116.83 ÷ 19 =　　（14）6 956 ÷ 94 =　　（15）1 769 ÷ 61 =

（16）1 394 ÷ 82 =　　（17）4 930 ÷ 58 =　　（18）8.2748 ÷ 0.86 =

珠算模拟试题（十二）（反面）

（限时10分钟，以下四舍五入）

（十九）	（二十二）	（二十五）	（二十八）
217	8 047	7 042	9 017
2 047	816	-196	-496
987	542	245	359
605	429	2 638	-638
513	1 053	-169	2 514
5 034	384	5 084	-5 147
187	5 981	347	325
9 104	257	-208	536
378	409	7 083	1 702
62	4 672	9 307	-394
5 739	895	-698	725
640	607	257	906
516	2 987	6 483	9 138
402	789	-706	-704
6 549	603	562	586

（20）28×174 =

（21）23 686÷702 =

（23）184×26 =

（24）43 180÷508 =

（26）203×956 =

（27）38 430÷63 =

（29）65×3.079 =

（30）23 374÷806 =

珠算模拟试题（十三）（正面）

（限时10分钟，以下四舍五入）

（一）	（二）	（三）	（四）	（五）	（六）
3 245	641	4 234	8 607	8 072	3 926
492	5 686	901	-524	-285	302
274	615	5 307	783	497	124
618	170	391	-902	-569	1 893
8 503	6 351	406	147	1 706	546
762	872	1 432	7 809	-706	681
308	3 084	725	792	465	3 019
9 135	297	9 573	-458	3 150	956
429	128	849	596	-684	864
504	309	146	-1 604	7 513	735
9 352	7 237	1 984	6 217	-496	4 368
701	615	567	865	304	456
635	328	407	-524	3 258	705
4 721	264	641	1 496	-873	541
193	7 312	392	538	908	3 785

（7）58 ×427 =　　（8）45 ×686 =　　（9）409 ×25 =

（10）0.271 ×6.09 =　　（11）84 ×731 =　　（12）51 ×8.026 =

（13）5 278 ÷58 =　　（14）2 961 ÷17 =　　（15）622.07 ÷82 =

（16）3 552 ÷74 =　　（17）2 736 ÷36 =　　（18）4.3928 ÷2.7 =

珠算模拟试题（十三）（反面）

（限时10分钟，以下四舍五入）

（十九）	（二十二）	（二十五）	（二十八）
618	430	4 576	1 936
9 527	251	981	413
601	5 249	-419	-970
3 852	749	624	574
295	628	703	7 039
6 407	6 805	8 245	2 503
873	785	-309	-874
3 014	803	416	206
264	197	7 594	518
912	6 427	-972	-3 461
798	608	8 597	307
394	6 194	623	-168
615	206	-819	736
530	2 649	506	4 653
7 493	275	-1 298	-508

（20）203×716＝

（21）48 762÷602＝

（23）536×74＝

（24）17 605÷503＝

（26）0.6207×0.89＝

（27）1 449÷63＝

（29）61×508＝

（30）8.0944÷208＝

珠算模拟试题（十四）（正面）

（限时10分钟，以下四舍五入）

（一）	（二）	（三）	（四）	（五）	（六）
275	608	7 413	6 805	586	8 053
5 194	197	309	-196	947	895
803	4 805	245	245	3 461	429
3 649	628	8 594	2 179	-704	542
605	3 749	972	-164	725	1 047
513	908	4 308	7 083	9 138	501
6 034	136	607	217	-307	816
987	6 270	251	-583	268	386
206	507	514	1 496	4 653	6 129
782	431	1 783	405	-208	237
2 158	785	872	-873	549	5 208
249	259	7 615	204	2 814	615
217	5 241	670	793	-759	362
954	480	186	5 638	1 297	214
5 687	6 427	6 351	-967	-352	7 328

（7）$396\times65=$　　（8）$16\times648=$　　（9）$0.5281\times0.48=$

（10）$74\times576=$　　（11）$413\times59=$　　（12）$27.4\times3.08=$

（13）$7\ 802\div83=$　　（14）$21\ 571\div407=$　　（15）$7\ 938\div63=$

（16）$2\ 128\div28=$　　（17）$17.62\div2.7=$　　（18）$11.59\div4.08=$

珠算模拟试题（十四）（反面）

（限时10分钟，以下四舍五入）

（十九）	（二十二）	（二十五）	（二十八）
5 209	3 059	1 607	3 706
389	481	792	-297
7 614	9 573	-458	485
468	849	596	-569
902	146	8 607	1 072
257	901	-291	-196
9 124	4 234	403	304
478	625	3 582	8 258
6 095	7 590	-273	-372
173	947	908	908
615	462	5 496	2 541
8 463	3 209	-147	649
537	512	514	-103
639	308	-638	836
423		2 301	1 547

（20）603 × 58 =

（21）1 088 ÷ 17 =

（23）847 × 502 =

（24）11 220 ÷ 55 =

（26）35 × 978 =

（27）67 017 ÷ 753 =

（29）65 × 7.149 =

（30）2.378 ÷ 58 =

珠算模拟试题（十五）（正面）

（限时10分钟，以下四舍五入）

（一）	（二）	（三）	（四）	（五）	（六）
6 895	8 503	3 274	7 042	8 307	9 526
751	257	607	801	-573	402
384	409	481	-698	362	516
3 672	618	6 875	506	-1 504	640
684	3 274	541	8 219	139	549
765	245	8 019	3 809	9 021	3 472
4 329	492	302	-524	-465	319
543	2 987	424	783	254	5 703
627	703	258	-902	6 583	257
7 981	689	609	541	461	702
947	4 981	4 638	2 084	-691	7 084
506	576	156	-147	706	543
2 679	419	702	208	3 150	367
486	7 503	893	-679	-684	2 043
138	624	1 546	4 593	513	719

（7）281×68＝　　（8）35×936＝　　（9）0.714×7.06＝

（10）82×128＝　　（11）403×79＝　　（12）0.9076×27＝

（13）116.83÷76＝　　（14）4 080÷85＝　　（15）1 479÷29＝

（16）7 058÷76＝　　（17）4.1374÷0.43＝　　（18）37 820÷61＝

珠算模拟试题（十五）（反面）

（限时 10 分钟，以下四舍五入）

（十九）	（二十二）	（二十五）	（二十八）
9 047	5 362	8 015	9 025
357	615	-598	413
649	237	162	-536
5 412	6 389	3 689	1 394
567	209	-802	701
1 984	8 501	9 078	-837
829	895	-607	402
542	126	154	739
416	328	-3 092	-1 927
3 209	7 214	231	-209
348	481	416	3 502
562	3 059	365	317
8 053	612	-683	-970
947	725	368	574
490	560	2 159	-1 039

（20）95 × 403 =

（21）12 192 ÷ 508 =

（23）502 × 384 =

（24）38 688 ÷ 806 =

（26）147 × 51 =

（27）51 246 ÷ 702 =

（29）63 × 4.072 =

（30）1 411 ÷ 17 =

珠算模拟试题（十六）（正面）

（限时10分钟，以下四舍五入）

（一）	（二）	（三）	（四）	（五）	（六）
9 258	8 506	4 015	3 102	7 908	1 596
503	329	529	196	-709	145
382	698	162	-859	145	829
574	592	3 789	905	5 307	945
129	7 219	802	-193	-213	8 192
8 274	643	5 981	4 627	9 087	808
607	765	586	408	542	657
764	403	419	-416	-389	304
3 021	4 801	674	9 852	206	7 325
609	751	603	706	-574	571
384	7 082	3 472	-348	4 561	3 804
4 895	743	257	8 247	963	492
672	367	8 703	326	-694	637
981	2 019	319	-708	852	2 601
5 607	584	704	1 537	2 614	306

（7）0.546×0.403＝ （8）32×6 284＝ （9）6 075×12＝

（10）1 726×67＝ （11）37×831＝ （12）415×56＝

（13）0.1187÷0.25＝ （14）15 025÷601＝ （15）59 274÷74＝

（16）4 452÷106＝ （17）12 324÷39＝ （18）7.636÷83＝

珠算模拟试题（十六）（反面）

（限时10分钟，以下四舍五入）

（十九）	（二十二）	（二十五）	（二十八）
4 039	3 017	685	792
302	625	5 149	-619
154	536	237	9 183
1 618	1 394	-2 946	407
893	301	602	-568
3 546	5 274	-731	3 406
126	718	1 403	703
743	245	589	-186
541	602	-806	1 635
2 875	8 503	271	-802
257	947	3 108	594
409	108	-294	4 325
3 987	9 276	507	-907
789	489	-965	2 741
603	596	6 748	852

（20）79 × 791 =

（21）2.2481 ÷ 0.32 =

（23）98 × 805 =

（24）2 914 ÷ 94 =

（26）0.321 × 0.765 =

（27）1 062 ÷ 18 =

（29）423 × 27 =

（30）64 672 ÷ 752 =

珠算模拟试题（十七）（正面）

（限时10分钟，以下四舍五入）

（一）	（二）	（三）	（四）	（五）	（六）
469	1 035	437	498	7 493	723
807	781	298	790	258	5 490
4 290	149	6 918	5 634	-2 150	615
917	3 210	534	879	957	789
168	793	698	-780	4 023	8 263
3 240	568	109	964	-769	610
819	8 579	3 426	-3 520	670	463
8 723	210	619	197	-315	987
542	928	432	3 285	9 946	3 401
5 764	9 387	8 971	-639	760	182
203	651	730	4 218	-230	4 986
648	5 743	5 142	-563	6 724	357
739	610	897	9 120	501	9 218
6 852	248	1 463	-475	-769	640
810	605	250	236	918	752

（7）354×73＝　　（8）986×25＝　　（9）9.7×0.684＝

（10）7 604×29＝　　（11）234×857＝　　（12）0.612×0.45＝

（13）37 050÷975＝　　（14）466 080÷480＝　　（15）2.2193÷0.32＝

（16）4 000÷16＝　　（17）318 986÷698＝　　（18）3.121÷4.57＝

珠算模拟试题（十七）（反面）

（限时10分钟，以下四舍五入）

（十九）	（二十二）	（二十五）	（二十八）
796	256	9 107	3 751
6 357	653	360	-216
431	7 184	2 136	4 389
8 290	523	740	742
875	6 089	-289	-689
2 960	352	746	241
817	8 048	-583	5 803
5 069	543	9 248	-697
312	741	-682	3 420
245	5 903	4 975	-159
629	168	203	836
527	327	-1 487	-512
9 401	428	490	986
382	3 647	-716	7 352
745	915	359	649

（20）673 × 184 =

（21）25 920 ÷ 32 =

（23）61 × 427 =

（24）606 258 ÷ 654 =

（26）47 × 928 =

（27）20 930 ÷ 910 =

（29）945 × 187 =

（30）258 480 ÷ 718 =

珠算模拟试题（十八）（正面）

（限时10分钟，以下四舍五入）

（一）	（二）	（三）	（四）	（五）	（六）
6 893	368	236	539	768	793
495	715	890	8 601	9 403	5 201
805	5 243	5 617	-168	-895	835
634	860	704	4 763	5 324	486
9 287	394	932	-432	-790	6 874
356	1 680	651	739	543	543
7 924	479	2 839	-781	209	792
368	2 650	293	1 085	7 653	265
274	718	8 746	825	-248	741
4 385	9 678	210	2 937	9 710	3 896
251	540	964	-285	564	467
730	236	9 701	7 604	-387	8 095
610	758	849	460	620	936
1 452	6 904	4 726	-304	-5 481	7 554
894	438	862	976	236	316

（7）0.6789×5.3＝　　（8）214×49＝　　（9）358×146＝

（10）259×57＝　　（11）736×79＝　　（12）496×307＝

（13）356.025÷98.5＝　　（14）61 346÷74＝　　（15）165.205÷32.6＝

（16）4 890÷101＝　　（17）575 758÷958＝　　（18）34 428÷76＝

珠算模拟试题（十八）（反面）

（限时10分钟，以下四舍五入）

（十九）	（二十二）	（二十五）	（二十八）
436	859	7 263	6 497
8 652	7 102	490	213
607	516	632	958
512	430	-2 756	317
3 658	6 791	9 804	-245
425	458	-726	4 571
879	967	5 031	-324
608	4 582	948	809
735	106	-367	-725
7 012	7 328	210	519
459	489	-459	9 586
4 608	874	8 094	-2 314
712	697	712	978
3 697	2 051	-809	5 612
435	683	536	473

（20）8.7×0.469 =

（21）29 736÷413 =

（23）304×175 =

（24）40 239÷51 =

（26）72×3.85 =

（27）167 160÷280 =

（29）18×567 =

（30）45.580÷530 =

珠算模拟试题（十九）（正面）

（限时 10 分钟，以下四舍五入）

（一）	（二）	（三）	（四）	（五）	（六）
4 874	324	978	7 298	1 879	7 804
327	586	2 046	-683	693	192
456	8 270	357	3 954	-209	5 173
9 426	917	620	306	458	968
537	5 147	954	-219	-367	8 754
860	612	9 028	734	8 409	632
345	9 462	613	6 018	467	879
8 097	734	8 059	702	-5 812	931
216	893	362	-318	587	2 467
5 793	6 178	246	529	-397	547
683	391	7 938	5 014	6 031	419
479	586	504	-927	4 152	3 169
850	2 409	978	1 275	391	567
9 608	513	5 014	-138	-567	843
573	935	248	659	245	752

（7）0. 89 × 0. 3501 =　　　（8）65 × 879 =　　　（9）64 × 9 042 =

（10）0. 562 × 0. 43 =　　　（11）986 × 25 =　　　（12）4 569 × 67 =

（13）512 850 ÷ 789 =　　　（14）0. 4908 ÷ 0. 26 =　　　（15）325 350 ÷ 450 =

（16）25. 286 ÷ 6. 3 =　　　（17）61 425 ÷ 91 =　　　（18）216 630 ÷ 870 =

珠算模拟试题（十九）（反面）

（限时 10 分钟，以下四舍五入）

（十九）	（二十二）	（二十五）	（二十八）
912	798	3 647	857
149	4 729	-816	7 068
7 028	650	5 103	-475
957	7 356	635	3 906
875	901	524	819
6 284	6 054	-2 136	5 426
172	127	947	-728
5 340	532	3 798	2 903
459	8 697	-658	345
2 786	240	493	-726
594	783	-745	947
3 567	306	8 924	8 312
582	9 485	-507	-857
386	524	805	321
657	269	416	-649

（20）912×37＝

（21）136 801÷423＝

（23）650×428＝

（24）32 860÷620＝

（26）765×813＝

（27）27 036÷751＝

（29）1 492×380＝

（30）128 436÷159＝

珠算模拟试题（二十）（正面）

（限时10分钟，以下四舍五入）

（一）	（二）	（三）	（四）	（五）	（六）
5 072	892	5 048	3 204	4 587	394
615	7 013	283	-908	258	7 519
8 631	758	894	623	6 179	638
504	9 718	2 467	-241	267	8 261
893	697	301	298	-349	912
4 318	258	9 026	6 153	8 512	5 302
972	3 764	832	718	467	276
240	803	587	-209	-831	643
789	4 301	970	7 302	1 852	4 895
381	415	8 736	-645	-304	516
906	569	539	9 278	6 497	839
7 842	284	401	8 534	159	785
610	531	708	643	341	6 047
2 027	268	3 214	-109	-967	308
328	6 054	645	985	235	139

（7）4.8×0.519＝　（8）43×968＝　（9）80.23×0.76＝

（10）215×40＝　（11）8 579×16＝　（12）34×562＝

（13）445 527÷569＝　（14）765 688÷847＝　（15）7 872÷123＝

（16）11 520÷90＝　（17）56 463÷87＝　（18）76 300÷436＝

珠算模拟试题（二十）（反面）

（限时 10 分钟，以下四舍五入）

（十九）	（二十二）	（二十五）	（二十八）
692	608	947	9 307
7 523	314	8 536	-824
615	2 509	-709	5 197
3 805	3 167	5 362	-652
439	985	491	513
6 485	713	7 284	-436
867	4 508	-513	918
1 076	173	697	2 735
748	960	3 024	608
467	5 824	796	-2 193
549	137	543	647
321	968	-2 120	8 524
3 690	701	953	-905
514	6 953	-645	416
218	740	182	207

（20）701 × 832 =

（21）2.002 ÷ 5.21 =

（23）423 × 157 =

（24）319 196 ÷ 796 =

（26）78 × 409 =

（27）23 744 ÷ 56 =

（29）960 × 723 =

（30）31 752 ÷ 504 =

5 项目五 点钞和验钞技能

教学目标

1. 掌握纸币整点的技能，能熟练运用常用的点钞法进行纸币的清点；
2. 了解点钞机基本结构和原理，能熟练使用点钞机进行点钞；
3. 了解第五套人民币的特点和主要的防伪特征；
4. 掌握识别假币的基本方法。

教学要求

知识要点	能力要求
点钞技术	（1）了解点钞技术的产生和发展； （2）掌握点钞的基本知识； （3）熟悉手工和机器点钞方法； （4）掌握手工点钞的要领和步骤； （5）掌握机器点钞的操作要领。
验钞技术	（1）了解我国第五套人民币特点； （2）掌握第五套人民币的主要防伪特征； （3）掌握假币的鉴别办法。

由国家统一发行过的纸币，统称为钞。宋代开始发行纸币，称交子、钱引及会子。钞则为凭证文卷的名称。金初使用辽、宋旧钱，贞元二年开始发行纸币，称交钞，与钱并行流通。元中统元年十月，发行中统元宝交钞，简称中统宝钞或中统钞，不限年月通用，与银并行流转。正式的钞是中国元朝时期由元政府发行并且广泛流通的纸币。

点钞，是点纸币的一种俗称，是指按照一定的方法查清票币的数额，即整理、清点票币，使进出钞票的数量和质量得到保证，是手、脑、眼三合一清点现钞的操作技巧。纸币的清点速度对我国各行业的发展都具有重要意义，对于为社会经济提供信用中介、支付中介以及银行来说尤其重要。纸币清点是一项经常的、大量的、技术性很强的工作，掌握正确的点钞方法与技巧是从事财会、金融、商品经营等工作的人员必须具备的基本技能，也是正确、快速完成本职工作的基础。

任务一 点钞技术

一、点钞技术的产生和发展

点钞技术是随着纸币的产生而产生的。纸币发行后，点钞技术开始在银行兴起。点钞技术随着纸币的产生和金融事业的发展而发展。银行现金业务的与日俱增，为点钞技术的发展开辟了广阔的天地，各种点钞方法随之相继出现。到20世纪80年代，已逐步形成具有银行特点的点钞方法。

二、点钞技术的分类

点钞方法是相当多的，概括而言，可以划分为手工点钞和机器点钞两大类。对于手工点钞，根据持票姿势不同，又可划分为手按式点钞方法和手持式点钞方法。手按式点钞方法，是将钞票放在台面上操作；手持式点钞方法是在手按式点钞方法的基础上发展而来的，其速度远比手按式点钞方法快，因此，手持式点钞方法在全国各地应用比较普遍。手持式点钞方法，根据指法不同主要可分为：单指单张、单指多张、多指多张、扇面式点钞等4种，其中单指单张法是手工点钞中最常用的一种方法。

三、手工点钞的基本要领和步骤

（一）手工点钞的基本要领

现金管理人员在办理现金的收付与整点时，要做到准、快、好。“准”就是钞券清点不错不乱，准确无误；“快”是指在准的前提下，加快点钞速度，提高工作效率；“好”就是清点的钞券要符合“五好”钱捆的要求，即点准、挑净、墩齐、捆紧、盖章清楚。“准”是做好现金收复和整点工作的基础和前提，“快”和“好”是银行加速货币流通、提高服务质量的必要条件。

学习点钞，首先要掌握基本要领，大致可概括为以下几点：

（1）操作定型，用品定位：点钞时使用的印泥、图章、水盒、腰条等要按使用顺序固定位置放好，以便点钞时使用顺手。

（2）坐姿端正，肌肉放松：点钞的坐姿会直接影响点钞技术的发挥和提高。正确的坐姿应该是直腰挺胸（不要紧靠桌沿），身体自然，肌肉放松，两腿分开与肩膀相近，双肘自然放在桌上，持票的左手腕部接触桌面，右手腕部稍抬起。点钞时，两手各部位肌肉要放松，否则会使手指僵硬，动作不准确，既影响点钞速度，又消耗体力。

（3）钞票墩齐：需清点的钞券必须清理整齐、平直。这是点准钞券的前提，钞券不齐不易点准。对折角、弯折、揉搓过的钞券要将其弄直、抹平，明显破裂、质软的票子要先挑出来。清理好后，将钞券在桌面上墩齐。

（4）开扇均匀：使用各种点钞方法时，都应将钞券打开成微扇形或坡形，便于捻动并可防止夹张，能提高点钞的速度和准确性。

（5）手指触面要小：手工点钞时，捻钞的手指与钞券的接触面要小。如果手指接触面大，手指往返动作的幅度随之增大，从而使手指频率减慢，影响点钞速度。

（6）点数准确：点钞技术关键是一个“准”字，清点和记数的准确是点钞的基本要求。点钞准确一要精神集中，二要定型操作，三要手点脑记，手、眼、脑紧密配合。

（7）扎把捆紧，盖章清晰：钞票点好后必须墩齐才能扎把。扎小把，以提起把中第一张票币不被抽出为准。按“#”字形捆扎的大捆，以用力推不变形，抽不出票把为准。腰条上的名章，是分清责任的标志，每个人整点后都要盖章，图章要清晰可辨。

（8）动作连贯：点钞时各个动作之间相互连贯是加快点钞速度的必要条件之一。动作要连贯包括两方面的要求：一是指点钞过程的各个环节（拆把、清点、墩齐、扎把、盖章）必须密切配合，环环扣紧；二是指清点时的各个动作要连贯，即第一组动作和第二组动作之间，要尽量动作迅速，不留空隙时间，当第一组的最后一个动作即将完毕时，第二组动作要迅速跟上。这就要求在清点时双手动作要协调，清点动作要均匀，切忌忽快忽慢、忽多忽少。另外在清点中尽量减少不必要的小动作、假动作，以免影响动作的连贯性和点钞速度。

（二）手工点钞的基本步骤

点钞是一个从拆把开始到扎把盖章为止这样一个连续、完整的过程。一般包括拆把、点数、扎把、盖章等环节。要加速点钞速度，提高点钞水平，就必须把各个环节的工作都做好。

1. 拆把持钞

把待点的成把钞票的腰条拆掉，同时做好点数的准备。拆把时可将腰条纸脱去，保持其原状，也可将腰条纸用手指勾断。持钞速度的快慢、姿势是否正确，也会影响点钞速度。一般左手持钞，持钞的姿势因点钞方法的不同而不同。

2. 点数

点数是点钞的关键环节。手中点钞，脑中记数，点准100张钞票。点钞时的指法因点钞方法的不同而不同。

在清点过程中，需将损伤券按规定标准剔出，以保持流通中票面的整洁。如该把钞券中夹杂着其他版面的钞券，应将其挑出。

在点钞过程中如发现差错，应将差错情况记录在原腰条纸上，并把原腰条纸放在钞券上面一起扎把，不得将其扔掉，以便事后查明原因，另做处理。

3. 记数

即记录已清点完毕的钞票数。在清点准确的基础上，必须做到记数准确。

4. 墩齐

扎把前把点准的100张的钞票墩齐，要求四条边水平，不露头且不呈梯形错开，卷角应拉平。墩齐时，双手松拢，先将钞券竖起来，双手将钞券捏成瓦形在桌面上墩齐，然后将钞券横立并将其捏成瓦形在桌面上墩齐。

5. 扎把

把点准的钞券墩齐后，要扎好腰条。腰条纸要求扎在钞券的1/2处，左右偏差不得超过2厘米，同时要求扎紧，以提起第一张钞券不被人抽出为准。

6. 盖章

在腰条上加盖经办人名章，以明确责任。盖章要先轻后重，字迹清晰。

四、手工点钞方法

（一）手持式点钞法

手持式点钞法是将钞券拿在手上进行清点的点钞方法。手持式点钞方法一般有手持式单指单张点钞法、手持式单指多张点钞法、手持式多指多张点钞法和扇面点钞法等多种方法。

1. 手持式单指单张点钞法

用一个手指一次点一张的方法叫单指单张点钞法，这是点钞中最常用的一种方法。这种点钞法使用范围较广，频率较高，可用于收款、付款和整点各种新旧、大小钞票。该方法操作方法如下：

（1）拆把持钞。拆把的方法有两种。第一种方法是：左手横执钞券，正面朝向身体，左手拇指在钞券正面的左端中央，约占全票的1/4处，食指和中指在钞券背面与拇指同时捏住钞券，无名指和小指自然弯曲；捏起钞券后，无名指和小指伸向钞券正面压住左下方，与中指夹紧钞券；食指伸直，拇指向上移动，按住钞券的侧面将钞券压成瓦形，并使左手手心向下，然后用右手脱去钞券上的腰条。同时左手将钞券从桌面上轻轻擦过，钞券翻转，拇指借用桌面的摩擦力将钞券向上翻成微开的扇形，并以对自己面前。右手的拇指、食指、中指沾水做点钞准备。从上面可以看出，这种拆把方法不撕断腰条，便于保留原腰条查看图章。这种拆把方法通常用于初点现金。如图5－1所示：

图5－1 拆把持钞（1）

第二种拆把方法是：右手在钞券右端横执钞券，背面朝着身体，用左手的中指和无名指夹住钞券的左端中间，钞券上的中指和券下的无名指、小指自然弯曲，食指伸直。拇指扶在钞券的左下边沿约1/3处，并将钞券翻起成瓦形，此时用食指钩住腰条将其划破，抬起食指使腰条自然落在桌面上，食指伸直。此时将钞券置于身前桌上，再用左手拇指按住钞券边沿向外推成微开的扇形，食指在扇形钞券后面伸直支撑钞券，右手拇指、食指、中指沾水作点钞准备。这种拆把方法通常适用于复点现金。如图5－2所示：

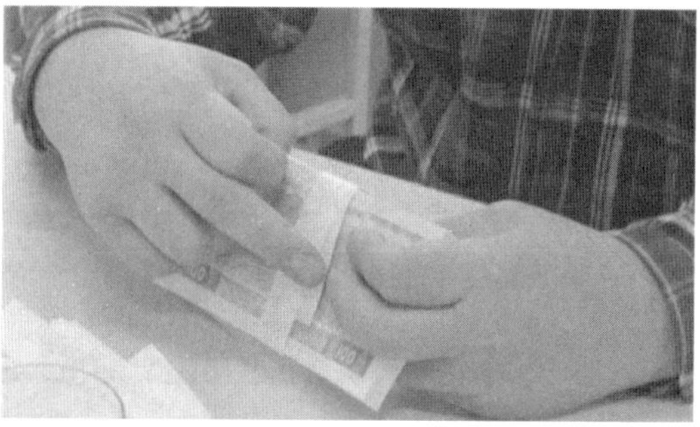

图 5－2　拆把持钞（2）

（2）清点。拆把后用右手拇指放在钞券正面的右上角，逐张向下捻动钞券，食指在钞券背面托住右上角，配合拇指捻动钞券。捻动时，用右手拇指的指尖捻动钞券，拇指不要抬得过高，动作不要太大，捻的幅度要小要轻。此时左手拇指也要配合动作，不要捏得太紧，配合右手起自然助推的作用。捻下来的钞券用无名指往怀里方向弹，注意轻点快弹。右手中指翘起沾水备用，在清点中拇指水用完可向中指沾水一下，即可点完 100 张钞券。清点过程中要注意不得随意晃动身体，要注意姿势，身体挺直，眼睛和钞券保持一定距离，两手肘部放在桌面上。如图 5－3 所示：

图 5－3　清点

（3）记数。在点钞的同时要记数。单指单张每次只捻一张钞券，记数也是一张一张的记，即从 1 到 100，这样往往会影响点钞的速度，因此还可以采用另一种方法——分组记数法。把 10 当做 1 记，即 1、2、3、4、5、6、7、8、9、1（即 10），1、2、3、4、5、6、7、8、9、2（即 20），以此类推，直到 1、2、3、4、5、6、7、8、9、10（即 100），分十组来记，既简单又快捷。在点钞记数时，切忌不要念出声，要用心记。做到脑、眼、手密切配合。

（4）挑残破票。清点过程中发现残破票，为了不影响点钞速度，点钞时不要急于抽出残破票，只要用右手中指、无名指夹住残破票将其折向外边，待点完后再将残破票补上完整票。如图 5－4 所示：

（5）扎把。扎把有两种方法，一种是拧结法，一种是缠绕折掖法。

拧结法，左手横执已墩齐的钞券，正面朝向身体，拇指在前，中指、无名指、小指在后，食指在钞票上侧伸直。捏住钞票左端约票面的 1/3 处，右手的拇指与食指、中指

图5-4 挑残破票

取腰条，拿住腰条的1/3处，把腰条的2/3搭在钞券的上侧中央，用左手食指压住腰条，使腰条较短一端在钞券的背面，较长一端在钞券的前面，用拇指和中指捏住腰条长的一端往下绕半圈，用食指去勾住短的那段腰条，使腰条的两端在钞券的后面中间合拢捏紧，然后用左手稍用力握住钞券的正面（中指、无名指、小指在外侧，拇指在里侧，食指伸直扶在钞券上半部），捏成斜瓦形，左手腕向外转动，右手捏住腰条向内转动，随后双腕还原的同时将右手中的腰条拧成半径，用食指将腰条掖在斜瓦里，使腰条卡在下部，这种方法又快又紧但建议使用韧性较好的腰条。

缠绕折掖法，将墩齐的钞券横执，左手拇指在票前，中指、无名指在票后，捏住钞券1/3处，食指在钞券上侧，把钞券中间分开一条缝，右手将腰条一端插入缝内，然后由内向外缠绕两圈，将腰条一端留在票面上部，用右手食指和拇指捏住腰条向右折掖在钞券正面上侧。如图5-5、图5-6所示：

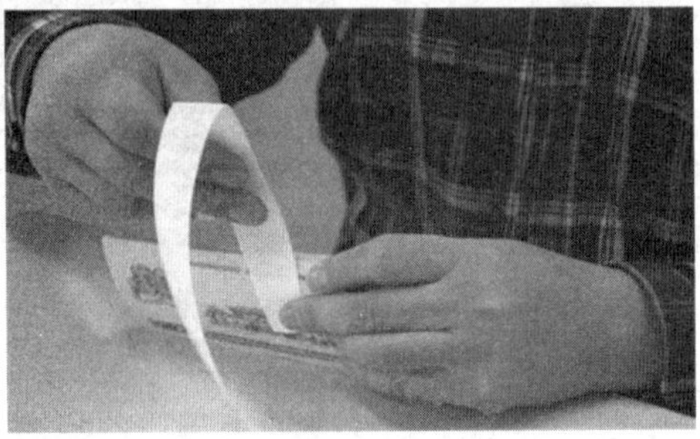

图5-5 拧结法

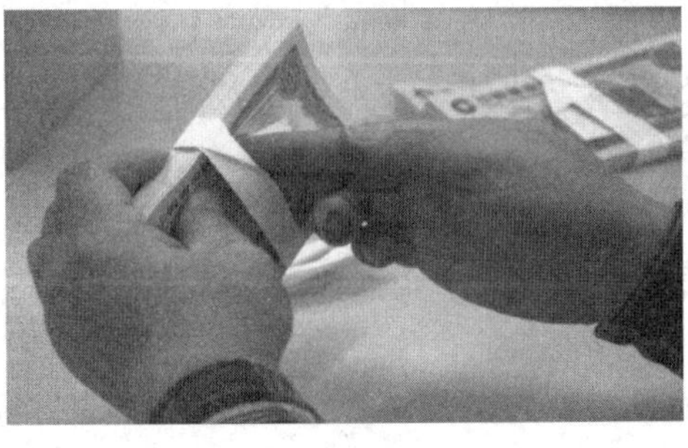

图5-6 缠绕折掖法

（6）盖章。每点完一把钞票，扎把后都要盖上图章，图章盖在钞票的上侧腰条上。

这种点钞方法的优点是，由于持票面积小，清点钞券时能看到票面的3/4，逐张捻动手感强，容易发现假票和残破票。缺点是点一张记一个数，比较费力。如图5－7所示：

图5－7 盖章

2. 手持式单指多张法

手持式单指多张法是在手持式单指单张点钞法的基础上发展为单指可点两张或两张以上的点钞法，目前有人做到了一指可点7张。它适用于收款、付款和各种券别的整点工作。

这种点钞方法，除了清点、记数外，其他均与手持式单指单张点钞法相同，只是持钞时钞券的倾斜度稍大点。由于清点时容易出现错误，实际操作中这种方法并不常用。

（1）清点。清点时，右手拇指肚放在钞券的右上角，指尖略超出票面，食指放在钞券背面的右上角，用拇指肚先捻钞。点双张时，拇指肚捻第一张，拇指尖往下捻第二张；点3张及以上时，拇指用力要均衡，捻的幅度不要太大，食指、中指在票后配合拇指捻动，无名指将捻下的钞券向怀里弹，弹的速度要快。在右手拇指往下捻动的同时，左手拇指稍抬，使票面拱起，从侧边分层错开，以便看清张数，左手拇指往下拨钞，右手拇指抬起让钞券下落，左手拇指在拨钞的同时按下其余钞票，左右两手拇指一起一落协调动作，如此循环，直至点完。如图5－8所示：

图5－8 清点

（2）记数。采用分组记数法，以每次点的张数为组记数。如：点双数，两张为一组记一个数，50组就是100张；点3张，即3张为一组记一个数，点33次余1张，即是 100 张。如点 4 ~7 张以上者均以此方法计算。

这种点钞方法的优点是效率高，记数简单省力。但是也有缺点，就是由于一指一次捻下几张钞券，不能看到中间几张的全部票面，因此不易发现假钞和残破钞。

3. 手持式多指多张法

多指多张点钞法是通过两个以上手指，按照一定的方法顺次捻动票币，对钞券进行点数的方法。手持式多指多张点钞法，具有效率高、速度快、记数省力等优点，操作时主要用手指关节活动，动作范围小，因此还可以减轻劳动强度。适用于收、付款和整点工作，特别是清点整把钞票及复点和竞赛。主要有四指四张法和五指五张法等。其中四指四张点钞法是一种应用广泛、点钞轻松、记数方便、速度快捷，而又非常适合柜面收付业务的点钞方法。

但由于多指点钞法手持票币的特点，使得在点钞时，看到票币的面积小，不利于在点数时进行挑残，因此不适宜整点残破票较多的钞券。

(1) 手持式四指四张法。

①拆把持钞。采用此法，清点前可先不必拆把，只需将腰条纸挪到钞票左方 1/4 处就可以开始清点。

将钞票横立于桌面，左手中指指背顶住钞票正面，食指、无名指、小指带住钞票背面，将钞票夹紧，并用中指往外顶，食指、无名指及小指将钞票往里压，将钞票压成 U 型。此时要注意食指和拇指要从右上侧将钞票往里下方轻压，使其呈现微开的扇形。然后左手带钞向左外方翻开，右手拇指放于扇形钞票下角的下面，其余四指在上准备清点。如图 5 - 9 所示：

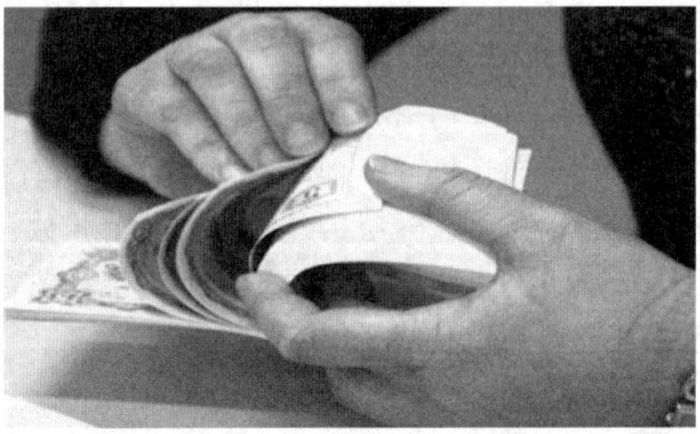

图 5 - 9 拆把持钞

②清点。右手腕稍抬，拇指放在钞票下面，其余四指在票上方同时并拢弯曲，从小指开始顺次向右滑动与拇指摩擦并捻动钞票，每指捻动一张钞票，每一轮捻下四张钞票，循环操作，直至点完 100 张。如图 5 - 10 所示：

③记数。采用分组记数法。每 4 张为一组，记一个数。记满 25 组为 100 张。

采用此法点钞时应注意以下几个问题：

①拨票时，要充分使手指关节活动，尽量减少腕力动作，减轻劳动强度；

②左手拇指和三指夹住钞票两侧时，必须松紧适当，以免票币脱落或不易拨下；

③拨票时注意力应集中在钞票的右上角，这样可以看到票面的 1/2，便于看出残破券、双张和拨空等。

图 5 - 10　清点

（2）手持式五指五张法。

①持钞。将钞票横立于桌面，左手无名指、小指夹住钞票左下方，用拇指和中指夹住钞票上下边沿，食指抵住钞票，翻转钞票并使其右端向上，右手五指沾水准备点钞。

②清点。从拇指开始依次用右手五指从右上角将钞票逐张向怀里方向拨动，直至小指收尾为止。每指拨 1 张，一次为 5 张。

③记数。采用分组记数法。每 5 张为一组，记一个数。记满 20 组为 100 张。

4. 扇面点钞法

此法是指将钞票捻成扇面状进行清点。这种点钞方法速度快，是手工点钞中效率最高的一种，但是由于开扇的特殊性，该法只适合清点新票币。而且清点票币时往往只看到票边，可见的票面面积小，因而不便于不利于在点数时进行挑残和鉴别假币。操作步骤如下：

①持钞。钞票竖拿，左手拇指放在钞票下方 1/4 处的中心，使钞票左下角与掌心保持一定距离，食指、中指在票后与拇指一起捏住钞票，无名指、小指弯曲靠向手心。右手拇指在左手拇指的上端其余四指置于钞票背面，握住钞票，做好开扇准备。如图 5 - 11所示：

图 5 - 11　持钞

②开扇。开扇是扇面点钞最关键的环节，也称打扇面。扇面开的要均匀，否则将直接影响点钞的准确性。开扇的方法：以左手拇指为轴，在持票的原位置上将钞票向外推，右手食指将钞票向左下方压（向身体方向），将压弯的钞票向左上方推起；食指、中指向左捻动，此时左手拇指必须配合右手动作；这样反复操作，右手拇指逐次由中部

向下移动，移至右下角时即可将钞票推成扇面形，然后用两手捧住钞票将不均匀的地方抖开（钞票左半部向左方抖，右半部向右方抖）。打扇面时，应注意两手一定要配合协调，不要将钞票捏的过紧。如图 5－12 所示：

图 5－12 开扇

③点数。左手持扇面，右手中指、无名指、小指托住钞票背面，用拇指一次向下按 5 张或者 10 张，按下后用食指压住，拇指继续向前按第二次，以此类推。同时左手应随着点数的速度，以腕为轴微转扇面，适应右手点数位置。需注意的是按时不要用力过大，按的部位是在钞票的右上端，离右上角 1 厘米左右。如图 5－13 所示：

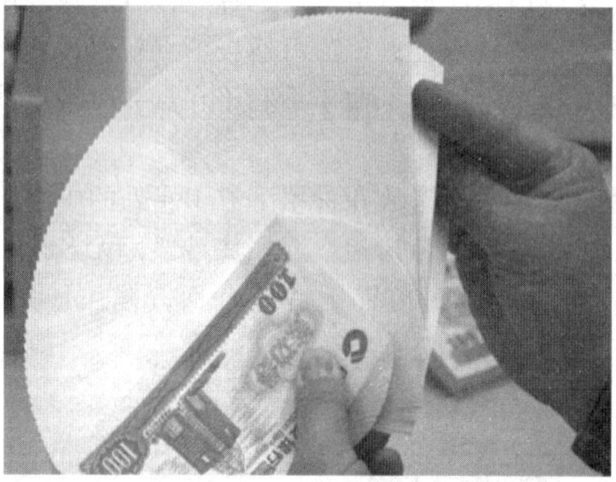

图 5－13 点数

④记数。用分组记数法，一按 5 张即每 5 张一组，记一个数，记满 20 组为 100 张；一按 10 张即 10 张为一组，记一个数，记满 10 组为 100 张。

⑤合扇。清点完毕即可合扇。合扇时，将左手向右倒，右手托住钞票右侧向左合拢，左右手一起往中间稍用力，使钞票竖立在桌面，两手松拢轻墩，墩齐后即可扎把。

（二）手按式点钞法

手按式点钞法是将钞票平放在桌面上进行清点的方法。一般可分为单指点钞、双张点钞、多指多张捻动点钞、三指拨动点钞、多指推动点钞等。

1. 手按式单指单张点钞法

手按式单指单张点钞法是一种传统的点钞方法，适用于收、付款和整点各种钞票。

此法的优点是看到的票面较大，便于挑剔残破票和发现假票；缺点是在速度上比手持式单张点钞法慢些，劳动强度相对来说也大些。

（1）拆把置钞。钞票横置于桌面，正对自己。左手无名指、小指微弯按住钞票左上角，约占票面1/3处，食指伸向腰条纸并将其勾断，拇指、食指和中指微弯做好点钞准备。

（2）清点。左手无名指、小指按住钞票左上角，右手拇指托起右下角部分钞票。用右手食指捻动钞票，其余手指自然弯曲。每捻起一张，左手拇指即往上推动送到食指、中指之间夹住，即完成了一次点钞动作，以后依次连续操作。

用此法清点时，应注意右手拇指托起的钞票不要太多，否则会使食指捻动困难，也不宜太少，太少会增加拇指活动次数，以至影响清点速度。一般一次以20张左右为宜。

（3）记数。记数方法与手持式单指单张基本相同。

2. 手按式多指多张法

此法的优缺点于单指单张大致相同，只是它的点钞速度比单指单张要快。

具体操作方法：钞票平放于桌面，使钞票边沿与桌面边沿保持45度，左手无名指、小指压住钞票左方1/4处，由右手食指、中指、无名指捻动钞票并往上提，并随即由左手的拇指送到食指和中指之间将点过的钞票夹住，边点边记数。记数时可采用分组记数法。

3. 手按式翻点法

将钞票平放于桌面，左手置于钞票左端压住钞票，右手置于钞票右边沿。右手拇指在上，食指、中指、无名指、小指在钞票下面自然弯曲并托起部分钞券。右手拇指和食指将托起的那部分钞券轻捏并向左翻，中指配合向左推，同时拇指将捏住的钞券向右拧。左手拇指对翻起的钞票进行切断后送到食指与中指之间，同时右手拇指和食指放开已被切断的钞券，边切边记数，采取分组记数法。清点完成后将钞券墩齐。如图5－14所示：

图5－14　手按式翻点法

五、手工点钞竞赛实训要领

学以致用，是技能教学的原则之一。目前，会计专业毕业生进入银行工作，首先要通过基本技能训练进行手工点钞的定级。金融行业内部统一标准，时速超过 12 000 张定三级，超过 13 000 张定二级，超过 14 000 张定一级，超过 15 000 张定特级。

点钞技能在实训内容上，竞赛和岗位需求是一致的，只是运用的侧重点不同。技能大赛作为我国职业教育的一项重大制度设计与创新，已经成为各职业院校展示其教学成果的重要形式。从 2008 年首次举行全国职业院校技能大赛以来，大赛的规模越来越大，项目越来越多，影响也越来越大。2011 年全国职业院校技能大赛首次将会计技能（中职组）纳入了国赛项目。

点钞是作为会计基本技能纳入竞赛内容的，按 20% 的权重计入总分。点钞比赛分为单指单张、多指多张。单指单张采用整把形式，多指多张采用散把形式。选手持钞采用手持式或手按式均可，不得采用扇形点钞手法，限时不限量。

虽然点钞的达成通过练习可在短时间内见效，但是想要出成绩仍要有一足的毅力和耐力作保证，还要有正确的训练方法支撑。

（一）基本功训练

以常用的单指单张法为例，从拆把开始到扎把为止是一个连续、完整的过程。它一般包括持钞、点钞、计数、墩齐、扎把、盖章等环节，想要提高点钞速度和准确率，提升点钞的水平，就必须把各个基本环节的工作都做好。

（1）点钞时，不要紧张，要使双手各部位的肌肉充分放松，只有这样才能活动自如，动作协调，减少疲劳感。否则会使手指僵硬，动作不协调，影响点钞速度和准确率。

（2）需清点的点钞券必须清理整齐、平直。这是清点的前提，点钞券不齐不易点准。对折角、弯折、揉搓过的点钞券要将其弄直、抹平，明显质软、破损的点钞券要先挑出来。

（3）点钞时，捻钞的手指与点钞券的接触面要小。如果手指接触面过大，手指往返动作的幅度也随之增大，摩擦也增大，从而使手指频率减慢，影响点钞速度。

（4）点钞时各个动作之间相互连贯是加快点钞速度的必要条件之一。动作连贯包括两方面的内容：一是点钞过程的各个环节必须紧张协调，环环相扣。如点完 100 张墩齐点钞券后，左手持钞，右手去拿腰条，同时左手的点钞券要跟上去，迅速扎把；扎把扎好后在右手放点钞券的同时，左手取另一把准备清点，而右手顺势沾点钞蜡或海绵缸等等。这样使扎把和持钞及清点各环节紧密地衔接起来。二是清点时的各个动作要连贯，即第一组动作和第二组动作之间，要尽量缩短不留空隙时间，当第一组的最后一个动作即将完毕时，第二组动作要迅速跟上，不留空隙。这就要求在清点时双手动作要协调，清点动作要均匀，切忌忽快忽慢，忽多忽少。另外在清点中尽量减少不必要的小动作、假动作，以免影响动作的连贯性和点钞速度。在点钞技能比赛中，钞票的扎把和撕腰条的动作往往连贯在一起来做，以提高点钞工作的效率。如图 5－15 所示：

（5）左手中指，无名指要夹紧钞票，否则钞票容易散乱，影响速度和准确率。左手大拇指应放在钞票侧面的 1/2 处，大拇指可微微上翘，将钞票轻轻压在大拇指下，但不能用力过大，否则会将钞票卡的太死，影响右手大拇指捻钞的灵活性及点钞效率。

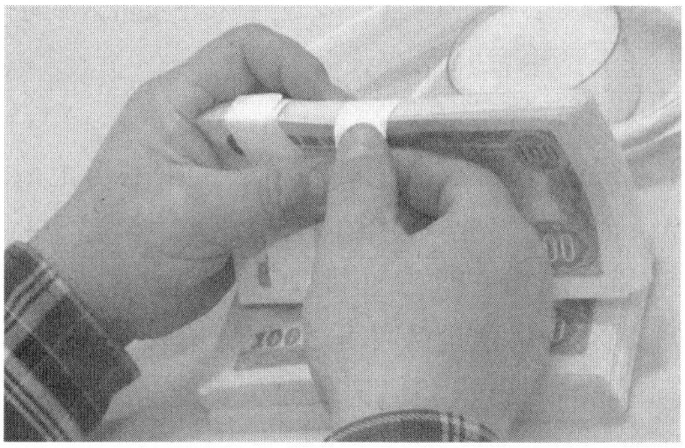

图 5-15　扎把和撕条

（6）右手大拇指在捻钞时，要以右手食指和中指为支撑点，从右上角开始，大拇指和食指相互配合，缺一不可。捻钞过程中幅度不能太大，太大容易影响点钞速度和准确率，捻钞幅度也不能太小，否则会容易造成重张。

（二）速度训练

点钞速度是手工点钞技术的关键内容，手工点钞基本指法容易掌握，但要运指如飞却不容易。速度训练可分为以下两步：

1. 分解练习

分解动作，扎实功底，循序渐进，力求标准。在学生对手工点钞有基本认识后，就要开始进行动作分解训练。在教学过程中，首先要将整个过程分解为持钞、点钞、计数、墩齐、扎把、盖章等环节。每个环节进行独立的训练，要求每个环节的动作都要标准、规范、到位。在速度的提升上可以采用单把计时的方式进行，只要预先设置几把100 张左右不等的点钞券，逐个计时，便能在知晓准确率的基础上把握点钞速度。

2. 综合练习

当学生对每个环节的练习速度达标后，便要求学生将这几个环节衔接起来综合练习。这一练习关键是要动作连贯，手工点钞过程中每个动作必须是紧密配合。在这一练习中，老师除了可以对学生进行逐个指导外，还可以通过慢放点钞视频，让学生重复观看整个点钞过程，观察点钞过程中各个环节之间的衔接，随时对比自己的动作，找出差距与不足，然后再有针对性地反复练习，不断提高点钞速度。在激发兴趣上则可以采用优秀学生技能展示、小组竞赛、师生竞赛、校园技能竞赛等方式积极开展训练。

（三）准确率训练

点数准确是手工点钞技术的核心内容。职业学校技能大赛规定：一把钞中无论是多一张还是少一张都要扣除该把的成绩。所以提高手工点钞的准确率，是保证手工点钞质量的关键。可以从以下两个方面加强训练：

1. 清点

左手持钞并形成扇形后，右手食指托住钞票背面的右上角，用右手大拇指尖逐张向下捻动钞票，捻动幅度要小，不要抬得过高。要轻捻，食指在钞票背面的右端配合大拇指捻动，左手大拇指按捏钞票不要过紧，要配合右手起自然助推的作用。右手的无名指将捻起的钞票向怀里弹，要注意轻点快弹。

2. 记数

与清点同时进行。在点数速度快的情况下，往往由于记数迟缓而影响点钞的效率，因此记数应该采用分组记数法。把10作1记，即1、2、3、4、5、6、7、8、9、1（即10），1、2、3、4、5、6、7、8、9、2（即20），以此类推，数到1、2、3、4、5、6、7、8、9、0（即100）。采用这种记数法记数既简单又快捷，省力又好记。做到手和心里记数总是一个频率，不容易出错。但记数时要默记，不要念出声，做到脑、眼、手密切配合，既准又快。

（四）心理素质训练

通常情况，点钞要在安静的环境中，学生心无杂念的专心操作，才能保证点准确。手工点钞的方式方法虽然很多，但万变不离其宗，都离不开指法、速度和准确率这三个方面，其中准确率尤为重要。如何突破计数关，保证点数准确，将是每个学生在学习点钞基本技能中面临的难点。影响计数准确率的原因很多，其中学生在点数过程中注意力集中程度是很大的原因之一，环境如果不够安静，就会影响学生注意力的集中，但是在实际的比赛中保证绝对的安静是不可能的，点钞随时会受到这样或那样的干扰，如果不加强这方面的训练，就很难适应比赛的需要，就会影响成绩的发挥。

在学生平时点钞训练时，要定期地换一换教室，换一换座位，换一换点钞券，甚至定期换不同的老师来喊口令。培养学生的环境适应能力，从而使学生在正式比赛时不慌忙不紧张。

六、机器点钞方法

（一）点钞机基础知识

点钞机是一种自动清点钞票数目的机电一体化装置，一般带有伪钞识别功能，集计数和辨伪钞票为一体的机器。点钞机由中国人发明，它是伴随着假钞的出现而产生的，是市场和民间打击假钞的产物，而且由于现金流通规模庞大，银行出纳柜台现金处理工作繁重，点钞机即成为不可缺少的设备。

（二）机器点钞的基础知识

机器点钞法亦称点钞机点钞法，是用点钞专用机器通过电子计数器显示张数，进行整点钞票。当计数器显示100张时，将点落的钞票捆成一把。

机器点钞用机械操作代替手工劳动，减轻了出纳人员的劳动强度，把出纳人员从繁重的手工点钞劳动中解脱出来，大大提高了工作效率，每小时可点5万张左右。适用于现金收入较多又较频繁的单位，既可用于清点整齐的大票，也有用于清点硬币的机器。但由于点钞机有时会出现“吃钞”、计数误差等方面的差错，目前情况下，机器点钞还不能完全取代手工点钞，只有两者相互配合，交替使用，才能达到既快又准的点钞效果。

（三）机器点钞法的具体操作要领

目前，使用的点钞机器都是国产统一型号的捻轮式点钞机。其操作要领如下：

1. 准备工作

（1）点钞机置于点钞人员的正前方，使用时首先打开电源开关，进行调试，检查各机件是否完好，工作是否正常，下钞是否流畅，计数是否正确。调试一般要求达到不松、不紧、不吃、不塞；

（2）票币放在右侧，按大面额票券在前，小面额票券在后的顺序排列；

（3）各种用具放置于适当位置。

2. 操作方法

（1）持钞。右手一指在钞票正面，其余四指在钞票背面，捏住钞票的右上角。

（2）拆把。左手将腰条纸撕下，放在桌上，顺势将钞票捻成前低后高的坡形，便于分张和下钞流畅。如图 5－16 所示：

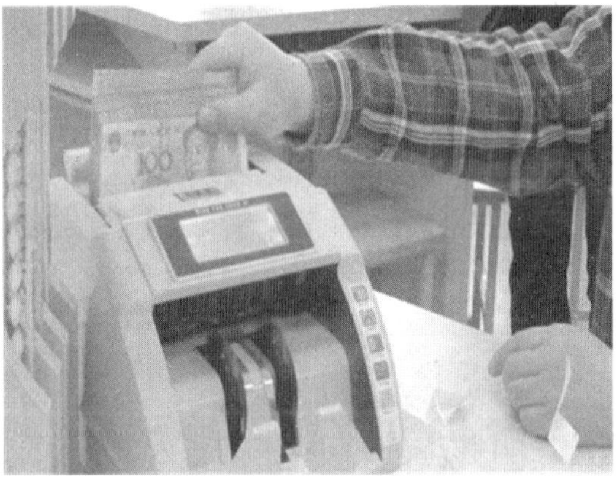

图 5－16 机器点钞

（3）清点。

①将钞票轻轻放入下钞斗内。勿用力过大，造成塞钞，要使其自然下滑，通过捻钞轮进入机器内。

②目光迅速转向输钞带。注意检查是否夹杂券、破损券、假钞或其他异物，如发现立即剔出。

③钞票全部下到积钞台后，看清数码管显示数字是否与腰条所标金额相符。

④金额无误将钞票取出墩齐、扎把。

⑤在清查过程中要根据票面大小，随时调整积钞台大小档次，以适应大小不同票币，使其打拍整齐。

⑥在整点整把钞票时，如果发现数码管显示不是 00（即不是 100 张）时，必须经过复点。在复点前必须首先将数码管显示数字还原为 0 后再复点，并注意保管好原腰条，不能混淆，以便分清责任。

（四）机器点钞的注意事项

（1）在机器点钞过程中，如下钞正常，目光要集中在输钞带上，直至下钞完毕，目光再移到数码上，看余额是否准确。

（2）在取出刚点完的钞票时、特别要注意取净，防止落下，造成混把。

（3）点完一个单位的钞票后，要清理一次机器底下是否有遗张，特别是在发现少款的情况时，要仔细检查输钞带、捻钞轮底下是否有“吃钞”情况。

为了便于掌握机器点钞的要领，可熟记下列口诀进行操作：

认真操作争分秒，左右连贯用技巧；
右手投下欲点票，左手拿出捻毕钞；
两眼查看票面跑，余光扫过记数表；
顺序操作莫慌乱，环节动作要减少；
原钞腰条必须换，快速扎把应做到；
维修保养经常搞，正常运转功效高。

任务二 验钞技术

一、人民币概述

人民币是中华人民共和国的法定货币，由中国人民银行发行，货币于 1948 年 12 月 1 日首次发行，至 1999 年 10 月 1 日启用新版为止共发行五套，形成了包括纸币与金属币、普通纪念币与贵金属纪念币等多品种、多系列的货币体系。人民币按照材料的自然属性划分，有金属币（亦称硬币）、纸币（亦称钞票）。目前，除 1、2、5 分三种硬币外，第一套、第二套和第三套人民币已经退出流通，目前流通的人民币，是第四套人民币和第五套人民币，以第五套为主，两套人民币同时等值流通；流通的纸币有：1、2、5 角，1、2、5、10、20、50、100 元；硬币有 1 角、5 角和 1 元。我们主要讲述第五套人民币的相关知识。

二、第五套人民币的类型和特点

为适应经济发展和市场货币流通的要求，1999 年 10 月 1 日，在中华人民共和国建国 50 周年之际，中国人民银行陆续发行第五套人民币（1999 年版）。与前四套人民币相比，1999 年版第五套人民币在设计、生产、发行以及防伪技术等方面都有明显改进。发行后，受到社会各界的欢迎和认可，也受到国际印钞造币行业专家的好评。从总体上说，1999 年版第五套人民币是成功的。但是，受当时的经济发展、印制条件限制，第五套人民币也存在纸币的防伪技术应用缺乏系列化，硬币的防伪技术含量不高等不足。近年来，反假人民币斗争的形势也要求提高人民币的质量和防伪技术。同时，随着世界印钞造币领域科学技术的不断发展变化，中国人民银行研制和掌握了一批新的成熟的印制生产工艺和防伪措施，为改进和提高1999年版第五套人民币印制生产工艺、防伪措施奠定了良好的基础。

经报国务院批准，中国人民银行从2003年开始，组织实施第五套人民币100、50、20、10、5元纸币和1角硬币的印制生产工艺、技术改进和提高工作。2005年8月31日发行了第五套人民币的6个券别，保持了1999年版第五套人民币主图案、主色调、规格不变，从构成货币的基本要素来说，不是发行一套新的人民币。但由于在印制生产工艺、防伪措施方面进行了改进和提高，并将年版号改为“2005年”，所以，把改进印制生产工艺、技术后的第五套人民币称为“2005年版第五套人民币”。也就是说，2005年版第五套人民币，既属于第五套人民币的范畴，是对现行流通的1999年版第五套人民币的继承，又是对1999年版第五套人民币的创新和提高。

第五套人民币的主要特点有：第一，第五套人民币采用大肖像、大水印、大数字，充分显示手工雕刻人像防伪和货币使用功能；第二，打破了前四套人民币明显边框的设计形式，整个票面呈开放式设计结构，给防伪措施的应用留出了更多的空间；第三，纸币的背面图纹花边设计既保留了货币的传统风格和特点，又具有防伪功能；第四，票面简洁，线条清晰，色彩亮丽；第五，增加人民币的机读能力，便于现代化机具清分处理。第五套人民币硬币，与前几套人民币硬币相比，采用了大面额数字，方便流通。1元硬币增加了滚字技术，增加了硬币的防伪功能；5角硬币的材质首次采用钢芯镀铜合金，具有色泽光亮，不宜锈蚀等特性。

2005年版第五套人民币在此基础上进行了相应的改进和提高：

（1）通过改进印制生产工艺、技术，整体提高了人民币印制质量。2005年版第五套人民币纸币改进了制版、油墨、纸张及印刷工艺，在国徽、行名、人像面部和衣纹等部分，采用最新制版工艺，改变版纹底部网纹结构，在线纹交叉部位进行技术处理，提高了凹印手感，解决了1999年版第五套人民币生产过程中凹印滋墨问题；调整各面额纸币隐形图案内直线排布角度，使隐形面额数字观察更加方便，效果更加明显。

（2）通过防伪措施整合，实现防伪技术应用系统化，提高了人民币整体防伪水平。在20、50、100元纸币上增加白水印，使之与5、10元纸币配套；20元纸币背面主景“桂林山水”由胶印改成凹印，延长了流通寿命；50、100元纸币正面磁性缩微文字安全线改为全息磁性开窗安全线，在背面开窗，安全线由1.5mm加宽至2mm；50、100元纸币横竖双号码改为双色异形横号码；各券别正面主景图案右侧增加凹印手感线，突出了凹印效果。取消了1999年版第五套人民币纸币纸张中的红蓝彩色纤维，增加了部分专业防伪和专家防伪的措施内容，提高了2005年版第五套人民币纸币的防伪科技含量和技术水平。

（3）2005年版第五套人民币各券别背面主景图案下方的面额数字后面，增加人民币单位元的汉语拼音“YUAN”，以适应人民币国际化需求。

（4）第五套人民币1角硬币，在正背面图案、规格、外形与现行流通的第五套人民币1角硬币相同的基础上，材质由铝合金改为不锈钢，以适应防伪、机读需要。

1999年10月，根据第268号国务院令，中国人民银行发行了第五套人民币。2005年8月，为提升防伪技术和印制质量，中国人民银行发行了2005年版第五套人民币，迄今已有10年。

为更好地保护人民币持有人的利益，需要根据科学技术的发展，不断提高钞票的防伪技术和印制质量，保持人民币防伪技术的领先地位。为此，中国人民银行决定发行2015年版第五套人民币100元纸币，在保持规格、主图案、主色调等与2005年版第五套人民币100元纸币不变的前提下，对票面图案、防伪特征及其布局进行了调整，提高机读性能，采用了先进的公众防伪技术，使公众更易于识别真伪。2015年版第五套人民币100元纸币发行后，与同面额流通人民币等值流通。

第五套人民币的其主要防伪特征有：

（1）人像水印。（2015版变化）第五套人民币50元、100元为毛泽东人头像固定水印；1元、5元、10元、20元为花卉固定水印。2015版100元人民币人像水印清晰度明显提升，层次更加丰富。透光观察，可见毛泽东头像。

（2）红、蓝彩色纤维（2005版取消）。在第五套人民币各面额纸币票面上，可看到纸张中水印处随机分布有红色和蓝色纤维。

（3）安全线。（2015版变化）第五套人民币1999版100元、2050元为磁性微文字安全线；20元为阴暗相间的磁性安全线。2005版100元、50元、20元、10元、5元为全息磁性开窗安全线。1999版10元、5元为全息磁性开窗安全线。

2015年版100元纸币设计了两条安全线，光变镂空开窗安全线和磁性全埋安全线分别位于票面两边。光变镂空开窗安全线线宽4毫米，位于票面正面右侧。磁性全埋安全线采用了特殊磁性材料和先进技术，机读性能更好，也有利于防止变造人民币。

（4）手工雕刻头像。第五版人民币正面主景毛泽东头像，均采用手工雕刻凹版印刷工艺，形象逼真、传神，凹凸感强。

（5）隐形面额数字（2015版取消）。第五套人民币正面右上方有一装饰图案，将票面置于与眼睛接近平行的位置，面对光源作平面旋转45度或90度角，可看到面额数字字样。

（6）白水印。第五套人民币1999版5元、10元，2005版100元、50元、20元、10元、5元位于正面横号码下方，迎光透视，可以看到透光性很强的面额水印字样。

（7）光变面额数字（2015版取消）。第五套人民币100元纸币正面左下方用新型油墨印刷了面额数字，当与票面垂直观察其为绿色，而倾斜一定角度则变为蓝色（50元纸币的面额数字由金色变绿色）。

（8）阴阳互补对印图案（2015版变化）。第五套人民币100元、50元、20元、10元纸币正面左下角和背面右下方各有一圆形局部图案，透光观察，正背图案组成一个完整的古钱币图案。2015版100元人民币的胶印对印图案由古钱币图案改为面额数字“100”，并由票面左侧中间位置调整至左下角。

（9）雕刻凹版印刷。第五套人民币中国人民银行行名、面额数字、盲文面额标记、凹印手感线等均采用雕刻凹版印刷，用手指触摸有明显凹、凸感。

（10）号码（凸印）（2015版变化）。第五套人民币100元为横竖双号码（1999版），横号为黑色，竖号为蓝色；20元、10元、5元为双色横号码（左半部分为红色，右半部分为黑色）。2015版100元人民币票面正面左下方采用横号码，其冠字和前两位数字为暗红色，后六位数学为黑色；右侧竖号码为蓝色。

（11）胶印缩微文字。第五套人民币纸币多处印有胶印缩微文字“RMB100”、

"RMB50" 等字样。

（12）专用纸张。第五套人民币纸币采用特种原材料由专用抄造设备抄制的印钞专用纸张印制，在紫外光下无荧光反应。

（13）变色荧光纤维。第五套人民币纸币在特定波长的紫外光下可以看到纸张中随机分布有黄色和蓝色荧光纤维。

（14）无色荧光图。第五套人民币纸币在正面行名下方胶印底纹处，在特定波长的紫外光下可以看到面额字样，该图案采用无色荧光油墨印刷，可供机读。

（15）有色荧光图案。第五套人民币 100 元背面主景上方椭圆形图案中的红色纹线，在特定波长的紫外光下显现明亮的桔黄色；20 元券背面的中间在特定波长的紫外光下显现绿色荧光图案。

（16）胶印接线印刷。第五套人民币 100 元正面左侧的中国传统图案是用胶印接线技术印刷的，每根线均由两种以上的颜色组成。

（17）凹印接线印刷。第五套人民币 100 元背面面额数字"100"、20 元正面左侧面额数字"20"是采用凹印接线技术印刷的，两种墨色对接自然完整。

（18）凹印缩微文字。第五套人民币纸币在正面右上方装饰图案中印有凹印缩微文字，在放大镜下，可看到"RMB100"、"RMB20"等字样。

（19）磁性标记。用特定的检测仪检测，100 元、50 元的黑色横号码；20 元、10 元、5 元的双色横号码的黑色部分以及各面额人民币的安全线有磁性，可供机读。

（20）防复印图案（2005 版增加）。2005 版第五套人民币各面额纸币（包括 1999 版 1 元纸币）的水印周围，有一些特殊排列的圆圈，其作用是防止纸币被复印或打印。很多彩色复印机、扫描仪、打印机和图像处理软件（如 Photoshop）均有识别此特殊图案的功能，发现带此图案的原稿就会拒绝复印或打印。

（21）凹印手感线（2005 版增加，2015 版取消）。2005 版第五套人民币各面额纸币（包括 1999 版 1 元纸币）的右侧，自上而下、有规律地排列着一列线条。用手触摸时，凹凸感明显。

（22）光彩光变数字。（2015 版增加）在票面正面中部印有光彩光变数字。光彩光变技术是国际钞票防伪领域公认的前沿公众防伪技术之一，公众更容易识别。目前全世界已有包括中国、俄罗斯、欧元区在内的多个国家和地区的钞票采用了该技术。如图 5－17、图 5－18 所示：

图 5－17　2015 年版 100 元纸币正面

图 5-18 2015 年版 100 元纸币背面

三、假币的类型与鉴别办法

假币又称假票和伪钞。假币是指利用各种犯罪工具伪照真钞，伪造、拼凑、描画、印刷、影印、加工、变造的假票币。20 世纪 80 年代中期以来，我国发现的假币多采用现代的伪造方法，制作效率高、质量好、危害性大。假币主要包括伪造币和变造币。

（一）伪造币

是指仿造真币原样，利用各种手段非法重新仿制的各类假币。市面常见伪造币种类主要以第五套人民币 50 元和 100 元面额假币为主。按其伪造手段和方法有以下几种类型：

1. 手工描绘或手工刻版印刷的假币

这是一种手段落后，质量低劣的假币，是用手工临摹仿绘的或者雕刻塑料、木头制版进行印刷，造出来的假币质量非常低劣。它的特点是伪造手段落后，制版材料低劣，纸张是市场上常见的书写纸和普通的胶版纸，颜料是市场出售的绘画颜料，因而造出来的假币质量很差，比较容易识别。受危害的一般为文化程度较低的农民、小商贩或老人和小孩。

2. 利用一般办公工具伪造的假币

这类假币最常见的就是利用黑白复印机、彩色复印机复印的，其主要特征是线条一般不光洁整齐，用眼睛特别是用放大镜观察会发现有毛边，而且空白的位置有少量的墨粉。一些高质量的复印机，复印出来的伪品上了颜色后与真品比较相似，具有一定的欺骗性。但是只要仔细进行鉴定还是容易发现的。这类假币总的说来还是粗糙的，与真币的主要特征比较区别是明显的。复印机所用的墨粉与印钞厂所运用的印刷机的油墨是完全不同的，因而所复制出来的产品的差别也是明显的。其次，由于复印机采用固体粉墨通过烘烤融化形成的线条不很光洁整齐，而印刷出来的线条很光洁整齐，颜色很均匀。即使复印的质量较高，肉眼看到线条比较清楚，但在空白处也能观察出有少量的墨粉。掌握这些特点后就能比较准确地识别复印的假币。

3. 使用小型的印刷设备制造的假币

这类假币主要通过照相制版，采用凸印办法，其质量较高。较之手工描绘有更大的欺骗性。但由于其设备比较落后，印刷制版的条件和所采用的原材料都受到一定的限制，较之真币还是很低劣的。

4. 机制假币

所谓机制假币，就是利用现代化的制版印刷设备伪造的货币。近几年连续发现了较大的假币案，对社会的威胁很大，是社会公害最为严重的一种。此类假币比较逼真，版别也较多，但同其他假币存在一个共同的特点是：不是采用人民币的制作材料和工艺，这就是它与真币的差别。只要我们掌握了这种差别就不难识别这类假币。如这类假币的“水印”大多是印上去的，不用透光就可看见。其纸张在紫光灯下会发出荧光，其线条多为网点结构。

5. 利用化学药品复印的假币

通常称它为拓印币。它是以真币为基础，用某种化学药品使真币上的图纹油墨脱离一部分拓印到另外的纸上形成假钞。特征是墨色较浅，画面形态显得单薄清秀。另外真币被拓印后必定遭受到一定损坏，有的颜色变浅或者图纹模糊不清，又叫做被拓印币。被拓印币虽然是真币，但它的背后必定有拓印假币，因此更值得注意。

它们的主要特点是：

第一，采用的是普通胶版纸。在紫光灯下有明显的荧光，票面上的水印是采用浅色油墨在背面印上的，这和真票的区别较为明显。特别是在紫光灯下观察时，就会发现这种浅油墨印上去的水印发暗，和纸张本身的荧光相对比就显得发黑，而且手感光滑表面无凹凸感。

第二，重号率特别高，常见于2005年版左下角的双色异形冠字号码，真币的双色异形冠字号码是中间大两头小，号码数字绝不相同，但假币字体则有可能大小一致，或冠字号码完全相同。

第三，真币水印是制作在纸张里面，迎光透视立体感很强，呈透明或半透明状，假水印则是浮在币面上，不用迎光透视也能看出来，没有透明感；真币正面左下角的100元、50元数字由光变油墨印刷，垂直观察、变动票面倾斜角度，100元的数字会由绿色变蓝色，50元的数字会由金色变绿色，伪造币数字不会变色，或者只是色度光暗变化。

（二）变造币

变造币是指在真币基础上或以真币为基本材料，通过挖补、剪接、涂改、揭层等办法加工处理，使原币改变数量、形态，以此实现升值的假货币。变造币是“伪造币”与真币的混合体，由于是手工制作，形式更加多样化，所以更加难以鉴别。

主要的变造方法有四种：将一张真币一分为二，同时，通过粘补将一半真的和一半假的拼凑在一起；将多张真币进行裁剪，从中抽条，再重新拼接；将真币上的变色荧光数字挖剪，再粘补在假币同一位置上，以期蒙混过关；将一张真币正反面撕开，与一张假币的正反面分别组合，制造出两张半真半假的“变造币”等。

它的鉴别方法一般有三种：第一，通过验钞器检验；第二，看有无接口。一般的“变造币”接驳处会有明显的整齐折痕，在透光时，可看见裁切部分与其他部分略有不同；第三，摸“变造币”两部分手感不同。一般真钞较粗糙，假钞则比较光滑；在用验钞机验钞时，要对人民币的两头和中间都进行辨认。

（三）真伪人民币的鉴别方法

无论采用何种方式伪造的票币，与真币总有一定的差别。鉴定票币的真伪，必须在熟悉真币的特征和主要防伪技术的前提下进行。纸币真伪的识别通常采用人工识别和仪器检测相结合的办法，最有效的办法就是人工识别，即一看、二摸、三听、四测、五拓；仪器检测只是作为辅助鉴别的手段，可使用点钞机或者验钞机识别。

一看。首先看水印，把人民币迎光照看，假币水印一般为浅色油墨印盖在纸币正面或背面；还有一种假币水印是将币纸揭层后，在夹层中涂上白色糊状物，再在上面压盖上水银印模。真币水印生动传神，立体感强。假币水印缺乏立体感，多为线条组成，或过于清晰，或过于模糊。二是看安全线，假币的“安全线”或是用浅色油墨印成，模糊不清，或是手工夹入一条银色塑料线，容易在纸币边缘发现未经剪齐的银白色线头。第五套人民币的安全线有微缩文字，假币仿造的文字不清晰，线条活动易抽出。2015 年版 100 元纸币设计了光变镂空开窗安全线，位于票面正面右侧。当观察角度由直视变为斜视时，安全线颜色由品红色变为绿色；透光观察时，可见安全线中正反交替排列的镂空文字“￥100”。光变镂空开窗安全线对光源要求不高，颜色变化明显，同时集成镂空文字特征，有利于公众识别。三是看钞面图案色彩是否鲜明、线条是否清晰、对接线是否对接完好，无留白或空隙。2015 版 100 元人民币正面印有光彩光变数字。垂直观察票面，数字“100”以金色为主；平视观察，数字“100”以绿色为主。随着观察角度的改变，数字“100”颜色在金色和绿色之间交替变化，并可见到一条亮光带在数字上下滚动。

二摸。由于人民币采取凹版印刷，线条形成凸出纸面的油墨道，特别在盲文点、“中国人民银行”字样、第五套人民币人像部位等，用手指抚摸这些地方，有较明显的凹凸感。而目前假币一般手感平滑、无凹凸手感。

三听。人民币纸张是特制纸张，质地坚韧，挺度好，耐折。新钞票用力抖动或者用手指弹动会发出清脆声响。假币纸张发软，偏薄，声音发闷，不耐揉折。

四测。用简单仪器进行简单检测。如用紫光灯检测纸张有无荧光反映，人民币纸张未经荧光漂白，在荧光灯下无荧光反映，纸张发暗。假币纸张多经过漂白，在荧光灯下有明显荧光反映，纸张发白发亮；用磁性检测仪检测黑色横号码的磁性；用放大镜检测图案印刷的接线技术及底线条纹等。

五拓。将要检测的人民币放于光滑的玻璃板上，在文字、盲文等处轻拓，如是真币，则上述图案、文字均会呈现在纸上，假币则呈现不清。

以最常见的 2015 版第五套人民币 100 元钞票为例，简要说明真伪人民币的鉴别要点。

（1）光变镂空开窗安全线。安全线是人民币的重要防伪特征。2015 年版 100 元纸币设计的安全线位于票面正面右侧。当观察角度由直视变为斜视时，安全线颜色由品红色变为绿色；透光观察时，可见安全线中正反交替排列的镂空文字“￥100”。光变镂空开窗安全线对光源要求不高，颜色变化明显，同时集成镂空文字特征，有利于公众识别。如图 5 - 19 所示：

（2）光彩光变数字。在票面正面中部印有光彩光变数字。垂直观察票面，数字

图 5－19 光变镂空一开窗安全线

“100”以金色为主；平视观察，数字“100”以绿色为主。随着观察角度的改变，数字“100”颜色在金色和绿色之间交替变化，并可见到一条亮光带在数字上下滚动。如图 5－20所示：

图 5－20 光彩光变数字

（3）人像水印。人像水印清晰度明显提升，层次更加丰富。透光观察，可见毛泽东头像。如图 5－21 所示：

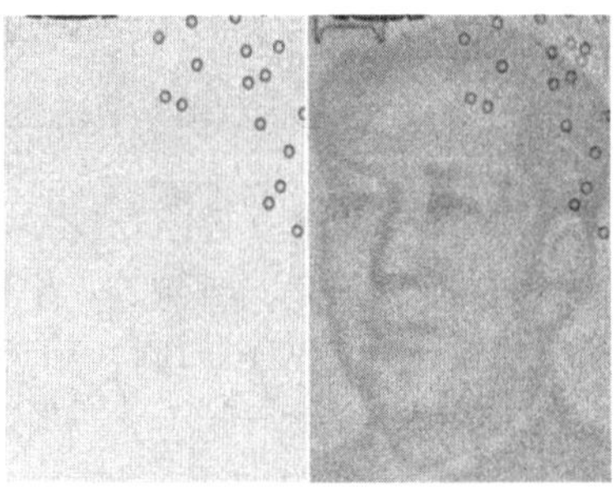

图 5－21 人像水印

（4）胶印对印图案。胶印对印图案由古钱币图案改为面额数字“100”，并由票面左侧中间位置调整至左下角。如图 5－22 所示：

（5）横竖双号码。票面正面左下方采用横号码，其冠字和前两位数字为暗红色，后六位数学为黑色；右侧竖号码为蓝色。如图 5－23 所示：

（6）白水印。位于票面正面横号码下方。透光观察，可以看到透光性很强的水印面额数字“100”。如图 5－24 所示：

图 5－22　胶印对印图案

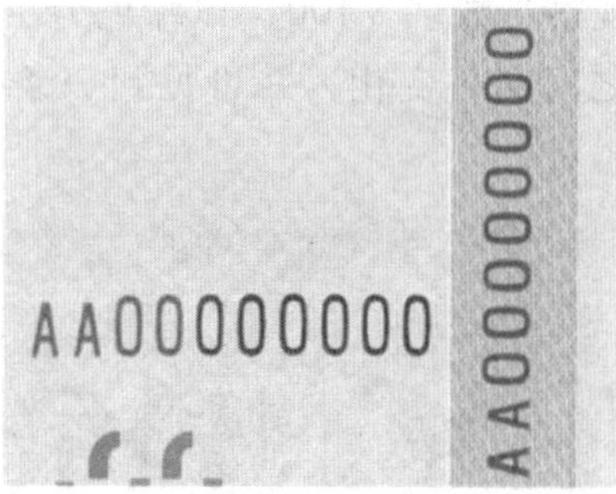

图 5－23　横竖双号码

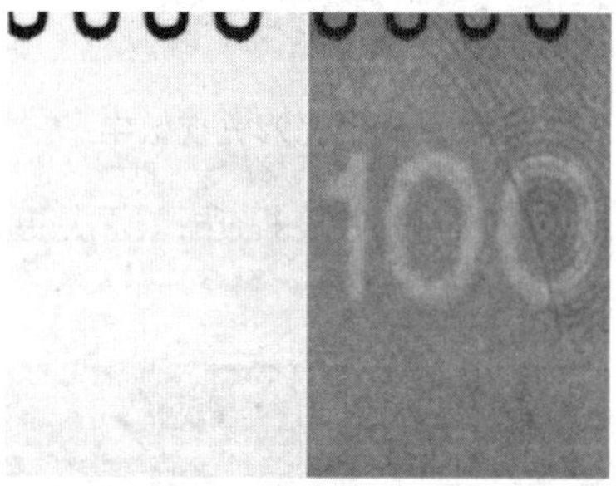

图 5－24　白水印

（7）雕刻凹印。票面正面毛泽东头像、国徽、“中国人民银行”行名、右上角数字、盲文及背面人民大会堂等均采用雕刻凹印印刷，用手指触摸有明显的凹凸感。如图 5－25 所示：

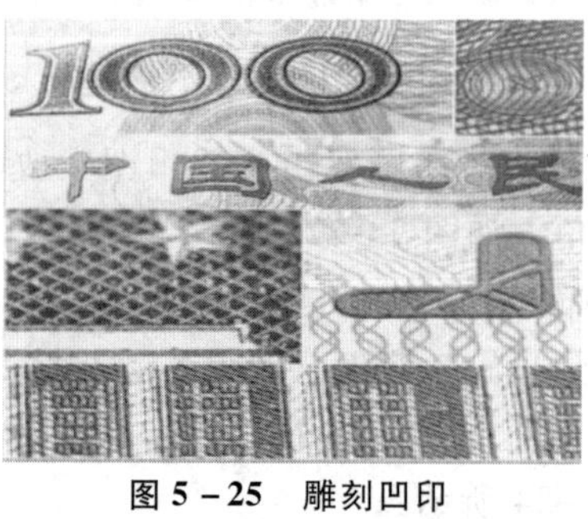

图 5－25　雕刻凹印

在此需要说明的是，在验钞过程中，不能仅凭一点或几点可疑就草率判别真伪，还需考虑到钞票流通中受到的诸多因素影响，进行综合分析来辨别真伪。

四、硬币假币的鉴别

假硬币比真硬币薄且轻，有的假硬币比真硬币薄约1/4；真硬币的外形都很规整，硬币的边部光滑平整，而假硬币往往不规整，厚度不均匀，特别是币的边部有些有毛刺或者起线不圆滑，有些有锉刀直条纹路；真硬币图案花纹文字清晰、细腻、挺拔、层次丰富、立体感强，而假硬币图纹模糊，细条纹分辨不清，国徽中五角星立体感差，五角星的角尖长短不一，顶部圆滑，背面菊花花叶瓣上叶脉模糊；真硬币有柔和的金属光泽，而假硬币的金属色泽发白发闷，有的虽然也有光泽，但其光泽发散，有的像翻砂出来的，币面有砂眼，用放大镜观察就一目了然。

五、发现假币的处理

根据《中华人民共和国中国人民银行法》规定，禁止运输、持有、使用伪造或变造的人民币。购买伪造、变造的人民币或者明知是伪造、变造的人民币而持有、使用，构成犯罪的，依法追究刑事责任；情节较轻的，由公安机关处15日以下拘留、5 000元以下罚款。《中华人民共和国人民币管理条例》规定，单位和个人持有伪造、变造的人民币的，应及时上缴中国人民银行、公安机关或办理人民币存取款业务的金融机构；发现他人持有伪造、变造的人民币，应当立即向公安机关报告。

本章小结

通过本章内容的学习，掌握票币整点的基本环节：起钞→拆把→持钞→点数→记数→扎把→盖章等；掌握常用的手工点钞的方法，单指单张和多指多张点钞法；了解点钞机的基本结构与原理，熟练使用点钞机进行钞票的整点；熟悉我国第五套人民币的防伪特征，掌握假币识别的基本方法，能使用看、摸、听、测和拓的直观方法进行假币的识别。

手工点钞是银行工作的重要组成部分，尤其是单指单张点钞法应熟练掌握，学习过程中基本要领做到准、快、好。机器点钞，有助于减轻劳动强度，提高工作效率，但要学会对点钞机进行保养和维护，能够排除简单的机器故障。

操作训练

一、手持式单指单张点钞法的练习

考核标准：优秀：5分钟，单指单张600张
　　　　　良好：5分钟，单指单张400张
　　　　　及格：5分钟，单指单张300张

二、扎把练习

要求：3 ~5 秒钟完成扎把过程；扎把要紧，票面平整。

三、手持式多指多张点钞法的练习

考核标准：优秀：5 分钟，多指多张 500 张
良好：5 分钟，多指多张 300 张
及格：5 分钟，多指多张 100 张

四、点钞机操作步骤的练习

要求：每人使用点钞机，连续完成 3 ~5 把点钞券的清点扎把。动作连贯，操作熟练。

6 项目六 键盘输入技能

教学目标

1. 认识数字小键盘和计算器的基本结构和功能；
2. 掌握数字小键盘和计算器的操作指法；
3. 熟练掌握数字小键盘和计算器的操作技能。

教学要求

知识要点	能力要求
数字小键盘概述	（1）了解数字小键盘的作用； （2）掌握数字小键盘的结构。
数字小键盘的操作方法	（1）掌握操作数字小键盘的姿势； （2）掌握数字小键盘的盘区指法。
计算器的构成和功能	（1）了解计算器的构成； （2）熟悉计算器的功能。
计算器的基本操作方法	（1）了解计算器使用前的准备工作； （2）掌握使用计算器的步骤； （3）掌握计算器的基本操作方法； （4）掌握计算器的盲打技能。

任务一 数字小键盘输入技术

一、数字小键盘概述

数字小键盘是电脑键盘的一部分，它位于电脑键盘的右下方，又称数字/光标移动键盘。在数字小键盘中，各键分布紧凑、合理，便于单手操作，在录入纯数字和符号等内容文件时，使用数字小键盘比使用主键盘更快捷方便，更有利于提高速度。一般财会人员和银行人员经常使用小键盘。

数字小键盘由以下键位组成："Num Lock"键、小数点键、"/"键、"*"键、"-"键、"+"键、"Del"键、数字键"0"~"9"、"Enter"键。数字小键盘左中区集中排放了0~9十个数字键，有利于能够快速的输入大量数据。

在小键盘区上按一下Num Lock键，指示灯亮的同时，数字小键盘就启动了，就可以输入数字等其他操作了。如果当您再按一下Num Lock键，指示灯灭时，数字小键盘就关闭了，但是其他操作可正常进行。还有通过Num Lock键，可以在光标功能和数字功能之间进行切换。

学习数字小键盘的操作是为了提高手指的协调性、灵活性，达到输入金额时能准确高效、快速自如的盲打，从而提高工作效率，适应相关工作岗位的技能要求。

二、数字小键盘的操作方法

（一）操作数字小键盘的姿势

在做键盘练习的时候，坐姿是非常重要的，它是打字的基本功，也是一种良好的习惯。打字的时候手指轻轻地放在基本键上，身体其他部位不要靠在键盘边框或桌子边上，正确的坐姿是准确、迅速输入的前提条件。具体操作姿势如下：

（1）操作者在计算机前要坐正，腰背挺直，身体略微向前倾斜，双脚自然平放在地上。桌椅高度要适当，以小手臂与键盘盘面相平为宜，因为座位过低手臂易疲劳，过高不好操作。

（2）人体与计算机键盘的适宜距离为15~30厘米（两拳左右）最合适。手臂、肘、腕、两肩都要放松，肘与腰部距离为5~10厘米之间。小臂与手腕要向上倾斜，但是手腕不能拱起，手腕与键盘下边框保持一定的距离（约1厘米左右）。不能弯腰低头，也不能把手腕、手臂依托在键盘之上，这样不但影响美观，更加会影响速度。

（3）手掌要以腕为轴略向上抬起，手指自然垂下，略微弯曲，腕略微向上倾斜，从手腕到指尖形成一个弧形，手指的第一关节要同键盘垂直，轻轻按在与各手指相关的基本键位上。进行键盘练习时，必须掌握好手形，因为一个正确的手形也有利于录入速度的迅速提高。

（4）眼睛要略高于显示器15°，眼睛与显示器的距离以15~35厘米为宜。

（5）把所需录入的数据资料平放在数字小键盘的左侧，眼睛注视在数据资料上，左手手指指向具体输入的数据，右手手指击打相应的数字或符号键，录入过程严禁看小键盘。

要掌握动作的准确性、击键力度及节奏，因为普通计算机小键盘的键处于同一平面上，所以在进行键盘操作时，主要的用力部分是指关节，而不是手腕，这是对初学者的基本要求。待练习到比较熟练后，随着手指敏感度加强，再扩展到与手腕相结合。使用指尖垂直向键盘冲力，要在一瞬间发力，并立即反弹。切不可用手指整体去压键，以免影响击键速度，而且压键会造成输入多个相同字符。这也是学习打字的关键问题，还需要多花点时间去慢慢的体会、掌握。手指必须严格遵守指法的规定，分工明确、各守岗位。任何一项不按指法要点操作的行为，都会造成指法混乱，严重影响输入的速度及正确率。

对于以下最常见的问题，可分别根据提示注意并改进：

(1) 正确的姿势一般只要坚持两三天就可以适应，也是学习打字最基本的要求。但是有人觉得正规姿势太别扭，习惯只用一根手指按键，这绝对是错误的。

(2) 不是击键，而是按键，手指一压到底，并且没有弹性；手腕硬，不能与手指的跳动配合，这样即影响手形，也不能做到击键迅速、干脆、准确。由于计算机键盘都有一个重复率的设置，所以如果在规定时间内按键之后弹出，计算机认为是一个键，如果没有弹起，计算机会认为用户需要连续的输入该字符，在相关软件的输入界面上就会出现两个或多个同样的字符，如果这样，会影响输入的质量和速度。因此在整个练习过程中一定要注意是弹键，而并非是按键。

(3) 如果击键时手指形态变形、手指翘起或往里勾，都会造成击键不到位。应该悬腕打字，不要将手腕搁在桌子上或靠在键盘边框上打，悬腕打字对于快速输入非常有利，部分初学者往往能悬腕但双肩不放松，坚持一会儿就会觉得肩酸背痛，对此，只要按正确的姿势调整一下即可。

(二) 数字小键盘的盘曲指法

数字小键盘是除了计算机主键盘外使用最频繁的键区，和主键盘一样，数字小键盘同样有基准键位和原点键。数字小键盘的基准键位是数字键“4”、“5”、“6”三个键。数字小键盘的原点键就是在小键盘基准键位中间的数字键“5”上有一个凸起的小圆点(有的为短横条)，这个键也称为盲打定位键，可用右手手指触摸相应的圆点标记使右手各手指进行归位。

1. 数字小键盘的指法

数字小键盘的键位是有统一的排列标准的，配合上一套科学性的指法，进而将有效地提高打字的速度及准确率。操作数字小键盘键的正确指法是：用右手操作小键盘，食指要放在 4 键上，中指要放在“5”键上，无名指要放在“6”键上，小拇指要放在回车上，食指要负责左边一列，中指要负责中间一列，无名则指负责右边的一列。小键盘手指分工如图 6－1 所示：

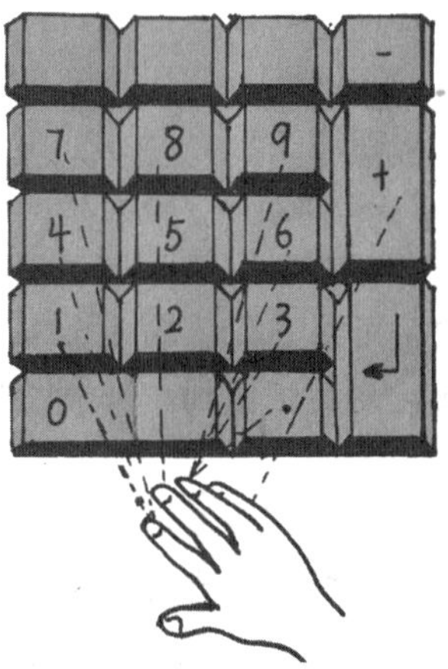

图 6－1 小键盘手指分工

即：右手拇指：0；

右手食指：1、4、7 ；

右手中指：2、5、8、/；

右手无名指：.（小数点）、3 、6、9、 * ；

右手小指：Enter、 + 、 - ；

其中“5”键为盲打定位键，中指停在“5”键上。

整个数字小键盘通过有效的划分，各个手指分工明确，在击打任何键时，只要把手指从基准键位移到相应的键上，输入正确的数据后再返回到基准键位即可。

2. 数字小键盘具体操作

小键盘具体操作指法为，将右手拇指、食指、中指、无名指、小拇指以此放置在键“0”、“4”、“5”、“6”、“ + ”上，右手拇指自然向掌心弯曲，手掌与键面趋于平行。录入数据时，右手各手指从基准键位出发迅速移到目标键位，在目标键位上方 1 厘米左右时，迅速用指尖击打键盘，切不可用指甲击打。击打完目标键后，相应手指立刻回到基准键位。

（1）对基准键“4”、“5”、“6”和原点键的输入。右手食指、中指、无名指轻放在数字键“4”、“5”、“6”上，屈指用指尖击打各自对应的键。

（练习 456　564　645　546　465　654）

（2）对数字键“7”、“8”、“9”的输入。右手食指、中指、无名指轻放在数字键“4”、“5”、“6”上，右手各手指从基准键位出发向上迅速移到数字键“7”、“8”、“9”上，轻轻击打后，再迅速返回到基准键位上。

（练习 789　798　879　987　897　978）

（3）对数字键“0”、“1”、“2”、“3”的输入。右手食指、中指、无名指轻放在数字键“4”、“5”、“6”上，右手拇指放在数字键“0”，右手食指、中指、无名指从基准键位出发向下迅速移到数字键 1、2、3 上，轻轻击打，同时拇指击打“0”，击打完毕后食指、中指、无名指再迅速返回到基准键位上，拇指保持不动。

（练习 0123　3210　2310　2130　2031　3210　3012　1302　1203　0231　3201）

（4）对数字键和符号键的共同输入。右手各手指轻放在基准键位上，各手指从基准键位出发向上迅速移到目标各键，轻轻击打后，再迅速返回到基准键位上。拇指依然位置不动。对数字键和符号键的共同输入是在熟练掌握小键盘各个数字键位的基础上进行的，是全面掌握数字小键盘的技能要求。

（练习 864 + 24 613 + 75. 02 - 830. 50 - 936 * 26 * 17/69/42 = ）

使用小键盘练习单手输入金额数字。单手小键盘操作有其特点和优势，例如：部分数字输入就是仅靠单手完成的，可以一只手输入金额，一只手翻单据。这样就能节省出更多的时间，创造出更多的效益，真正做到“练就一时，受用一生”。

（三）数字小键盘的技能训练

可以大量的在表格中输入各种数字，或者结合珠算中的传票，也可以借助训练软件来进行强化练习，如“金山打字通”、“指法练习通用版”、“五笔打字教程”等。自己来设定各种各样的单据样式、计时方式等，经过电脑的随机出题后，根据模拟的各种单据，如：收款凭证、付款凭证、现金收入日记账、现金支出日记账、出库单、入库单等进行输入，可以允许同一组题目进行多次练习，这样对比找出经常出错的地方，并设立个人积分榜、练习成绩排行榜，以及设立同一组题目进行多次练习后的成绩对比表。这样可以及时发现薄弱环节，在短时间内快速突破单手输入关。

任务二 计算器输入技术

一、计算器的构成和功能

随着现代科学技术日新月异，高速发展，随之而来的是现代化的教学技术和手段层出不穷，因此计算机、计算器这些新时代的高科技产品进入课堂是历史的必然。电子计算器的基本特点是体积小、重量轻、携带方便、运算迅速准确、操作简便、价格低廉。计算器的先进性的和专业性，使其成为各行业不可或缺的计算工具。

计算器是指能进行数学运算的手持机器，拥有集成电路芯片，与计算机相比结构简单，功能较弱。计算器一般指的就是电子计算器。常见的计算器有以下三种：

(1) 算术型计算器。可进行加、减、乘、除、开方和简单的统计运算等。

(2) 科学型计算器。可进行乘方、开方、指数、对数、三角函数、统计等方面的运算，又称为函数计算器。

(3) 程序计算器。可以编程序，把较复杂的运算步骤存储起来，以便进行多次重复的运算。

计算器外形如图 6－2 所示，一般由以下部分构成：

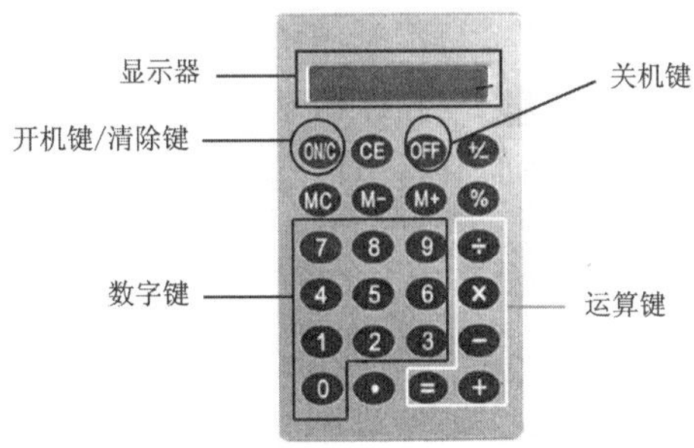

图 6－2　计算器外形

(一) 显示器

显示器在计算器的上方，为计算器的输出设备，一般为液晶显示，用于显示录入的数据、计算公式、标记符号和运算结果，它说明计算器目前的工作状态和性质。由于各种功能融为一体，在显示屏上除了显示各种数据和各种运算结果外，还显示有关各种符号所表示的状态记号。

（二）开机键/关机键

使用计算器时先要按一下开机键，以接通计算器的电源。在运算过程中，若需要全部清除前边输入的所有数据，则需要先按 OFF 键关机，再按 ON/C 键开机后重新输入数据。

（三）数字键

0、1、2、3、4、5、6、7、8、9，每按一下数字键，显示器右端就会出现这个键上标出的数字，同时把前面输入的数字向左移动一位。这些键可分别完成加减乘除运算并得出计算结果。

（四）运算键

运算功能键是进行加、减、乘、除四则运算的按键，这些键可分别完成加减乘除运算并得出计算结果。

（1）加法键“+”，是进行基本加法和连加的运算。

（2）减法键“-”，是进行基本减法和连减的运算。

（3）乘法键“×”，是进行基本乘法和连乘的运算。

（4）除法键“÷”，是进行基本除法和连除的运算。

注意：加、减、乘、除键在计算时都可能代替等号键。

（五）存储键

读记忆储存 MR：是把存储信息映射到正在运算的显示屏上。

清除记忆储存 MC：就是清除存储信息。有的计算器没有这两个键，只有一个 MRC，其实是这两个键的结合，按一次是 MR，再按一次是 MC。

记忆储存增加 M+：就是在原有存储信息的基础上进行加法运算。

记忆储存减少 M-：就是在原有存储信息的基础上进行减法运算。

（六）清除键

在运算过程中，清除错误。

（1）总清除键“C、CA、AC”，作用是将显示屏显示的数字全部清除。

（2）部分清除键“CE、C”，其功能是清除当前输入的数字，而不清除以前输入的数字。如果刚输入的数字有误，立即按此键，可清除刚才输入的数字，待输入正确的数字之后，原运算可继续进行。但需注意，在输入数字之后，按“+”、“-”、“×”、“÷”键的，则数字不能清除。

此外，还有小数点键“.”，用来输入小数；符号键“+/-”，用来输入数字的符号，使输入的数字改变正负，输入负数时，先输入数字的绝对值，再按符号键即可。

二、计算器的基本操作方法

（一）使用电子计算器前的准备工作

在使用计算器之前，首先要清楚所使用的计算器的类型，对于不熟悉的计算器，要仔细阅读使用说明书，掌握其功能、符号及操作方法。要将计算器平稳地放在桌面上，按键动作要稳、准、轻，不要太快或用力过猛，一次只按一个键，不要久按一个键不放，以防止按键损坏和数据丢失。

一般情况下计算器遵循的按键顺序是：先括号内→再乘除→最后加减的顺序。复杂的算式，计算前先要进行分析，按照算术运算规则，应考虑将先要得出结果的部分先输入，得出结果后再参加下一部分运算；有时也可以依据代数原理去括号后再按键；也可以分段运算。在运算中要充分利用计算器的存储功能进行操作。

（二）使用计算器四则运算步骤

（1）先按键输入第一个参与计算的数据，从高位按起，例如369要按3—6—9的顺序；

（2）按运算符号键，＋、－、×或÷；

（3）输入第二组参与计算的数据，亦从高位按起；

（4）按等号键，出现结果；

（5）两步运算的，如果第一步结果可直接参与第二步运算，则接着按运算符号键进入下一步计算；如果第二步运算不能再接着参与运算，则可先记录第一步运算的结果，然后重新按以上程序进行计算；

（6）计算完毕，按关机键“OFF”关闭计算器。

【例6－1】用计算器计算369＋450

输入3，6，9，显示369；

按＋，显示369；

输入4，5，0，显示450；

按＝，显示最后结果819。

【例6－2】用计算器计算78＋6×25

输入6，显示6；

按键×，显示6；

输入2，5，显示25；

按键＋，显示150；

输入7，8，显示78；

按键＝，显示最后结果228。

【例6－3】计算324÷（82－64）

输入8，2，显示82；

按键－，显示82；

输入6，4，显示64；

按键＝，显示18。

按键CE；

再输入 3 ， 2 ， 4 ，显示 324；
按键 ÷，显示 324；
输入 1 ， 8 ，显示 18；
按键 =，显示 18；
【例 6－4】计算 12×6＋18×2＋13＋17×3
输入 1 ， 2 ，显示 12；
按键 ×，显示 12；
输入 6 ，显示 6；
按键 =，显示 72；
按键 M＋ ，显示 M72；
输入 1 ， 8 ，显示 M18；
按键 ×，显示 M18；
输入 2 ，显示 M2；
按键 =，显示 M36；
按键 M＋ ，显示 M36；
输入 13 ，显示 M13；
按键 M＋ ，显示 M13；
输入 17 ，显示 M17；
按键 ×，显示 M17；
输入 3 ，显示 M3；
按键 =，显示 M51；
按键 M＋ ，显示 M51；
按键 MR ，显示最终结果 172。
即每个单项算完了就按 M＋ ，最后按 MR 看总和。

（三）计算器盲打技能

1. 掌握计算器盲打技能的要点

第一，操作者正确的坐姿。在进行计算器盲打的过程中要坐姿端正，能使操作者能够放松自如、动作协调，提高整个盲打效率。

第二，计算器放置正确位置。计算器放置位置一般根据操作者自身实际情况，例如，身材的高矮，左右手的习惯。且位置找对后，不能随便移动。

第三，握笔正确。操作者在开始时应养成右手握笔击键计算习惯，有利于后期速度的提高。

第四，集中精力，控制好击键的节奏。注意力要高度集中，做到眼快、手快。在操作的整个过程，要控制好击键节奏，使操作一气呵成。

2. 计算器盲打的操作方法

在开始操作之前，做好准备工作，要保持正确的坐姿，标准的指法。在击键之前，将右手食指、中指、无名指分别定位在 4、5、6 三个键上面。当右手腕悬空，操作时手掌应上下移动；当右手掌根部置于桌子上，应靠手指的移动来完成盲打操作。

（四）计算器翻打传票

翻打传票是会计人员应该掌握的基本技能之一，也是熟练操作各项业务的基础，它的计算方法表面看起来比较简单，练习起来也比较枯燥，但需要一定的技巧。在用计算器进行传票计算时，要进行传票整理、翻页、找页、记页等连贯运算。因此，要学好传票的运算，首先掌握传票算的基本功，有关传票算的方法详见本教材项目三任务四传票算，这里要强调的是保持良好的姿势，正确摆放计算器和传票位置，通过科学的训练方法，做到传票的“翻页”和“按键”动作连贯，边看边打，高效运算。

1. 正确姿势

用电子计算器翻打传票，通常简称为“电打传票”。计算时，姿势同打算盘相似：

（1）坐姿要求。身体坐正略向前倾、两脚平放、两臂放松、双手微微抬起。

（2）传票摆放要求。传票放在桌子的左边、计算器放在右边，答案纸放在传票的下方，笔放在计算器的下方，以右手能方便拿到的地方。

（3）计算器调整。将键位钮调至“GT”键处，启用计算器的累计功能；将键位钮调至“A”键处，不启用连加连减功能；将键位钮调至“5/4”键处，启用四舍五入处；将键位钮调至“2”键处，启用保留两位有效数字的功能；在实际工作有时要启用“AC”键，方便统计输入的笔数。按“C”键使屏幕归零。

2. 传票的翻打方法

计算器翻打传票在实际工作中主要包括订本式传票和活页式传票的操作。翻页是计算器传票运算速度快慢的关键。传票翻页是靠左手完成的，首先左手的小指、无名指放在传票封面的左下方，中指、食指、拇指放在每题的起始页，然后用拇指翻动传票，即拇指将传票一页一页翻起，食指挡在翻过传票页背面，并用中指夹住已运算过的那部分传票，拇指翻一页，食指立即挡住一页，这样反复地翻、接、夹。注意不能用右手帮忙翻页或找页，否则会影响计算速度。左手翻页和右手按键要同时进行，每翻动一页，大脑要迅速将页数记住，右手同步按键。计算时，应做到还没打完当页传票数字时，左手就应翻到下一页，保持动作流畅，即左手刚翻完第 1 页数据，眼睛把数看准，右手就将数迅速拨入计算器，计算到最后两位数字时，左手又翻下第 2 页数据，右手还没输完数时，又转眼边看下一张边打数。尽量在计算过程中没有停顿，找页、翻页迅速，看数清楚，拨数准确，达到既快又准的水平。传票翻完，结果显示在计算器上，将答案抄写到答题纸上，答案应三位一节书写，书写时应标准规范、清晰工整。传票翻打如图 6－3 至图 6－6 所示。

图 6－3 传票翻打（1）

图 6－4 传票翻打（2）

图 6－5 传票翻打（3）

图 6－6 传票翻打（4）

本章小结

在会计工作中需要输入大量的数字，因此数字小键盘的操作技能掌握，是会计基本技能训练中的必要组成部分，是会计从业人员必备的基本素质内容之一，因此按照数字小键盘的操作方法加强练习，达到输入数字金额时能准确高效、快速自如的盲打，提高工作效率，更好适应相关工作岗位的技能要求。电子计算器是各行各业不可或缺的计算工具，了解电子计算器的分类及结构，熟悉其功能，掌握计算器的握笔、坐姿、指法等内容，掌握翻打传票的操作方法，以便更好地适应将来会计工作的需要。

操作训练

一、对于基准键位和原点键位的数字进行输入

（1）456
（2）546 654
（3）564 456 546
（4）645 456 546 564
（5）456 545 654 465 656
（6）645 546 555 654 456 465
（7）456 645 546 564 654 556 456
（8）654 466 554 654 456 465 564 465
（9）654 546 455 654 646 564 555 566 654
（10）564 566 655 654 456 654 544 546 454 656

二、对于所有数字键位的数字输入

（1）123
（2）789

（3）0123

（4）456 123

（5）123 456 789

（6）864 642 056 329

（7）831 073 568 210 532

（8）589 601 631 860 420 458

（9）521 683 081 742 693 410 329

（10）839 631 742 753 981 731 903 628

三、对于数字键和符号键的输入

（1）217 +753 =

（2）732 -527 =

（3）268 * 620 =

（4）741/874 =

（5）782 631 +56 782 =

（6）491 562 -231 639 =

（7）239 591 +180 562 -742 680 -67 812 =

（8）390 239 * 741 328 * 63. 63/594/798. 18 =

（9）981 632 320 +45 671 +37 -721 852 -8 973 * 127 =

（10）12 876 430 + 730 153. 16 - 286 383. 96 - 2 793 * 4 218 * 630. 36/ 579 282/ 4 681. 78 =

四、基本操作练习

（1）630 +1 270

（2）12 375 -2 046 =

（3）23 ×86 =

（4）1 548 ÷36 =

（5）786 +57 ×36 =

（6）28 +272 ÷16 =

（7）55 ×（200 -125）=

（8）1 800 ÷（268 -208）=

（9）249 +236 ×2 =

（10）13 ×2 +34 ×5 +15 ×26 +16 ×27 =

（11）12 390 -629 +8 392 =

（12）1 176 ×83 -3 268 =

（13）5 625 ÷75 -134 =

（14）9 960 -173 ×52 =

（15）（286 +534）÷40 =

（16）3 108 ÷42 ×29 =

（17）389 ×127 +1 369 =

（18）8 004 ÷87 +3 293 =

（19）3 815 ÷25 -27 =

（20）63 ×21 +26 ×3 +15 ×52 =

五、传票算和账表算

要求：用计算器计算项目三练习六。

7 项目七 会计档案整理与保管技能

教学目标

1. 理解会计档案的基本内容；
2. 熟悉会计档案整理装订的基本要求；
3. 熟练掌握会计档案资料装订的基本方法；
4. 掌握会计档案的保管技能。

教学要求

知识要点	能力要求
会计凭证整理装订	（1）理解会计凭证整理装订的基本要求； （2）熟练掌握会计凭证的整理装订。
会计账簿整理装订	（1）理解会计账簿整理装订的基本要求； （2）熟练掌握会计账簿的整理装订。
财务报告整理装订	（1）熟练掌握财务报告装订前的准备与装订要求； （2）理解其他会计资料整理装订的基本要求。
会计档案的保管技能	（1）熟悉会计档案的归档和保管要求； （2）掌握会计档案的查阅、交接及销毁。

任务一 会计档案的整理技能

一、会计档案的概念和种类

会计档案是指单位在进行会计核算等过程中接收或形成的，记录和反映单位经济业务事项的，具有保存价值的文字、图表等各种形式的会计资料，包括通过计算机等电子设备形成、传输和存储的电子会计档案。应该归档的会计资料包括会计凭证、会计账簿和财务会计报告及其他会计资料。根据 2015 年 12 月最新修订的《会计档案管理办法》（中华人民共和国财政部、国家档案局令第 79 号），各单位的会计机构或会计人员所属机构按照归档范围和归档要求负责定期将应该归档的会计资料整理立卷，编制会计档案保管清册。当年形成的档案，在会计年度终了后，可暂由本单位会计管理机构部保管 1 年，再移交单位档案管理机构保管。因工作需要确需推迟移交的，应当经单位档案管理机构同意。单位会计管理机构临时保管会计档案最长不超过 3 年。临时保管期间，会计档案的保管应当符合国家档案管理的有关规定，且出纳人员不得兼管会计档案。

会计档案的基本内容如图 7－1 所示，具体包括以下四大类：

（1）会计凭证。包括原始凭证、记账凭证。

（2）会计账簿。包括总账、明细账、日记账、固定资产卡片及其他辅助账簿。

（3）财务会计报告。包括月度、季度、半年度、年度财务报告，包括财务报表、附表、附注及文字说明，其他财务报告。

（4）其他会计资料。包括银行存款余额调节表、银行对账单、纳税申报表、会计档案移交清册、会计档案保管清册、会计档案销毁清册、会计档案鉴定意见书及其他具有保存价值的会计核算专业资料。

通过计算机等电子设备形成、传输和存储的电子档案均应视同会计档案一并管理。

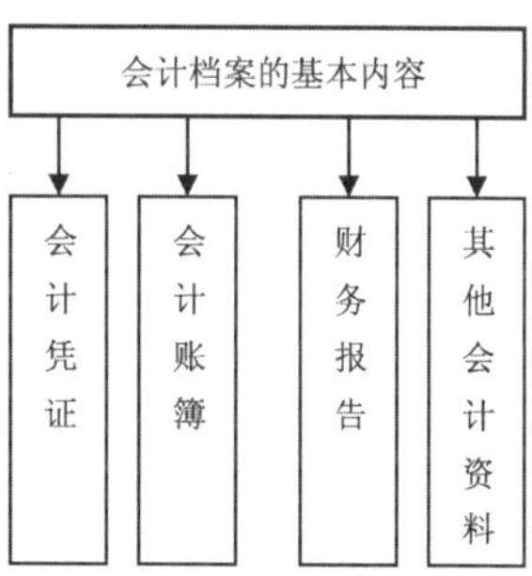

图 7－1 会计档案的基本内容

会计档案与文书、科技档案相比，具有形成范围广泛、类别比较稳定、外在形式多样的特点。

会计档案是会计活动的产物，它是记录单位经济业务的重要史料和证据，它客观的反映各单位一切经济活动的发生、发展过程，不仅是各单位进行预测和经营决策重要参考资料，也是检查各单位是否遵纪守法的客观依据，同时也为解决经济纠纷，处理经济案件提供依据。另一方面会计档案也是研究经济发展历史，从经济角度展现一个单位历史面貌的珍贵史料。所以加强会计档案的整理和保管具有重要作用。

二、会计档案的整理与装订

会计档案的整理和装订主要包括会计凭证、会计账簿、会计报表及其他文字资料的整理和装订。会计年度终了后，应对会计资料进行整理立卷。会计档案的整理一般采用“三统一”的办法，即：分类标准统一、档案形成统一、管理要求统一，同时要分门别类按各卷顺序编号。

（1）分类标准统一。一般将财务会计资料分成一类账簿、二类凭证、三类报表、四类文字资料及其他。

（2）档案形成统一。案册封面、档案卡夹、存放柜和存放序列统一。

（3）管理要求统一。建立财务会计资料档案簿、会计资料档案目录、会计凭证装订成册，报表和文字资料分类立卷，其他零星资料按年度排序汇编装订成册。一般采用年度—名称—保管期限的方式分类立卷，即将单位的会计档案先按年度分开，然后再按名称分类，最后在同类名称中按保管期限排序，序号可按一年或多个年份排列。

（一）会计凭证的整理与装订

会计凭证是记录经济业务，明确经济责任，具有法律效力的证明文件，又是登记账簿的依据，因此，它是重要的经济档案和历史资料。会计凭证分为原始凭证和记账凭证。在审核和填制会计凭证并登记账簿之后，必须按归档要求加以整理和保管。这样，一方面可以防止凭证的散失，保证其安全完整，另一方面也便于日后查阅。

1. 会计凭证的整理

会计凭证登记完毕后，应将记账凭证连同所附的原始凭证或者原始凭证汇总表，按照分类和编号顺序折叠整齐，准备装订，不得散乱丢失。会计凭证装订前的整理工作如下：

（1）原始凭证分类整理，按顺序排列。分类整理时应根据记账凭证纸张大小，将原始凭证进行折叠或粘贴。对于纸张面积过大的原始凭证，应按照记账凭证的面积尺寸，将原始凭证先自右向左，再自下向上两次折叠。折叠时应注意将凭证的左上角或左侧面空出，以便装订后展开查阅，如图7-2、7-3、7-4、7-5、7-6、7-7所示；对于纸张面积过小的原始凭证，一般不能直接装订，则采用粘贴的方法，即按一定次序和类别将原始凭证粘贴在一张与记账凭证大小相同的原始凭证粘贴单上（也可用白纸代替），如图7-8所示。粘贴时尽量将同类同金额的单据粘在一起，粘贴完成后，应在粘贴单注明原始凭证的张数和合计金额，如图7-9所示。对于数量过多的原始凭证，如收料单、领料单等，可以单独装订成册，加上封面封底，并在封面注明记账凭证日期、编号，存放在其他类会计档案中，同时在记账凭证上注明“附件另订”以及原始凭证名称和编号，以备查阅。此外，各种经济合同、存出保证金收据以及涉外文件等重要原始凭证，应当另编目录，单独登记保管，并在有关的记账凭证和原始凭证上相互注明日期和编号。

图 7－2

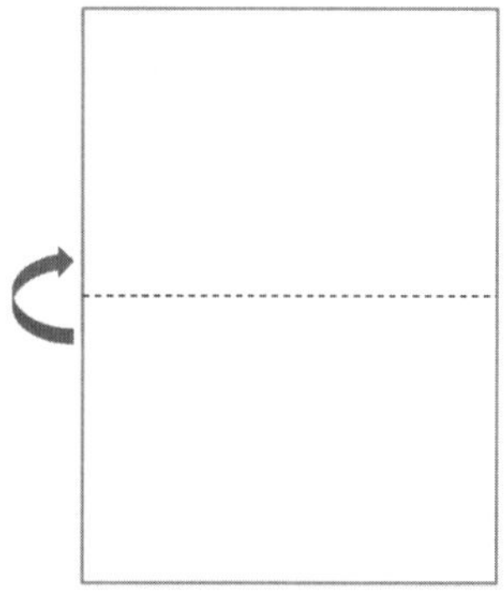

图 7－3

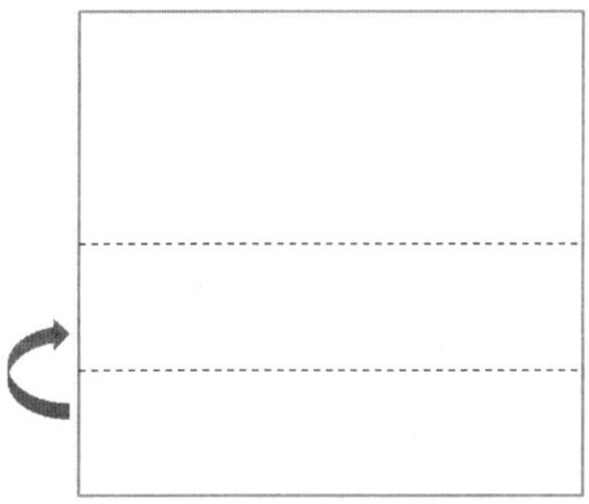

图 7－4

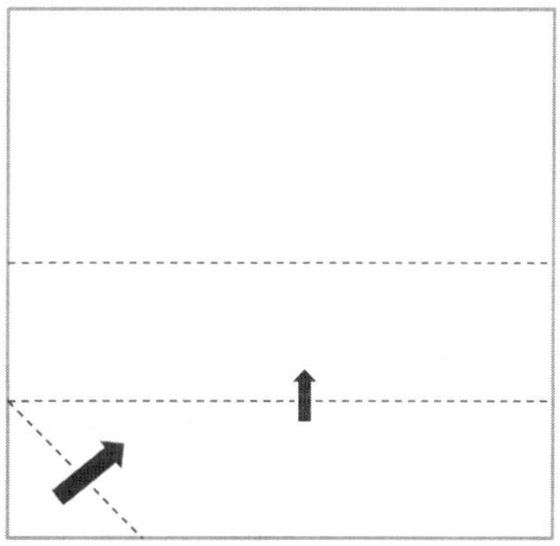

图 7－5

(2) 按凭证汇总日期归集（如按上、中、下旬汇总归集），确定装订成册的本数。

(3) 抽出凭证内的金属物（如订书钉、大头针、回形针）。

(4) 整理检查凭证顺序号是否齐全，如有颠倒要重新排列，发现缺号要查明原因，同时再检查附件有否漏缺，领料单、入库单、工资发放单是否随附齐全。

(5) 检查记账凭证上有关人员（如财务主管、复核、记账、制单、出纳等）的印章是否齐全。

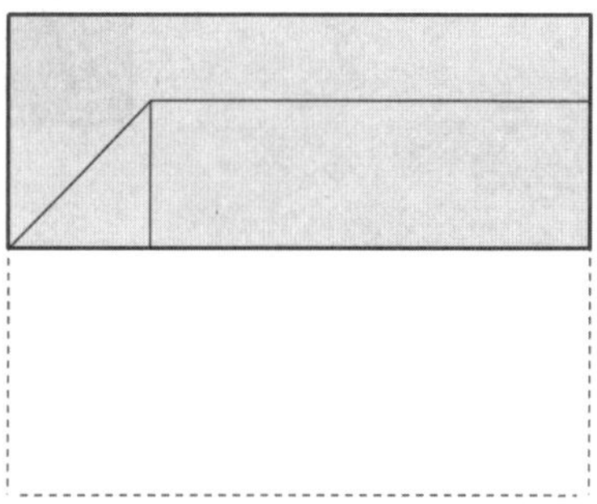

图 7－6

(6) 填写会计凭证封面。会计凭证封面应写明单位名称，年度、月份，本月共几册、本册是第几册，记账凭证的起讫编号、张数，并由会计主管、装订人分别签名或盖章。凭证封面如图 7－10 所示。

2. 会计凭证的装订

会计凭证装订是指将定期整理完毕的零散的会计凭证按照编号顺序，加上封面和封

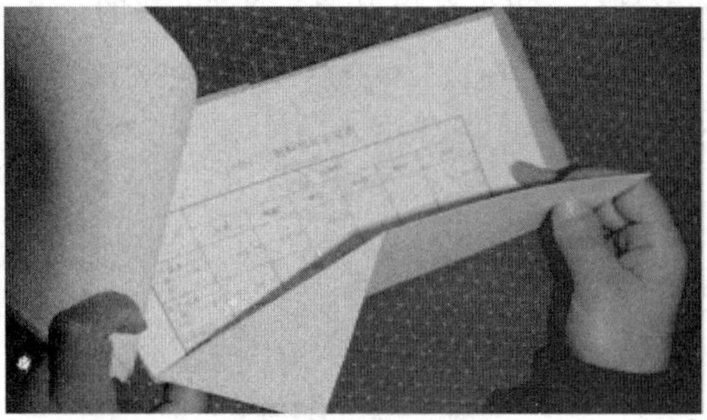

图 7－7　原始凭证折叠

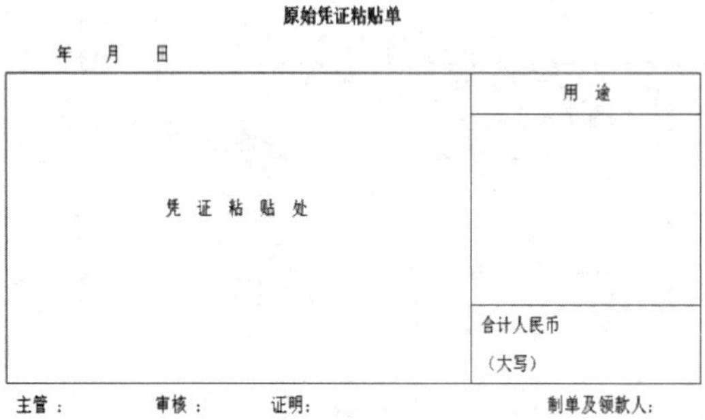

原始凭证粘贴单

年　月　日

凭证粘贴处	用途
	合计人民币（大写）

主管：　审核：　证明：　制单及领款人：

图 7－8　原始凭证粘贴单

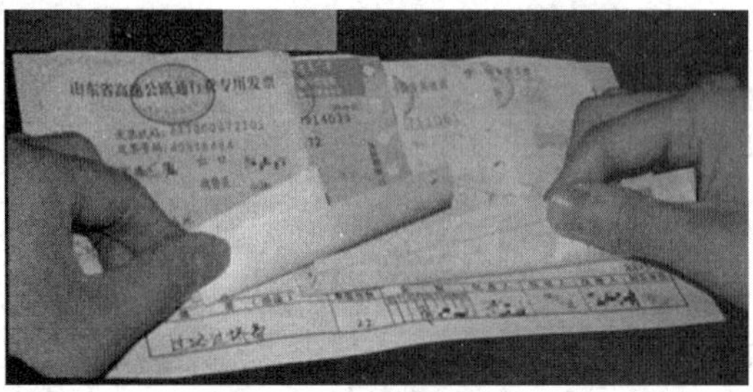

图 7－9　整理完毕的原始凭证

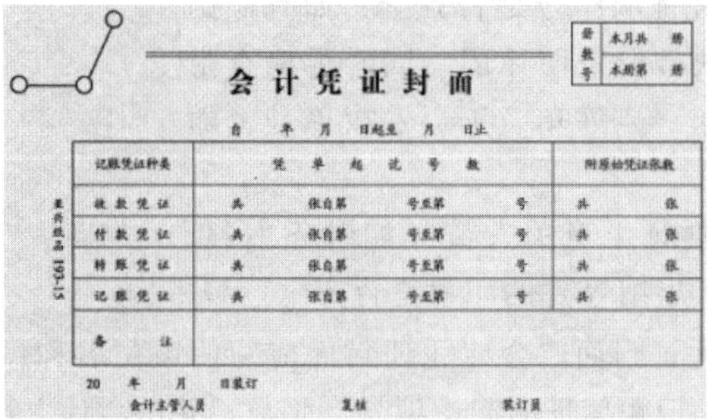

册数号	
本月共　册	
本册第　册	

会计凭证封面

自　年　月　日起至　月　日止

记账凭证种类	凭单起讫号数	附原始凭证张数
收款凭证	共　张自第　号至第　号	共　张
付款凭证	共　张自第　号至第　号	共　张
转账凭证	共　张自第　号至第　号	共　张
记账凭证	共　张自第　号至第　号	共　张
备注		

20　年　月　日装订

会计主管人员　复核　装订员

图 7－10　会计凭证封面

底，装订成册，从而方便保管和利用。科目汇总表的工作底稿也可以装订在内，放在记账凭证的最后面，作为科目汇总表的附件。使用计算机的企业，还应将转账凭证清单等装订在内。会计凭证一般每月装订一次，不得跨月装订，每月凭证应装订成一册或多册。凭证装订前，应根据当月凭证的多少决定将要装订成几册。每册的厚薄应基本保持一致，不能把几张应属一份记账凭证附件的原始凭证拆开装订在两册之中，要做到既美观又便于翻阅。装订好的会计凭证厚度通常以 1.5～2.0 厘米为宜，太厚不利于翻阅核查，太薄不利于竖立放置。装订成册的会计凭证必须加盖封面，封面上应注明单位名称、年度、月份和起讫日期、凭证种类、起讫号码，由装订人在装订线封签外签名或者盖章。装订多册的凭证，应在凭证封面上注明本月总计册数和本册数。

装订前，应准备好装订凭证的一些用具，包括：整理好的凭证、凭证封皮、装订机或电钻、针或铁锥、线、胶水、夹子、包角纸、尺子、剪子等，如图 7－11 所示。记账凭证的装订方式有机器装订和手工装订，如图 7－12、图 7－13 所示。

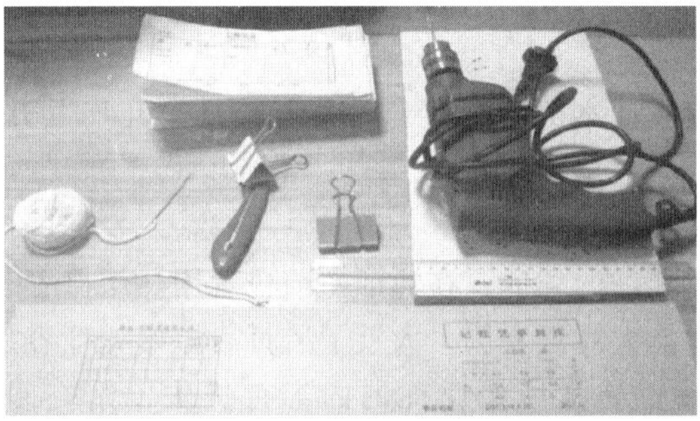

图 7－11　装订凭证的用具

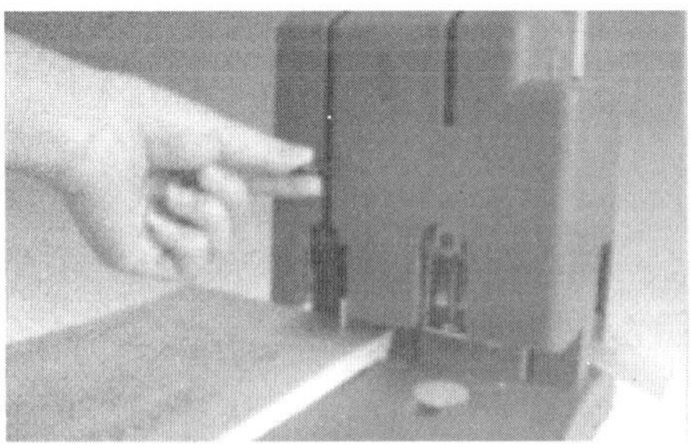

图 7－12　机器装订（1）

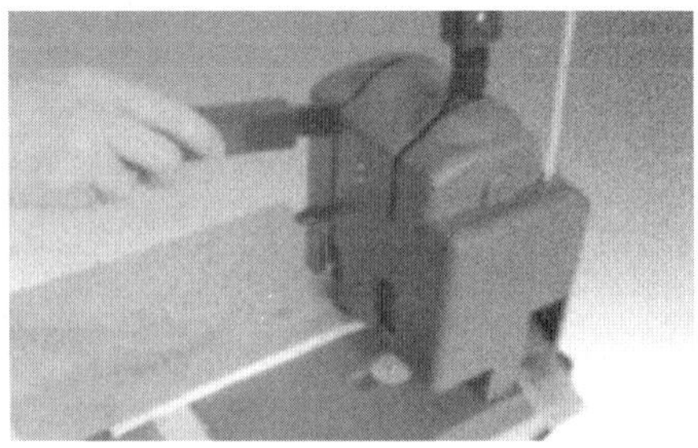

图 7－13　机器装订（2）

（1）侧订法。

①用夹子夹紧已整理好的凭证，在凭证左前位置均匀地打三个眼，打眼不能太靠近左侧，太近了装订后原始凭证容易脱落；也不能距离左侧太远，太远了装订后容易把原始凭证的内容订进去，给查阅带来困难，如图 7－14 所示。

需要说明的是由于原始凭证往往大于记账凭证，原始凭证折叠过多，使得订出的一本凭证就显得中间厚，装订线的位置薄，形状不美观。这时可以折叠一些纸条，均匀地垫在装订线的位置，这样装订出来的凭证就会变得平整美观。

②用针线沿虚线穿绕针眼多次，然后扎紧，在凭证的背面打结。如图 7－15 所示。

③在凭证外面加封面，抹上胶水将封面和凭证粘牢，一般封面规格略大于所附记账

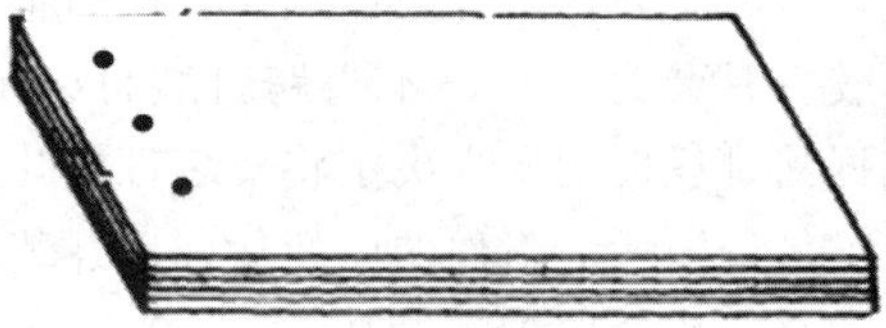

图 7-14　侧订法（1）

图 7-15　侧订法（2）

凭证。

④待晾干后，在凭证本的侧面写上“某年某月第几册共几册”的字样。装订人在装订线封签处签名或者盖章。

以机器装订为例：

用夹子夹紧已整理好的凭证，在凭证左前位置用热熔柳管装订机（图 7-12）均匀地打两个眼，打眼不能太靠近左侧，太近了装订后原始凭证容易脱落；也不能距离左侧太远，太远了装订后容易把原始凭证的内容订进去，给查阅带来困难，如图 7-16 所示。

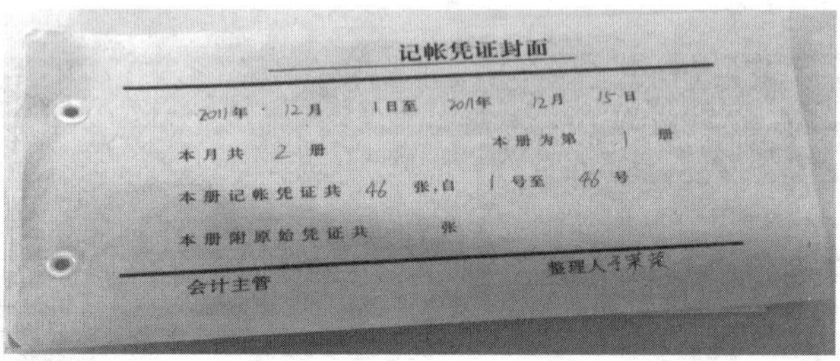

图 7-16　用机器打眼

需要说明的是由于原始凭证往往大于记账凭证，原始凭证折叠过多，使得订出的一本凭证就显得中间厚，装订线的位置薄，形状不美观。这时可以折叠一些纸条，均匀地垫在装订线的位置，这样装订出来的凭证就会变得平整美观。

最后，在凭证本的侧面写上“某年某月第几册共几册”的字样。装订人在装订线封签处签名或者盖章。

（2）角订法。

①将凭证封皮和封底附在凭证前面和后面，再拿一张质地结实、耐磨的牛皮纸做护角纸，放在封皮上角并用夹子夹紧。

②在凭证的左上角画一边长为 5 厘米的等边三角形，用装订机在底线上分布均匀地打两个眼儿。打眼不能太靠近左上角的顶端，太近了装订后难以做到平整；也不能太靠

下了，太靠下了容易把原始凭证的内容订进去，不便事后查阅，如图 7－17 所示。

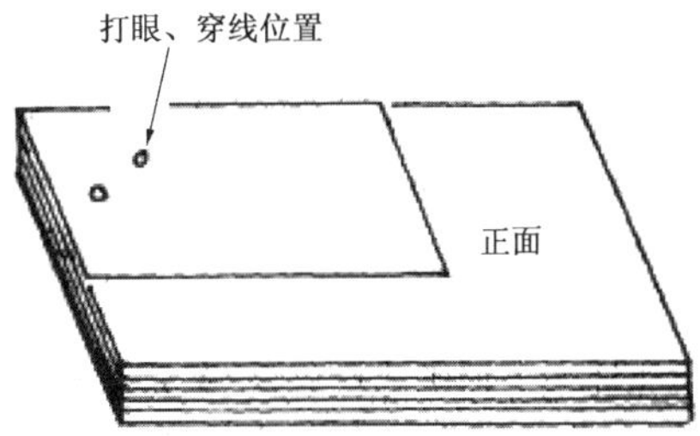

图 7－17　角订法（1）

③沿虚线引针穿绕多次，然后扎紧，在凭证的背面打结。线绳最好把凭证两端也系上，如图 7－18 所示。

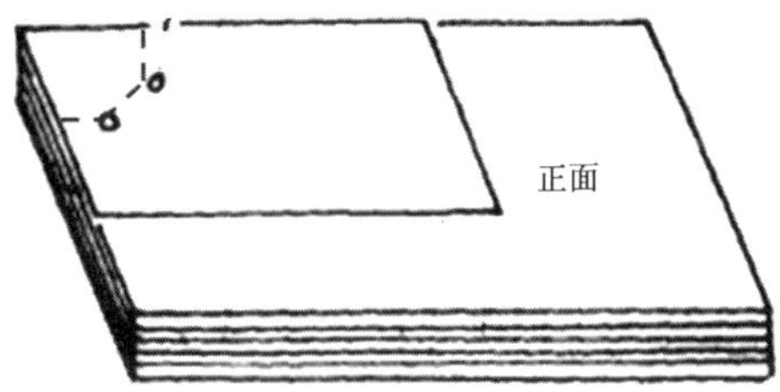

图 7－18　角订法（2）

④从正面将护角向左上侧面折，沿虚线将一侧剪开，如图 7－19 所示。

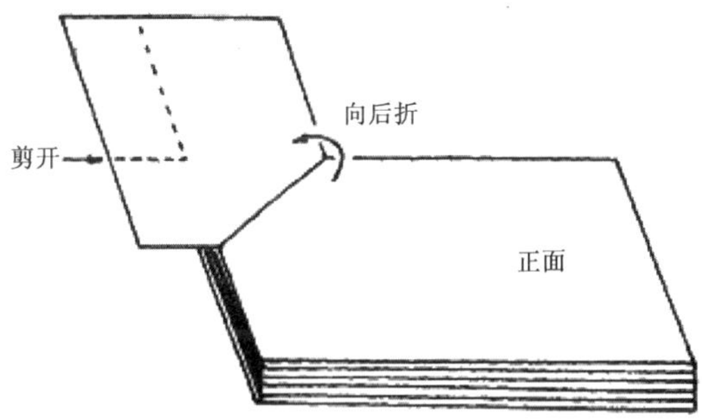

图 7－19　角订法（3）

⑤抹上胶水，向下折叠，如图 7－20 所示。

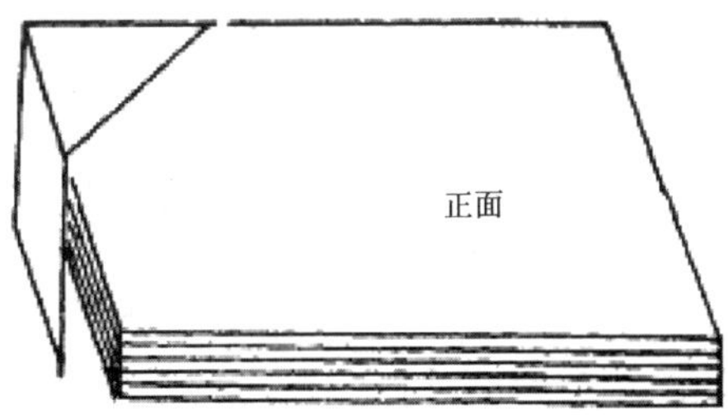

图 7－20　角订法（4）

⑥把凭证翻过来，将侧面和背面的护角纸重叠、粘牢，如图 7－21 所示。

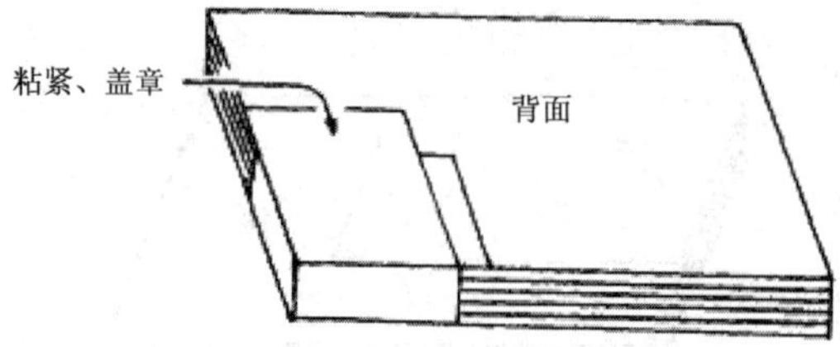

图 7－21　角订法（5）

⑦待晾干后，在凭证本的侧面写上“某年某月第几册共几册”的字样。装订人在装订线封签处签名或者盖章。如图 7－22 所示。

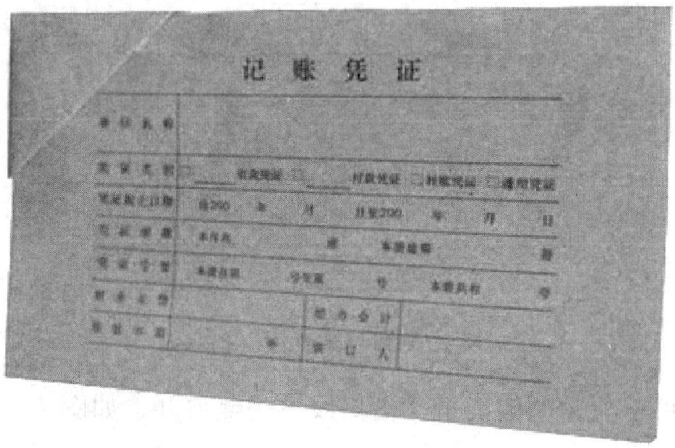

图 7－22　记账凭证本

会计凭证装订后的注意事项：

（1）每本封面上填写好凭证种类、起止号码、凭证张数、会计主管人员和装订人员签章；

（2）在封面上编好卷号，按编号顺序将装订好的凭证装入会计凭证专用盒中入柜保管。填写会计凭证专用盒正面及侧面，以便查阅，如图 7－23 所示。

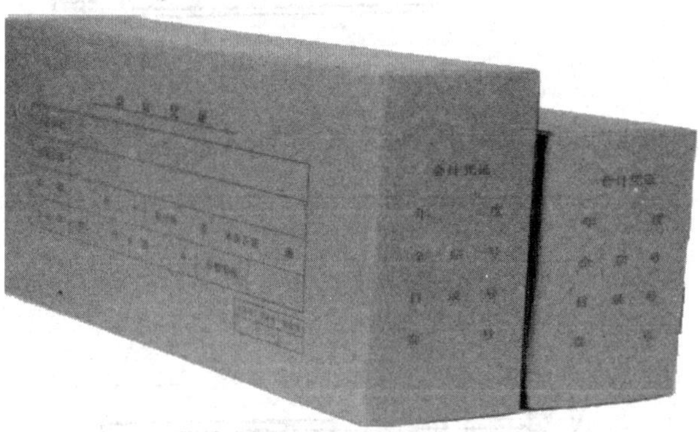

图 7－23　会计凭证专用盒

（二）会计账簿的整理与装订

会计账簿是由一定格式的账页所组成，以会计凭证为依据，全面、系统、序时、分类地记录各项经济业务的会计簿籍。它包括总账、明细账、日记账、固定资产卡片、辅助账簿和其他会计账簿。账簿同会计凭证一样，都是重要的会计档案，必须按照《会计档案管理办法》规定的保存年限妥善保管，不得丢失和任意销毁。

为了清晰地反映各个会计年度财务收支状况及其结果，各种会计账簿年度结账后，除跨年使用的账簿外，其他账簿应按时整理立卷。在新的会计年度开始时，要对会计账簿进行更换。日记账、总账和大多数明细账应每年更换一次。对于变动较少的小部分明细账则可以继续使用，不必每年更换，如备查账簿、固定资产明细账或固定资产卡片等。

1. 账簿装订前的整理

首先按账簿启用表的使用页数核对各个账户是否相符，账页数是否齐全，序号排列是否连续；然后按会计账簿封面、账簿启用表、账户目录、按页数顺序排列的账页、会计账簿封底的顺序装订，如图 7－24 所示。

现金日记账、银行存款日记账、总账为订本式账簿，不需要进行账簿装订。

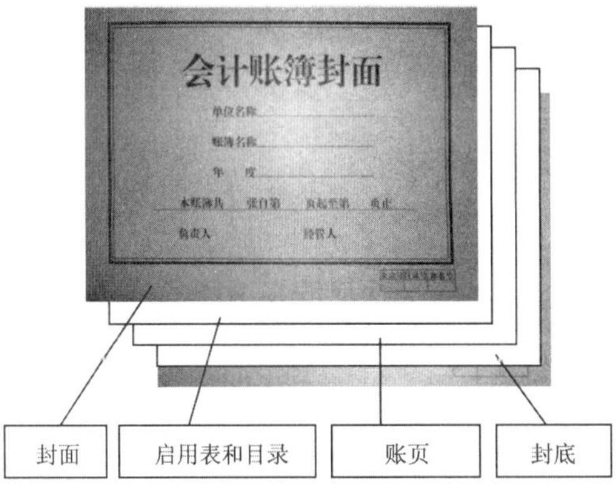

图 7－24 会计账簿的装订顺序

2. 活页账簿装订要求

（1）账簿在过了次年后，应将活页账簿编好科目目录，保留已使用过的账页，将账页数填写齐全，去除空白页和撤掉账夹，然后用线绳系牢（也可用活页摇夹）装订成册。

（2）将封皮粘贴在装订好的账簿上，在封皮上写明账簿的名称、单位、所属年份、编号、会计主管人员和装订人（经办人）签章。并在账簿的脊背上写明账簿种类、时间。

（3）多栏式活页账、三栏式活页账、数量金额式活页账等不得混装，应按同类业务、同类账页装订在一起。

3. 账簿装订后的其他要求

（1）会计账簿应牢固、平整，不得有折角、缺角，错页、掉页、加空白纸的现象。

（2）会计账簿的封口要严密，封口处要加盖有关印章。

（3）封面应填写完整，注明账簿编号，编号为一年一编，编号顺序为总账、现金日记账、银行存款日记账、明细账。

会计业务量小的公司，账簿可以不贴口取纸；业务量大的公司，账簿上应贴口取纸，可以按一级科目或材料大类，按账页顺序由前往后，自上而下地粘贴，当合起账簿时，全部口取纸应该整齐，均匀，并能够显露出科目名称，不要在账簿上下两侧贴口取纸，而应在右侧粘贴，这样可以竖立放置，保证存档时整齐，以便抽取。

（三）会计报表的整理与装订

财务报告是指企业对外提供的反映企业某一特定日期财务状况和某一会计期间经营成果、现金流量等会计信息的文件。它包括会计报表、会计报表附表和财务情况说明书。其中，会计报表是财务报告的主要组成部分，它是对企业财务状况、经营成果和现金流量的结构性表述。企业对外提供的财务报表一般包括资产负债表、利润表、现金流量表和所有者权益（或股东权益）变动表。这些财务报表的各个组成部分是相互联系的，他们从不同的角度说明企业的财务状况、经营成果和现金流量情况。

财务报告分为年度、半年度、季度和月度财务报告。年度、半年度财务报告由会计报表、会计报表附注和财务状情况说明书三部分组成。月度和季度财务报告通常仅指会计报表。

对外报出的会计报告应依次编定页数，加具封面，装订成册，加盖公章。报表的封面上应注明：企业名称、地址、开业年份、报表所属年度、月份、送出日期等，并由企业领导、总会计师（或代行总会计师职权的人员）和会计主管人员签章或盖章。财务报告及时报送后，为防止丢失，留存的财务报告应按月装订成册（小企业可按季装订成册）。汇总单位收到所属单位报来的会计报表，经汇总后应分月、季、年度按单位编号顺序排好合订。汇总单位本身的会计报表也应分月、季、年度单独装订。合订的财务报告应另加封皮，注明何年何时期至何时期，并由装订人签章。年度决算报表因规定的保管期不同，应单独装订。

1. 财务报告装订前的整理

按编报目录核对是否齐全，整理报表页数，上边和左边对齐压平，防止折角。

2. 财务报告的装订要求

（1）财务报告的装订一般在左侧。其装订顺序为：财务报告的封面、财务情况说明书、按编号顺序排列的各种会计报表、财务报告的封底。

（2）会计报表页数如果不多，可用订书机装订。合订的会计报表和年度决算报表，应用线绳装订。用线绳装订时，应将其中所有的金属订书钉、大头针摘除干净，以防日久生锈。

（3）会计报告对外报送时加盖单位公章（不是财会部门的专用章），加盖单位公章体现了单位以法人资格拥有的管理权限和承担的经济责任，而财会专用章主要用于财务收支及由单位授权处理的某些具体经济事项。同时会计报表中，有关签章应齐全。单位领导人（法人代表）、财会部门负责人、审核人员和制表人员签章，各负其责，这些保障了会计报表各项数字的真实、完整、准确、合法。

总之，会计资料应规范的收集整理，会计档案按照标准装订，封面、会计档案盒的内容要按统一的项目填写，封面、专用盒要按统一的尺寸、规格制作，以便会计资料查阅方便。

任务二
会计档案的保管技能

《中华人民共和国会计法》第二十三条规定，各单位对会计凭证、会计账簿、财务会计报告和其他会计资料应当建立档案，妥善保管。会计档案的保管期限和销毁办法，由国务院财政部门会同有关部门制定。

一、会计档案的归档和保管

（一）会计档案的归档和保管要求

根据《会计档案管理办法》的规定，各单位对会计档案的归档和保管应做到：

（1）各单位每年形成的会计档案，应当由会计机构或会计人员所属机构按照归档的要求，负责整理立卷，装订成册，编制会计档案保管清册。

（2）当年形成的会计档案，在会计年度终了后，可暂由会计机构保管 1 年，因工作需要确需推迟移交的，应当经单位档案管理机构同意。单位会计管理机构临时保管会计档案最长不超过 3 年。临时保管期间，会计档案的保管应当符合国家档案管理的有关规定，且出纳人员不得兼管会计档案。期满之后原则上应当由会计机构编制移交清册，移交本单位档案机构统一保管。未设立档案机构的，应当在会计机构内部指定专人保管，出纳人员不得兼管会计档案。

（3）移交本单位档案机构保管的会计档案，原则上应当保持原卷册的封装。个别需要拆封重新整理的，档案机构应当会同会计机构和经办人员共同拆封整理，以分清责任。

（4）采用会计电算化进行会计核算的单位，同时满足下列条件的，单位内部形成的属于归档范围的电子会计资料可仅以电子形式保存，形成电子会计档案：

①形成的电子会计资料来源真实有效，由计算机等电子设备形成和传输；

②使用的会计核算系统能够准确、完整、有效接收和读取电子会计资料，能够输出符合国家标准归档格式的会计凭证、会计账簿、财务会计报表等会计资料，设定了经办、审核、审批的审签程序；

③使用的电子档案管理系统能够有效接收、管理、利用电子会计档案，符合电子档案的长期保管要求，并建立了电子会计档案与相关联的其他纸质会计档案的检索关系；

④采取有效措施，防止电子会计档案被篡改；

⑤建立电子会计档案备份制度，能够有效防范自然灾害、意外事故和人为破坏的影响；

⑥形成的电子会计资料不属于具有永久保存价值或者其他重要保存价值的会计档案。

满足以上条件的，单位从外部接收的电子会计资料附有符合《中华人民共和国电子签名法》规定的电子签名的，可仅以电子形式归档保存，形成电子会计档案。

除以上情况应当保存打印出的纸质会计档案。会计电算化档案是会计档案的重要组成部分，包括存储在计算机中的会计数据（以磁性介质或光盘存储的会计数据）和计算机打印出来的书面形式的会计数据。企业要做好对电算化会计档案的防磁、防火、防潮和防尘等安全工作。对重要的会计档案应准备双份，存放在两个不同的地点。采用磁性介质保存的会计档案，要定期进行检查、复制，防止会计档案丢失。

（5）对会计档案应当科学管理，建立会计档案的立卷、归档、保管、查阅和销毁等管理制度，保证会计档案妥善保管、存放有序、查阅方便，同时严格执行安全和保密制度，不得随意堆放，严防毁损、散失和泄密。

（6）单位变更以后的会计档案应视不同情况进行归档保管：

①单位终止：单位因撤销、解散、破产或者其他原因而终止的，在终止和办理注销登记手续之前形成的会计档案，应当由终止单位的业务 主管部门或财产所有者代管或移交有关档案馆代管。

②单位分立：单位分立后原单位存续的，其会计档案应当由分立后的存续方统一保管，其他方可查阅、复制与其业务相关的会计档案；单位分立后原单位解散的，其会计档案应当经各方协商后由其中一方代管或按照国家档案管理的有关规定处置，各方可查阅、复制与其业务相关的会计档案。单位分立中未结清的会计事项所涉及的原始凭证，应当单独抽出由业务相关方保存，并按规定办理交接手续。单位因业务移交其他单位办理所涉及的会计档案，应当由原单位保管，承接业务单位可查阅、复制与其业务相关的会计档案，对其中未结清的会计事项所涉及的原始凭证，应当单独抽出由业务承接单位保存，并按规定办理交接手续。

③单位合并：单位合并后原各单位解散或一方存续其他方解散的，原各单位的会计档案应当由合并后的单位统一保管；单位合并后原各单位仍存续的，其会计档案仍由原各单位保管。

④单位项目建设期间：建设单位在项目建设期间形成的会计档案，应当在办理竣工决算后移交给建设项目的接受单位，并按规定办理交接手续。

电子会计档案应当与其元数据一并移交，且文件格式应当符合国家档案管理的有关规定。特殊格式的电子会计档案应当与其读取平台一并移交。单位档案管理机构接收会计档案时，应当对电子会计档案的准确性、完整性、可用性、安全性进行检测，符合要求的才能接收。

（二）会计档案的保管期限

根据会计档案的特点，其保管期限可分为永久和定期两类。凡是在立档单位会计核算中形成的，记述和反映会计核算的，对工作总结、查考和研究经济活动具有长远利用价值的会计档案，应永久保存。定期保管期限分为10年和30年两类。会计档案的保管期限，从会计年度终了后的第一天算起。如：2014年度终了日为12月31日，保管期限按2015年1月1日开始计算。《会计档案管理办法》规定了我国企业和其他组织、预算单位等会计档案的保管期限，见表7－1、表7－2。会计档案保管期限，原则上按以下表中规定的期限执行。

表 7－1 企业和其他组织会计档案保管期限表

序号	档案名称	保管期限	备注
一、会计凭证类			
1	原始凭证	30 年	
2	记账凭证	30 年	
二、会计账簿类			
3	总账	30 年	
4	明细账	30 年	
5	日记账	30 年	
6	固定资产卡片		固定资产报废清理后保管 5 年
7	其他辅助账簿	30 年	
三、财务报告类			
8	月度、季度、半年度财务报告	10 年	
9	年度财务报告（决算）	永久	
四、其他类会计资料			
10	会计移交清册	0 年	
11	会计档案保管清册	永久	
12	会计档案销毁清册	永久	
13	银行余额调节表	10 年	
14	银行对账单	10 年	
15	纳税申报表	10 年	
16	会计档案鉴定意见书	永久	

表 7－2 财政总预算、行政单位、事业单位和税收会计档案保管期限表

序号	档案名称	财政总预算	行政事业单位	税收会计	备注
一、会计凭证类					
1	国家金库编送的各种报表及缴库退库凭证	10 年		10 年	
2	各收入机关编送的报表	10 年			
3	行政单位和事业单位的各种会计凭证		30 年		包括：原始凭证、记账凭证和传票汇总表
4	财政总预算拨款凭证及其他会计凭证	30 年			包括：拨款凭证和其他会计凭证

续表

序号	档案名称	财政总预算	行政事业单位	税收会计	备注
二、会计账簿类					
5	日记账		30 年	30 年	
6	总账	30 年	30 年	30 年	
7	税收日记账（总账）和税收票证分类出纳账			30 年	
8	明细分类、分户账或登记簿	30 年	30 年	30 年	
9	行政单位和事业单位固定资产明细账（卡片）				固定资产报废清理后保管 5 年
三、财务报告类					
10	政府综合财务报告	永久			下级财政、本级部门和单位报送的保管 2 年
11	部门财务报告		永久		所属单位报送的保管 2 年
12	税收年报（决算）			永久	
13	国家金库年报（决算）	10 年			
14	基本建设拨、贷款年报（决算）	10 年			
15	财政总决算	永久			所属单位报送保管 2 年
16	部门决算		永久		所属单位报送的保管 2 年
17	行政单位和事业单位会计月、季度报表		10 年		所属单位报送的保管 2 年
18	税收会计报表			10 年	所属税务机关报送的保管 2 年
四、其他类					
19	银行存款额调节表	10 年	10 年		
20	银行对账单	10 年	10 年	10 年	
21	会计档案移交清册	30 年	30 年	30 年	
22	会计档案保管清册	永久	永久	永久	
23	会计档案销毁清册	永久	永久	永久	

二、会计档案查阅

在实际工作中会计档案经常被查阅利用，会计档案查阅是会计档案保管的一个重要环节。各单位应建立健全会计档案的查阅和复制登记制度，严禁篡改和损坏。

会计档案利用时应做到：

（1）会计档案为本单位提供利用，原则上不得对外借出，却因工作需要且根据国家有关规定必须借出的，须经上级主管单位或单位领导、会计主管人员批准。

（2）外部查阅会计档案时，应持有单位正式介绍信，经会计主管人员或单位领导人批准后，方可办理查阅手续；单位内部人员查阅会计档案时，应经会计主管人员或单位领导人批准后，办理查阅手续。

（3）办理查阅手续时，查阅人应认真填写档案查阅登记簿，将查阅人姓名、单位、日期、数量、内容、归期等情况登记清楚。

（4）查阅会计档案人员不得在会计档案上乱画、标记、拆散原卷册，也不得抽换、携带外出或复制原件（如有特殊情况，须经领导批准后方能携带外出或复制原件）。

（5）借出的会计档案，会计档案管理人员要按期如数收回，并办理注销查阅手续。

为了全面反映会计档案情况，立档部门应设置“会计档案备查表”及时记载会计档案的保存数、借阅数和归档数，做到心中有数、不出差错。

三、会计档案的交接

（一）单位之间交接会计档案

单位之间交接会计档案的，交接双方需办理会计档案交接手续。交接基本程序如下：

（1）移交会计档案的单位，应当编制会计档案移交清册，列明应当移交的会计档案名称、卷号、册数、起止年度和档案编号、应保管期限、已保管期限等内容，会计档案移交清册格式见表 7－3。

表 7－3　会计档案移交清册　单位：

序号	类别	档案名称	起止卷号	应保管期限	已保管期限	保管地点	备注

移交单位：　移交人：　接受单位：　接受人：

（2）交接会计档案时，交接双方应当按照会计档案移交清册所列内容逐项交接，并由交接双方的单位负责人负责监交。

（3）交接完毕后，交接双方经办人和监交人应当在会计档案移交清册上签名或者盖章。

电子会计档案应当与其元数据一并移交，特殊格式的电子会计档案应当与其读取平台一并移交。档案接受单位应当对保存电子会计档案的载体及其技术环境进行检验，确保所接收电子会计档案的准确、完整、可用和安全。

（二）个人交接会计档案

个人交接会计档案即会计人员工作交接，是指会计人员工作调动或者因故离职时，与接替人员办理交接手续的一种工作程序。《会计法》第四十一条规定："会计人员工作调动或者离职，必须与接管人员办清交接手续。"会计人员工作交接是会计工作的一项重要内容，是会计人员应尽的职责，也是做好会计工作的要求。

办理会计工作交接的基本程序具体如下：

1. 做好办理移交手续前的准备工作

根据规定，会计人员在办理移交手续前，必须及时办理完毕未了的会计事项，具体包括：

（1）对已经受理的经济业务尚未填制会计凭证的，应当填制完毕。

（2）尚未登记的账目应当登记完毕，结出余额，并在最后一笔余额后加盖经办人员印章。

（3）整理好应该移交的各项资料，对未了事项和遗留问题要写出书面说明材料。

（4）编制移交清册，列明应当移交的会计凭证、会计账簿、财务会计报告、公章、现金、有价证券、支票簿、发票、文件以及其他会计资料和物品等内容。实行会计电算化的单位，从事该项工作的移交人员应在移交清册上列明会计软件及密码、会计软件数据盘、磁带等内容，会计档案移交清册格式见表7－4。

表7－4　　会计档案移交清册　　单位：

序号	类别	档案名称及内容	起止日期	数量（本）	备注

会计主管：　　移交人：　　保管人：

（5）会计机构负责人（会计主管人员）移交时，应将全部财务会计工作、重大财务收支问题和会计人员的情况等，向接替人员介绍清楚。

2. 按照移交清册逐项移交

接替人员应认真按照移交清册列明的内容，进行逐项交接。具体要求是：

（1）现金要根据会计账簿记录余额进行当面点交，不得短缺。如有不一致或“白条抵库”现象，移交人员应在规定期限内负责查清处理。

（2）有价证券的数量要与会计账簿记录一致。由于一些有价证券如债券、国库券等面额与发行价格可能会不一致，因此，在对这些有价证券的实际发行价格、利（股）息等按照会计账簿余额进行交接的同时，对上述有价证券的数量（如张数等）也应当按照有关会计账簿记录点交清楚。

（3）所有会计资料必须完整无缺。如有短缺，必须查明原因，并在移交清册中加以说明，由移交人负责。

（4）银行存款账户余额要与银行对账单核对相符。如有未达账项，应编制银行存款余额调节表调节相符；各种财产物资和债权债务的明细账户余额，要与总账有关账户的余额核对相符；对重要实物要实地盘点，对余额较大的往来账户要与往来单位、个人核对。

（5）移交人员经管的票据、印章及其他会计用品等，也必须交接清楚。

（6）实行会计电算化的单位，交接双方应将有关电子数据在计算机上进行实际操作，确认有关数据正确无误后，方可交接。

3. 专人负责监交

为了明确责任，会计人员在办理工作交接手续时，必须有专人负责监交。通过监交，保证交接双方的权利和承担义务，对监交的具体要求是：

（1）一般会计人员办理交接手续，由单位的会计机构负责人（会计主管人员）负责监交。

（2）会计机构负责人（会计主管人员）办理交接手续，由单位负责人负责监交，必要时上级主管部门可以派人会同监交。所谓必要时上级主管部门可以派人会同监交，是指有些交接工作需要主管部门监交或者主管部门认为需要参与监交。通常有三种情况：

①所属单位负责人不能监交，需要由主管部门派人代表主管部门监交。如因单位撤并而办理交接手续等。

②所属单位负责人不能及时监交，需要由主管部门派人督促监交。如主管部门责成所属单位撤换不合格的会计机构负责人（会计主管人员），所属单位负责人却以种种借口拖延不办理交接手续时，主管部门就应派人督促会同监交等。

③不宜由所属单位负责人单独监交，而需要主管部门会同监交。如所属单位负责人与办理交接手续的会计机构负责人（会计主管人员）有矛盾的，为防止可能发生的单位负责人借机刁难等情况，主管部门应当派人会同监交。

此外，主管部门认为交接中存在某种问题需要派人监交时，也可派人会同监交。

4. 交接后的有关事项

（1）会计工作交接完毕后，交接双方和监交人在移交清册上签名或盖章，并应在移交清册上注明：单位名称，交接日期，交接双方和监交人的职务、姓名，移交清册页数以及需要说明的问题和意见等。

（2）接替人员应继续使用移交前的账簿，不得擅自另立账簿，以保证会计记录前后衔接，内容完整。

（3）移交清册一般应填制一式三份，交接双方各执一份，存档一份。

交接工作完成后，移交人员所移交的会计凭证、会计账簿、财务会计报告和其他会计资料是在其经办会计工作期间内发生的，应当对这些会计资料的合法性、真实性承担法律责任；即使接替人员在交接时因疏忽没有发现所接会计资料在合法性、真实性方面的问题，如事后发现仍由原移交人员负责，原移交人员不能以会计资料已经移交为理由而推脱责任。

四、会计档案的销毁

单位应当定期对已到保管期限的会计档案进行鉴定，并形成会计档案鉴定意见书。保管期满但未结清的债权债务原始凭证和涉及其他未了事项的原始凭证不得销毁，纸质会计档案应当单独抽出立卷，电子会计档案单独转存，保管到未了事项完结时为止。单独抽出立卷的会计档案，应当在档案鉴定意见书、会计档案销毁清册和会计档案保管清册中列明。正在项目建设期间的建设单位的会计档案，不论是否已满保管期限，一律不得销毁。经鉴定仍需继续保存的会计档案，应当重新划定保管期限；对保管期满，确无保存价值的会计档案，可以销毁。

保管期满的会计档案可以按照以下程序销毁：

（1）由本单位档案机构会同会计机构提出销毁意见，编制会计档案销毁清册，列明销毁会计档案的名称、卷号、册数、起止年度和档案编号、应保管期限、已保管期限、销毁时间等内容。会计档案销毁清册和会计档案销毁清册审批表见表7－5、表7－6、表7－7。

表7－5

单位名称

会计档案销毁清册

批准人：	销毁类别：
单位公章、时间：	销毁册数：
销毁人：	起止卷号：
监销人：	起止年度：
销毁时间：	
全宗号：	保管期限：
目录号：	案卷号：

表 7－6　　会计档案销毁清册

单位名称：

序号	类　别	题　名	起止年月日	目录号	案卷号	原期限	已保管期限	页数	备注

财务负责人签字：　　　　档案负责人签字：　　　　年　月　日

表 7－7　　会计档案销毁清册审批表

销毁单位盖章：　　　　年　月　日

<table>
<tr><td>销毁会计档案总计（卷）</td><td>会计凭证（卷）</td><td>起止年度</td><td>会计账簿（卷）</td><td>起止年度</td><td>财务报告（卷）</td><td>起止年度</td><td>其他核算材料（卷）</td><td>起止年度</td><td>备注</td></tr>
<tr><td></td><td></td><td></td><td></td><td></td><td></td><td></td><td></td><td></td><td></td></tr>
<tr><td>销毁原因</td><td colspan="9"></td></tr>
<tr><td colspan="3">主管领导意见：
签字：
年　月　日</td><td colspan="2">档案部门意见：
签字：
年　月　日</td><td colspan="3">财务部门意见：
签字：
年　月　日</td><td colspan="2">监销人：
签字：
年　月　日</td></tr>
<tr><td colspan="10">财政部门意见</td></tr>
<tr><td colspan="3">审核人意见：
签字：
年　月　日</td><td colspan="2">业务股意见：
签字：
年　月　日</td><td colspan="3">主管局长意见：
签字：
年　月　日</td><td colspan="2"></td></tr>
</table>

备注：本表一式两份　　　　一份销毁单位档案室保存　　　　一份财政局留存

（2）单位负责人、档案管理机构负责人、会计管理机构负责人、档案管理机构经办人、会计管理机构经办人在会计档案销毁清册上签署意见。

（3）在销毁会计档案前，应当按照会计档案销毁清册所列内容逐一清点核对，检查会计档案是否已保管期满、内容和卷号是否相符、编号是否连续。

（4）单位档案管理机构负责组织会计档案销毁工作，并与会计管理机构共同派监销人员。国家机关销毁会计档案时，应当由同级财政部门、审计部门派员参加监销。财政部门销毁会计档案时，应当由同级审计部门派员参加监销。

（5）销毁后，监销人和经办人应当在会计档案销毁清册上签名盖章，注明“已销毁”字样和销毁日期，以示负责，并及时将销毁情况报告本单位负责人。

电子会计档案的销毁还应当符合国家有关电子档案的规定，并由单位档案管理机构、会计管理机构和信息系统管理机构共同派员监销。

(6) 会计档案销毁清册，应由单位档案部门永久保存。

会计档案的销毁是一项严肃的工作，必须严格按照《会计档案管理办法》的规定进行。故意销毁应保存的会计档案的行为，以及授意、指使、强令他人故意销毁应保存的会计档案的行为，都是违法行为，如果构成犯罪法追究刑事责任；尚不构成犯罪的，也要承担行政责任，违法单位和责任人员会受到经济处罚和行政处分。

本章小结

会计档案是指会计凭证、会计账簿、财务会计报告等会计核算专业资料。它是记录和反映经济业务的重要史料和证据。主要内容包括：

(1) 会计凭证类：原始凭证、记账凭证、汇总凭证、其他会计凭证。

(2) 会计账簿类：总账、明细账、日记账、固定资产卡片、辅助账簿及其他会计账簿。

(3) 财务报告类：月度、季度、年度财务报告，包括会计报表、附表、附注及文字说明，其他财务报告。

(4) 其他类：银行存款余额调节表、银行对账单、其他应当保存的会计核算专业资料、会计档案移交清册、会计档案保管清册及会计档案销毁清册。

会计凭证的装订是指把定期整理完毕的会计凭证按照编号顺序，外加封面、封底、装订成册。装订的方法有：三针引线装订法、塑管热熔法等方法。

会计账簿按要求进行整理，主要是活页账，按会计账簿封面、账簿启用表、账户目录、该账簿案页数顺序排列的账夜、会计账簿装订封底的顺序装订。

财务报告的装订要求：应左上角对齐。财务报告的装订顺序为：会计报表封面、财务情况说明书、各种会计报表按会计报表的编号顺序排列、会计报表的封底。

会计档案保管期限可分为永久和定期两类，定期保管期限分为10年和30年两类。

单位应当严格按照相关制度利用会计档案，在进行会计档案查阅、复制、借出时履行登记手续，严禁篡改和损坏。

操作训练

一、按照要求对老师提供的会计资料进行整理和归档

二、思考以下问题：

1. 会计档案包括哪些内容？
2. 会计凭证整理的要求有哪些？

3. 为什么要对会计凭证进行装订和保管？
4. 会计凭证装订的方法主要有哪些？具体步骤是什么？
5. 活页账簿的装订要求有哪些？
6. 简述财务报告的装订要求有哪些？
7. 简述原始凭证整理的方法。
8. 简述熟练掌握会计凭证装订的操作方法。
9. 简述会计档案的归档和保管、查阅、交接的相关规定的要点。
10. 会计凭证保管期满后如何处理？